COLECCIÓN ESTUDIOS COOPERATIVOS

LAS COOPERATIVAS COMO ALTERNATIVA ECONÓMICA: UNA VISIÓN DE MÉXICO Y ESPAÑA

VOLUMEN I

COLECCIÓN ESTUDIOS COOPERATIVOS
VOLUMEN I

LAS COOPERATIVAS COMO ALTERNATIVA ECONÓMICA: Una visión de México y España

Coordinadores

Dr. Enrique Gadea Soler
Universidad de Deusto

Dr. Alberto Atxabal Rada
Universidad de Deusto

Dra. Martha Elba Izquierdo Muciño
Universidad Autónoma del Estado de México

Dykinson, S.L.

Editorial DYKINSON, S.L. Meléndez Valdés, 61 - 28015 Madrid
Teléfono (+34) 91 544 28 46 - (+34) 91 544 28 69
e-mail: info@dykinson.com
http://www.dykinson.es
http://www.dykinson.com
Consejo Editorial véase www.dykinson.com/quienessomos

ISBN: 978-84-9085-027-5
Depósito Legal: M-16583-2014

ÍNDICE

Presentación

Este libro que tiene el lector en sus manos es fruto de la colaboración interuniversitaria entre profesores de la Universidad Autónoma del Estado de México y la Universidad de Deusto. Ambas instituciones manifestaron su voluntad unívoca de colaborar en el ámbito académico, mediante la rúbrica de un convenio de colaboración, y cuyo primer fruto es este libro conjunto que estudia cuestiones diversas que afectan a las cooperativas en México y en España.

Los autores son en su mayoría expertos en el ámbito cooperativo, perteneciendo algunos de ellos al Grupo internacional de expertos en Derecho cooperativo de la Asociación Internacional de Derecho Cooperativo. Estamos, por tanto, ante una oportunidad única de saborear la dilatada experiencia de estos profesores en un ámbito hasta cierto punto desconocido, y como tal, marginal, como es el mundo de las cooperativas.

Se presentan doce estudios con ese hilo conductor común: la sociedad cooperativa. Se analiza la problemática de la sociedad cooperativa desde distintas perspectivas, en la mayoría de las ocasiones con una visión bidimensional porque una misma realidad cooperativa es observada por profesores españoles y mexicanos, cada uno con su propio bagaje jurídico que no hace sino enriquecer el objeto de estudio.

Así, hemos dividido las aportaciones doctrinales en seis grandes temas, y en cada uno de ellos uno o varios profesores nos ofrecen desde su experiencia un elaborado análisis sobre la cuestión planteada.

En primer lugar, los profesores Divar, González Chavez, Uribe Arzate, Cardenas Rios, Robles Martínez e Izquierdo Muciño estudian la sociedad cooperativa como una alternativa económica al modelo de sociedad capitalista imperante en nuestro mundo globalizado. Nos recuerdan estos profesores la existencia y la pervivencia de una tercera vía entre el modelo capitalista y el modelo socialista, como son las sociedades cooperativas. Esta opción se ofrece, además, como reclamo para los más jóvenes, como una alternativa o una solución a la creación de empleo.

En segundo lugar, el profesor Charterina analiza el principio de cooperación entre cooperativos, principio básico donde los haya, puesto que la cooperativa pretende expandir su modelo de participación económica más allá de su realidad individual como empresa para lo que precisa de la colaboración y la cooperación entre cooperativas. Así, se crean cooperativas de segundo y ulterior grado, como federaciones y confederaciones, que coadyuvan en la expansión de los principios cooperativos.

En tercer lugar, los profesores Gadea e Izquierdo Muciño analizan la realidad cooperativa en las leyes mercantiles que la regulan, tanto en México como en España. Ambos autores realizan un recorrido histórico por la legislación anterior para explicar la regulación actual de las cooperativas, y criticar aquellos aspectos de la normativa mercantil que no se compadecen con los principios cooperativos en ambos países.

En cuarto lugar, los profesores Atxabal y Mejía Zarza abordan el estudio de las normas fiscales que se aplican a las sociedades cooperativas y a los socios cooperativistas. El profesor Atxabal se ciñe a la normativa fiscal vasca, tal vez más avanzada que la normativa fiscal española si medimos el avance de la norma en términos de respeto a los principios cooperativos y la profesora Mejía estudia la normativa fiscal mexicana próxima a cambiar.

En quinto lugar, se abordan cuestiones laborales relacionadas con los socios cooperativistas de trabajo o, para ser más exactos, se abordan cuestiones relacionadas con los seguros sociales de este tipo de socios. Su incardinación en los sistemas de seguridad social es conflictiva desde el momento en que un socio cooperativista de trabajo es a su vez, propietario de la empresa y trabajador de la misma. Sin embargo, los profesores Arrieta y Beristain salen bien parados del envite y nos aclaran el régimen de seguridad social aplicable a esta clase de sujeto protegido.

Por último, last but non least, la profesora Arnáez aborda con maestría el análisis de la prestación de servicios de interés general mediante las sociedades cooperativas. Como afirma la profesora Arnáez, las Administraciones Públicas necesitan, cada vez más, la cooperación y la participación activa del tercer sector. En este contexto, el movimiento cooperativo, basado en los valores de solidaridad, democracia, equidad, igualdad, autoayuda y auto-responsabilidad, ha destacado desde su origen por su compromiso social y por su contribución a la promoción del desarrollo del interés general, como puede ser la asistencia socio-sanitaria, la educación, la vivienda, la protección y defensa del medio ambiente, el fomento de la economía social y la promoción y protección de la paz social y la ciudadanía, entre otros.

Para finalizar, quisiéramos destacar la imiplicación de ambas Universidades, la Autónoma del Estado de México y la de Deusto, en este proyecto. Igualmente, queremos agradecer a la Asociación Internacional de Derecho Cooperativo su valiosa aportación estableciendo lazos entre investigadores de ambas orillas del Atlántico. Y también debemos reconocer el apoyo del Departamento de Educación, Universidades e Investigación del Gobierno Vasco al grupo de investigación IT842-13, sin el que esta publicación no hubiera visto la luz.

Los coordinadores
En Bilbao, a 20 de enero de 2014.

TEMA 1

LAS COOPERATIVAS, COMO ALTERNATIVA ECONÓMICA

Las cooperativas: una alternativa económica

Dr. D. Javier Divar Garteiz-Aurrecoa

Universidad de Deusto

Sumario: I. Cooperativismo y Solidaridad. II. Cooperativismo y Democracia. III. Cooperativismo y crisis.

En los mismos orígenes del cooperativismo está el ADN de su alternativa económica, como sistema para "la felicidad de los pobres", como lo llamó su "Patriarca", Peter Plockboy, en un breve escrito fechado en 1659.

Y es verdad que las cooperativas han servido durante siglos y en todo el mundo para aliviar las necesidades de los humildes, en el trabajo y en el consumo, de forma que han permitido sostener la dignidad de los pobres evitando su miseria, por lo que a las cooperativas se las ha llamado "las empresas de los pobres", aunque en la actualidad las grandes cooperativas y los grandes grupos cooperativos conforman unidades económicas poderosas.

Es por ello que el cooperativismo vuelve a ser recordado y a ponerse de actualidad cada vez que se produce una de las crisis propias de los ciclos de la economía, que dejan tras de sí millones de desempleados y a muchos ciudadanos en la exclusión y en el desamparo.

Pero desde el silencio y la modestia de la mayor parte de sus empresas, los cooperativistas vienen desde hace mucho tiempo manteniendo sus logros, en ocasiones ante la ignorancia general de la sociedad, cuando no bajo el sambenito de utopistas o ilusos(máxime en los momentos en que al sistema general le va bien y proliferan los defensores de sus logros).

Pero los cooperativistas convencidos son mentalmente muy resistentes, ante su seguridad de que los valores del cooperativismo son una gran esperanza contra las exclusiones económicas, a más de la utilidad de sus principios en la mejora de la cultura social, superando con la solidaridad y la participación los generalmente incardinados en nuestras sociedades, la codicia y el individualismo.

I. COOPERATIVISMO Y SOLIDARIDAD

Para empezar por los orígenes, las ideas del llamado genéricamente "precooperativismo" son propias de la filosofía social, iniciada por la escuela platoniana, impulsora del ideario del pacto social.

Ello casa bien con el Cristianismo como religión de "los hijos de Dios", todos reconocidos e igualados por su Misericordia. Y por ello la consideración del prójimo como hermano, que como tal debe ser amado.

No es raro por ello que en "la vuelta a los orígenes" del Cristianismo por parte del Movimiento Protestante, se promoviera la necesidad de volver a la Iglesia primitiva, de los hermanos en Cristo, unidos bajo el amor mutuo (espíritu extendido a las primitivas sociedades de socorros mutuos, sistema que está en el origen más cercano del cooperativismo).

En consecuencia de todo ello tampoco es extraño que el llamado "Patriarca de la Cooperación", el holandés Peter Cornelius Plockboy, fuera cuáquero, miembro de las "Sociedades de Amigos" en las que los cuáqueros, siguiendo las enseñanzas religiosas de su fundador George Fox, leían la Biblia en comunidad y se mantenían bajo el principio del socorro mutuo de la congregación.

De esas asociaciones derivó Plockboy la conveniencia de organizar "repúblicas" o comunidades a la manera de los cuáqueros para la cooperación entre sus miembros. Y otro cuáquero, John Bellers, desarrolló el sistema de las asociaciones cooperativas publicando un opúsculo al efecto en 1695, titulado "Proposición para la creación de Asociaciones de Trabajo".

Consecuencia de todo ello es que los llamados "pioneros del cooperativismo" establecieran más tarde, bajo ese mismo método, los "Poblados de la Cooperación" (Robert Owen) o los "Falansterios" (Charles Fourier), de los que derivaron los "Familisterios" (André Godin).

Así pues vemos como la solidaridad cooperativa tiene una cercanía muy clara con la cultura cristiana, lo que explica también que esa línea de pensamiento se mantenga como una de las líneas doctrinales cooperativas constante en el tiempo, a más de su visión redentorista (llamada por algunos utópica) de su alternativa económica y social.

La vemos, por destacar a algunos de sus pensadores principales, en el llamado "pionero del consumerismo", el doctor William King, fundador de la revista para la defensa de los consumidores "El Cooperador" (que fundó en 1829), en la que escribió: "Mis esperanzas consisten en tener fe en que un día los principios morales de Cristo, tal y como están incluidos en la verdadera cooperación, serán aplicados en la práctica".

Es el mismo caso que el del considerado "fundador del cooperativismo de trabajo", Philippe Buchez, miembro inicial de la Escuela Saintsimoniana, con la que rompió a causa de sus creencias cristianas (que chocaban contra el ateísmo oficial de los saintsimonianos, que consideraron la religión como "el opio del pueblo", mucho antes que el marxismo). Buchez, en 1831, sobre sus principios religiosos y bases fourieristas, estableció las reglas de las cooperativas para el trabajo asociado, en sucesivos artículos que publicó en el "Diario de Ciencias Morales y Políticas" (después transformado en el diario "L´Européen").

Por todo lo indicado es lógico también que la llamada Doctrina Social de la Iglesia Católica haya tenido una cercanía ideológica con el Cooperativismo, al punto que la encíclica "Mater et Magistra" (15 de mayo de 1961), de Juan XXIII, cita como "estructura económica ajustada a la dignidad del hombre" a la "Empresa Cooperativa" (Nos.85 a 90). Lo que reitera el documento del Consejo Pontificio "Cor Unum" (del 4 de octubre de 1996), preparado bajo la autoridad y "por indicación del Santo Padre Juan Pablo II".

En ese documento se promueve la conveniencia de luchar "contra el hambre y la miseria" en el mundo por, entre otras acciones, "la formación de cooperativas... originadas sobre todo en las uniones cooperativas fundadas en el siglo XIX por promotores del bien común, inspiradas en el espíritu del Evangelio y basadas en la solidaridad social".

En nuestro ámbito del País Vasco ese espíritu solidario religioso es el basamento del considerado "fundador del Cooperativismo de Mondragón", el sacerdote Don José Mª. Arizmendiarrieta, seguidor del filósofo social cristiano Emmanuel Mounier, continuador a su vez de la doctrina social del pensador católico Chevalier y del filósofo humanista Maritain.

Arizmendiarrieta, siguiendo la pedagogía kantiana, sostuvo que la educación y el trabajo son transformadores del ser humano, por lo que incitó a la juventud de Mondragón al estudio y a la acción empresarial solidaria.

Su semilla constituye el origen del mayor grupo empresarial vasco, formado por cientos de sociedades cooperativas y miles de empleos, implementado desde una comarca en su día deprimida económica y socialmente.

El gran milagro de Arizmendiarrieta es ese milagro social, de haber sabido impulsar con sabia humildad a una juventud abandonada, de una comarca depauperada. Las peores condiciones imaginables para la creación de prosperidad y para la formación de los grandes emprendedores que fueron sus primeros discípulos.

II. COOPERATIVISMO Y DEMOCRACIA

La segunda característica destacada del Cooperativismo es su ideario participativo, por ello tan propio de la lucha contra la exclusión económica, de manera que se trata de un movimiento empresarial que es la punta de lanza de la llamada Democracia Económica.

Ese carácter participativo del Cooperativismo se observa ya en su inicio reglado (cláusulas estatutarias) generalmente reconocido, la Cooperativa de Rochdale, Manchester, en 1844, cuyos estatutos societarios sirvieron de modelo a cientos de cooperativas inglesas (a finales del siglo sus socios conjuntos sumaban más de un millón setecientos mil) y dieron lugar al reconocimiento legal en Inglaterra del modelo cooperativo (legislación de sociedades mercantiles de 1852), sistema jurídico paulatinamente implantado en el resto del Derecho comparado avanzado (Francia, Alemania, Portugal, Japón,... antes de finalizar el siglo XIX).

En los Estatutos de Rochdale (cuyo redactor principal fue Charles Howart, que utilizó como modelo los de la Sociedad de Socorros Mutuos de Manchester), ya se reconocía la igualdad participativa de sus socios fundadores constituyendo así un "control democrático societario".

Es significativo, que mucho antes del establecimiento político del sufragio femenino, entre los veintiocho socios constituyentes de la cooperativa participaba una mujer, Ana Tweedale, a la que además se le encargó la contratación del almacén de abastos, básico en una cooperativa de consumo como aquella.

Y para convertir la igualdad de hecho en norma jurídica, al año siguiente a su constitución, es decir en 1845, se acordó en asamblea y se presentó al registro público una nueva cláusula estatutaria por la que se establecía la regla democrática por excelencia: "un voto por socio y no más".

Esa regla de oro de la democracia cooperativa sigue vigente en toda la legislación cooperativista mundial, como norma jurídica que asienta a la vez el control democrático de los socios cooperativos y la igualdad participativa de todos ellos, con independencia de sus participaciones personales o de capital suscrito.

Así por ejemplo, en nuestro ámbito, la Ley General de Cooperativas de España, de 16 de julio de 1999, establece en su artículo 26.1, bajo el epígrafe "Derecho de voto": "En la Asamblea General cada socio tendrá un voto".

Y la vigente Ley Vasca de Cooperativas, de 24 de junio de 1993, en su artículo 35.1, bajo el mismo epígrafe que la Ley General, también dice: "En las cooperativas cada socio tendrá un voto".

Y por ser norma general en el Derecho comparado, el Reglamento número 1435/ 2003 (de 22 de julio) del Consejo Europeo, por el que se regula el Estatuto de la Sociedad Cooperativa Europea, en su artículo 59.1, bajo el epígrafe de "Derecho de voto", dice: "Cada socio de la Sociedad Cooperativa Europea dispondrá de un voto, independientemente del número de participaciones que posea".

El espíritu participativo del cooperativismo condujo directamente a la limitación en el reparto de los excedentes económicos entre los socios, de manera que las cuotas de atribución fueran ponderadas y establecidas sobre baremos personales y nunca sobre el prorrateo capitalista (lo que simplificando ha sido llamado el "no capitalismo" de las cooperativas, aunque en términos positivos más propios es, precisamente, la cooperativización de los resultados, que incluso no reciben la denominación de beneficios sino de excedentes, en cuyo retorno pueden participar los socios sólo atendiendo a sus índices de participación personal en la cooperativa, nunca en base a sus cuotas de capital).

III. COOPERATIVISMO Y CRISIS

Como queda dicho las cooperativas son empresas, por su misma naturaleza, alternativas y resistentes al medio (en general nada favorable, tanto en el ámbito del capitalismo como en las economías estatalizadas).

A diferencia que en las empresas basadas en el materialismo ("lucrativismo" como término edulcorado para las sociedades de base capitalista), las cooperativas tienen un ánima (un alma) procedente de la piedad religiosa (solidaridad) y de la participación (democracia), como ya hemos indicado antes.

Por ello el cooperativismo es una alternativa histórica para, desde la libertad, llegar a un mundo mejor (prácticamente el lema de la ONU para su declaración del 2012 como Año Mundial de las Cooperativas: "Las Cooperativas construyen un Mundo Mejor").

Pero además, con la inmediatez que requiere la urgencia, es también una alternativa ante las crisis económicas para los que quedan desamparados por el sistema económico general.

Las razones estructurales de las cooperativas como empresas mejor adecuadas para hacer frente a las dificultades económicas, pueden ordenarse sistemáticamente en tres áreas:

1º. Las participativas

La inclusión de los cooperativistas en su propia empresa como socios de la misma (sean trabajadores, consumidores o beneficiarios del servicio cooperativizado), hace que se consideren parte del proyecto empresarial, lo que tiene como resulta que todos se sientan responsables y comprometidos con el objetivo común.

Complementariamente, la participación democrática cooperativa supone que la información económica se globaliza en estas sociedades, de manera que el control de los cargos suele ser efectivo.

Por ello en las cooperativas la soberanía jurídica de la Asamblea y de sus órganos derivados es real, no es posible la "autonomía de los ejecutivos" (como sucede en las grandes corporaciones capitalistas), por lo que es difícil que se produzcan abusos de los gestores.

Es también consecuencia de la participación de los trabajadores cooperativos que en éstas sociedades no se produzcan deslocalizaciones, ya que no es cabal esperar que los propios miembros de las cooperativas pierdan voluntariamente su radicación (sólo cabe, en buena lógica, el traslado de "actividades accesorias").

2º. Las económicas

Dada su naturaleza "no lucrativa y no capitalista", las cooperativas no precisan para su mantenimiento obtener importantes cuentas de resultados para satisfacer las aportaciones al capital, ya que el capital no tiene derecho a la ganancia en ellas.

Por eso las cooperativas pueden mantenerse aunque sus resultados económicos sean mínimos. Su objeto es precisamente mantener el empleo, el consumo o el servicio cooperativizado, no dotar al capital. Así que ante las dificultades económicas las cooperativas se convierten en sociedades de "resistencia".

3º. Las de interés público

Las cooperativas por establecer unas empresas de base solidaria, o como se ha dicho en la cultura económica francesa "de economía social", o en la alemana "de interés general", conforman un sector empresarial de interés público, en las que no prima el beneficio mercantil al capital, sino el fomento del empleo participativo, el abasto cualificado a precios justos o los servicios de utilidad social (enseñanza, vivienda, crédito, seguros, etc.).

Además, por su carácter participativo, son empresas que socializan la educación en la democracia, lo que supone también un interés público para el Estado de Derecho, para la Democracia con mayúscula.

También, como queda dicho, las cooperativas son empresas radicadas en las que las deslocalizaciones societarias van contra natura, lo que aumenta su responsabilidad social.

Por eso las cooperativas merecen la protección política y el apoyo de las Administraciones públicas, incluidas las subvenciones de fomento y el especial tratamiento fiscal protector, que no es un agravio comparativo, sino una forma protectora de su interés social. No debe olvidarse que la mayor injusticia es el tratamiento igualitario a los desiguales.

Como dice el principio jurídico romanista debe darse "a cada uno lo suyo". Y las cooperativas no pueden ser tratadas como el resto de las sociedades mercantiles (cuyo fin causal es el lucro y un derecho mínimo de sus socios al reparto de las ganancias entre los aportantes del capital).

Lo dice muy bien la legislación vasca de cooperativas (artículo 137.1, precisamente bajo el epígrafe "Interés Social"): "Los poderes públicos de la Comunidad Autónoma del País Vasco asumen como función de interés social la promoción, estímulo y desarrollo de las entidades cooperativas y sus estructuras de integración empresarial y representativa".

Jóvenes del mundo: Ante la crisis del capitalismo, les proponemos el desarrollo de economías solidarias

Dra. María de Lourdes González Chávez
Dr. Enrique Uribe Arzate
Universidad Autónoma del Estado de México

Sumario: I. Introducción. II. Marco referencial: A. Diagnóstico. B. Pronóstico. III. Propuesta de solución. IV. Fuentes de información.

I. INTRODUCCIÓN

A partir de una breve referencia histórica del comportamiento de las organizaciones del sector social de la economía, se analiza el papel que en México han jugado los trabajadores que laboran en las unidades productivas del sector Privado y los sindicatos en el replanteamiento de las formas tradicionales de organización empresarial; así como las características del colectivo trabajadores derivadas de su formación ética y profesional a cargo de sus familias y el sistema educativo nacional, las cuales, desde nuestro punto de vista han impedido en buena medida el desarrollo de la economía solidaria, conformada en México por las empresas del sector social de economía, a pesar de que consideramos que la única vía para elevar los niveles de bienestar social es el empleo y para resolver la insuficiencia de empleos a causa de la crisis del capitalismo lo es el desarrollo de economías solidarias.

Luego entonces es necesario promover en los colectivos de trabajadores las bondades que representan las organizaciones de la economía solidaria, por considerar a éste sistema económico como el medio más efectivo para crear empleos en favor de aquellos trabajadores que no cuentan con un empleo en el sector privado o público de la economía.

II. MARCO REFERENCIAL

A. Diagnóstico

Si bien es cierto, al iniciar el desarrollo del presente artículo, teníamos como objetivo realizar en primer término la definición teórica de la empresa capitalista en el siglo XIX y XX y el papel que en ella han jugado trabajadores y sindicatos, así como las causas que en México han impedido el desarrollo de la organización social para el trabajo, llamada también economía solidaria, a través del análisis del comportamiento de las empresas solidarias que coparticiparon en el desarrollo económico del periodo en estudio, pudimos percatarnos que no es un secreto, pues de todos es sabido que a pesar de que desde la década de los 40s México se encuentra definido como un país socializante, las fuerzas de poder capitalista lo han dirigido hacia el capitalismo y consideramos que en estos momentos de crisis, es preferible determinar cuáles han sido las razones por las cuales no ha florecido la organización social para el trabajo en México y el papel que en ello han jugado los trabajadores ocupados en unidades productivas del sector privado y los sindicatos.

En primer término, conviene mencionar que los trabajadores mexicanos ocupados en unidades productivas del sector privado en los albores del capitalismo se dieron a la tarea de coadyuvar al desarrollo económico del país en forma individual y con la firme convicción de que esa era su única y mejor opción para elevar su nivel de vida, mediante una lucha individual permanente por sobresalir del resto de su colectivo y no perder la confianza que en él había depositado el patrón.

Sin embargo, pronto se percataron que su bienestar y el de su familia iba a la baja, a pesar de los esfuerzos realizados durante largas jornadas de trabajo, y ello provocó el inicio de las luchas laborales con objeto de evitar la sobreexplotación que habían venido sufriendo, y que aún a la fecha sufren, por parte de los patrones, como en el caso de la industria minera. Razón por la cual iniciaron un proceso de organización sindical para la defensa de sus intereses comunes; sin embargo, al paso de los años el papel que en su momento jugaron las organizaciones obreras mexicanas en estas luchas, se fue diluyendo hasta el momento actual, en el cual, la casi totalidad de las organizaciones obreras mexicanas en alianza con los patrones y el Estado se han convertido en los principales enemigos de los verdaderos trabajadores.

Por tanto, con respecto al movimiento sindical mexicano; si bien, como lo mencionamos en el párrafo anterior, en un principio se constituyó como un movimiento de masas que se constituyeron como fuerzas reales y legítimas de poder, a través de los años, muy pronto, en su mayoría los líderes del movimiento, se fueron alejando de la base respecto de la pirámide del movimiento obrero, para comprometerse con los patrones y la cúpula del gobierno, quien para pagar sus favores, les otorga, hasta la fecha, cuotas de poder político, como lo fue el caso de la Líder del Magisterio Nacional.

A pesar del panorama anterior, es importante mencionar que aún existen algunos líderes que se han impuesto como objetivo el de mejorar las condiciones de vida de los trabajadores y lo hacen a través de luchas laborales que van desde la defensa jurídica ante los tribunales hasta la huelga que en mejor de las ocasiones concluye con la entrega de la unidad productiva a los trabajadores y en la peor, con la desaparición de la fuente de empleo.

Cabe mencionar que, desde la aparición de los primeros conflictos laborales, una opción que los patrones han adoptado para cumplir el pago de las indemnizaciones legales, lo es la entrega de la empresa a los trabajadores, lo cual las transforma en unidades de producción, consumo o distribución de bienes y servicios socialmente útiles de este sector, y a partir de ese momento, comparten el escenario del sector social de la economía con las mutualidades, las cooperativas, las sociedades de solidaridad social y los kibbutz cuyo origen parte de la organización de un grupo de trabajadores para la defensa de sus derechos naturales de carácter económico, como lo son el derecho al empleo, consumo y distribución de artículos básicos en su beneficio y el de su familia para coadyuvar a su bienestar frente a los embates del sistema capitalista.

Luego entonces, el sistema de economía solidaria, constituido en México por el sector social de la economía es un movimiento autogestionario cuyo origen, a nivel internacional se remonta a la creación de la Cooperativa de Rochdale y las organizaciones fundadas por Hermann Schlze-Delitzch y Friedrich W. Raiffeisen en Alemania, así como las de Louis Blanc y Fhilippe Buchez en Francia, por mencionar algunas de ellas.

Por lo que se refiere a México, las organizaciones de la economía solidaria surgieron bajo la figura de Mutualidades, como lo fue la creación de la Sociedad Mutua del Ramo de Sastrería constituida en 1864; las cuales, sin embargo, es importante mencionar que frente a la llegada de la literatura cooperativa de Europa, empezaron a crear fondos cooperativos y hacia el año de 1872, como consecuencia del discurso pronunciado por Juan Mata Rivera se provocó un proceso mediante el cual en forma masiva las mutualidades se fueron convirtiendo en cooperativas con objeto de movilizar los ahorros de las organizaciones, además de proporcionar trabajo y utilidades a los socios de estas nacientes organizaciones que se encontraban desempleados.

Si bien, en un principio al movimiento cooperativo mexicano se le reguló en el seno del Código de Comercio, ésta postura, muy pronto, sufrió un giro al establecer el artículo 28 de la Constitución de 1917 que las cooperativas de producción no constituían monopolios; sin embargo, las leyes que las regulaban continuaron vigentes; por lo cual fueron consideradas como anticonstitucionales y no fue sino hasta el año de 1933 cuando al expedirse la Ley General de Sociedades cooperativas acorde a los principios del cooperativismo universal ortodoxo se le definió en la cultura jurídica mexicana como uno de los tres pilares del derecho social (derecho cooperativo, derecho agrario y derecho del trabajo).

A pesar de que, desde 1938 época en la cual se expide la Ley General de Cooperativas en México, se promovió el movimiento mediante la transformación de las entonces mutualidades en Cooperativas, el sistema cooperativo no fue aceptado por la base de los trabajadores, debido a que muy pronto se vio corrompido a causa de la deshonestidad de sus líderes y la falta de interés de sus miembros por participar en forma directa, provocando que en su mayoría las cooperativas desaparecieran o se convirtieran en empresas del sector privado.

Cabe resaltar que aunque en muchas ocasiones las cooperativas han sido administradas por líderes corruptos o iniciaron sus actividades a partir de empresas privadas quebradas que fueron entregadas a los trabajadores para cubrir sus indemnizaciones legales provocando con ello que, en su mayoría fracasaran, existen algunas honrosas excepciones como lo son la Cooperativa de la Cruz Azul y la de Pascual Boing, que aún siguen en pie de lucha.

En conclusión podemos mencionar que independientemente del impulso dado al movimiento cooperativo por el Gobierno Mexicano desde el período del General Lázaro Cárdenas hasta el del Dr. Ernesto Zedillo, en México el movimiento no ha obtenido los logros que se esperaban, debido a varios factores, tales como la falta de fuentes de financiamiento por parte del sector financiero nacional e internacional, así como la carencia de conocimiento tecnológico y de mercado por parte de los cooperativistas, entre otros.

Aunado a lo anterior, la agresión que ha ejercido el sistema capitalista en contra de las organizaciones que conforman a la economía solidaria ha sido permanente y relevante, y así mismo, los recursos naturales, tecnológicos, financieros y humanos han sido insuficientes para enfrentarse al gran enemigo; lo anterior nos lleva a preguntarnos si ¿sólo les han faltado los recursos naturales, financieros y tecnológicos o también carecen del elemento humano adecuado?

Pregunta a la cual podemos contestar que, de los estudios realizados a las cooperativas exitosas, como lo fue en su momento la Cooperativa de Rochedale y hoy lo es la internacional Cooperativa de Mondragón; y en el caso de México de la Cooperativa de la Cruz Azul y de la Pascual Boing, los recursos financieros y tecnológicos no han sido un impedimento para hacer florecer a dichas cooperativas, ni el desierto ha impedido el desarrollo de los Kibutz agrícolas, luego entonces ¿cuál es la limitante más fuerte para que las organizaciones del sector social de la economía no puedan ser lo eficientes que debieran?

El hecho de que en México existan organizaciones del sector social de la Economía desde antes de la Colonia y perduren hasta la fecha como lo es el caso de los ejidos y las comunidades agrarias; nos indica que el sector social ha tenido una presencia permanente en el sector primario, de igual forma que en el terciario representado a través de las cooperativas de distribución como lo es el caso de algunas escolares. Cabe mencionar, nos deben llevar a investigar el por qué su participación en el sector secundario no ha sido relevante, pues salvo algunas honrosas excepciones como lo fue en su momento la cooperativa Excelsior y actualmente lo son la Cooperativa de la Cruz Azul y la Cooperativa Pascual Boing, el sector secundario se ha mantenido alejado de las formas de organización constituidas en el seno de la economía solidaria.

Y en este sentido consideramos necesario analizar las causas por las cuales el sector social de la economía productiva, en México ha fracasado en sus intentos por constituirse en una alternativa real de empleo para todos aquellos trabajadores que no se encuentran laborando en el aparato productivo formal.

En primer término nos percatamos que independientemente de que las empresas que conforman la llamada economía solidaria constituyen un movimiento social en el cual sus agremiados pertenecen al colectivo de trabajadores y tienen como fin el lograr niveles superiores de bienestar social para ellos y sus familias a través del autoempleo, el autoconsumo o la autodistribución realizadas en forma colectiva; lo cierto es que en México, estas unidades no han contado con dirigentes honestos ni solidarios con los miembros de su colectivo, y lejos de formar una comunidad solidaria de autogestión se han convertido en una comunidad explotada por los propios líderes deshonestos en los cuales se incluyen hasta los profesores de las escuelas encargados del manejo de las cooperativas escolares.

Aunado a lo anterior, las pocas cooperativas que han subsistido, en gran parte se debe al hecho de que la comunidad que las conforman están constituidas por personas con un elevado nivel de preparación académica y con valores solidarios muy arraigados, como sucedió con la cooperativa del periódico Excelsior, la cual funcionó durante el período de vida productiva de sus fundadores, quienes en su mayoría eran letrados socialistas venidos de España; otro caso son aquellas que cuentan con un líder capacitado en la actividad productiva que realizarán y además los socios han desarrollado una cultura de solidad ante los problemas a los que se han tenido que enfrentar para mantener viva a la organización, como en el caso de la cooperativa de carros y casas blindadas ubicada en la localidad de Salazar, del Estado de México, cuyo líder es un Posgraduado de la ex Unión de Repúblicas Socialistas Soviéticas.

Además, es necesario mencionar que varias cooperativas, durante su vida se han tenido que enfrentar, no en pocas ocasiones, a las agresiones de algunos de sus integrantes que no han asimilado los valores en los cuales se apoya el movimiento cooperativo, así como de trabajadores ocupados en unidades productivas del sector privado de la región ajenos a las cooperativas que ven en estas organizaciones al fantasma del comunismo y en consecuencia las atacan ante el miedo de perder su situación económica actual y además con sindicatos corruptos o aparentes sindicatos que lejos de colaborar al engrandecimiento de la organización tratan de sindicalizar a sus agremiados para obtener beneficios económicos, creando conflictos al interior de la cooperativa, de lo cual se desprende que hay organizaciones sindicales que lejos de solidarizarse con el colectivo cooperativistas, se han convertido en sus enemigos.

Aunado a lo anterior, aún existen instituciones gubernamentales como el Instituto Mexicano del Seguro Social que no sólo no apoyan al cooperativismo, sino obligan a sus agremiados a cotizar, a la vez, como trabajadores y como patrones aunque queda perfectamente claro que ambas actividades recaen en una sola persona que es el cooperativista.

De lo cual, se desprende que en México ni el Estado, ni los trabajadores ocupados en el sector privado, ni sus organizaciones gremiales tienen interés de participar o coadyuvar con el desarrollo y fortalecimiento de las empresas de economía solidaria, ni apoyarlas en forma decidida e incondicional; lo cual a nuestro juicio, se debe en buena medida al hecho de que en México, el sistema educativo, en respuesta al productivo se ha preocupado por formar trabajadores individualistas y no por desarrollar en la población mexicana los principios y valores en los cuales se cimienta el cooperativismo mundial.

Ante la falta de voluntad política para promover el desarrollo del sector social de la economía, los trabajadores ocupados en las unidades productivas del sector privado y los sindicatos no han realizado acción alguna; sin embargo, es necesario recordar que al lado de los trabajadores ocupados en las unidades productivas del sector privado, van por la vida los trabajadores con empleos informales, los subempleados y los desempleados quienes por su entorno económico y social tienen una necesidad inmediata de resolver su situación de empleo, pues es éste la única vía por la cual pueden acceder a una vida digna para ellos y sus familias.

Por tanto, consideramos urgente voltear los ojos a una nueva visión del colectivo trabajadores, para cuyo efecto, en primer término analizaremos las características del trabajador mexicano en la actualidad, para posteriormente determinar cómo ha sido formado por el sistema educativo y finalmente cuales son los cambios que requiere para jugar un papel activo en la construcción del sistema económico solidario.

En este contexto, en primer término se debe establecer lo que, a la luz de la economía social debe entenderse por trabajador mexicano actual y para el efecto, consideramos que es aquel ser humano que tiene como único capital para su supervivencia digna, la transferencia de su fuerza de trabajo, cuyo valor depende de sus características sociales, económicas y educativas.

Luego entonces, los trabajadores no sólo son los asalariados que entregan su fuerza de trabajo a un patrón; sino todos aquellos que la utilizan con objeto de elevar el valor de un producto con el fin de obtener un ingreso, entre los cuales se ubican a los miembros del colectivo de la llamada economía solidaria u organizaciones del sector social de la economía, constituida en México al decir del artículo 25 de la Constitución Política de los Estados Unidos Mexicanos por ejidos, organizaciones de trabajadores, cooperativas, comunidades, empresas que pertenezcan mayoritaria o exclusivamente a los trabajadores y, en general, de todas las formas de organización social para la producción, distribución y consumo de bienes y servicios socialmente necesarios.

Una vez analizado el comportamiento de la clase trabajadora y de sus organizaciones gremiales en México, llegamos a la conclusión que es el elemento humano ha sido el principal obstáculo del desarrollo de la economía solidaria a consecuencia de dos factores: el ético y el formativo.

Desde el punto de vista ético, en los últimos años, a los mexicanos ya no se les inculcan los valores que requiere un ser humano para pertenecer y participar en cualquier organización solidaria, como lo son la solidaridad con su colectivo, la honestidad, la transparencia, la responsabilidad y la vocación social y por tanto, ya no los practican.

Además los principios de cooperación y responsabilidad que fundamentan en trabajo solidario han sido abatidos por el capitalismo y sus principios individualistas, como el de dejar hacer, dejar pasar; el de obtener el máximo beneficio a costa del resto de la comunidad en donde se insertan.

Ello ha provocado la incapacidad de la población de fundar su actuar en los principios éticos de ayuda mutua en la solución de problemas comunes; el del esfuerzo propio y la responsabilidad en el desempeño para lograr metas comunes del colectivo a partir del compromiso moral adquirido con dicho colectivo; el de democracia en la toma de decisiones del colectivo relacionadas con la gestión de la organización; el de la igualdad de derechos y obligaciones de todos los miembros de la organización; el de equidad y justicia en la distribución del plus provocado por la productividad, y el más importante que a nuestro juicio es el de solidaridad social, consistente en la solución de los problemas de los miembros del colectivo mediante la auto ayuda, a ellos, a sus familiares y a la comunidad en la cual se asienta la organización.

Sin embargo, es importante mencionar que la pérdida de éstos y el resto de los valores en los que se cimienta la sociedad mexicana, al igual que la mayoría de las sociedades actuales, no sólo ha perjudicado a las empresas que conforman la economía solidaria; sino a toda la sociedad al provocar la falta de respeto de la dignidad humana de quienes integran tales sociedades con características de vulnerables.

Con respecto a su formación, actualmente los jóvenes trabajadores mexicanos, en el ámbito familiar son producto de hogares, en los cuales, dada la necesidad que ha tenido la mujer de ingresar al mercado de trabajo a consecuencia de la pérdida del poder adquisitivo del salario del varón, ha dado como consecuencia el que, en su mayoría hayan sido educados por los parientes, en el mejor de los casos o por el personal de las guarderías.

Si bien, es importante resaltar que quienes egresan de las guarderías son seres autosuficientes e independientes; también son seres obligados, por el medio ambiente a luchar en forma individual por su supervivencia y a defenderse de los embates del resto de su colectivo; además, debido a que las personas obligadas a darles los cuidados necesarios para su sobrevivencia no se preocupan por inculcarles principios religiosos, ni morales, ni éticos. Ello ha traído como consecuencia que en su edad adulta desconozcan y no apliquen muchos de los valores requeridos para una convivencia social digna, como son los que sustentan a las empresas del sector social, pues desde niños se les va formando como seres individualistas obligados sólo a obedecer y a actuar de acuerdo a las instrucciones de quienes están en un nivel superior al suyo dentro del orden jerárquico del colectivo.

Al ingresar al sistema educativo formal, los estudiantes de familias trabajadoras llevan a cabo un proceso de formación definido a partir del artículo tercero de la Constitución Política de los Estados Unidos Mexicanos y de la Ley General de Educación en los cuales, si bien prevé la formación de un ser socializante y solidario; lo cierto es que el producto del sistema educativo lo constituye la formación de seres individualistas preparados para jugar el papel de trabajadores en líneas de producción fragmentadas, independientemente que pertenezcan al sector primario, secundario o terciario.

Aunque la Ley General de Educación en su artículo 7, fracciones de la X a la XIII, establece como uno de los fines de la educación el desarrollar en los individuos actitudes solidarias y positivas hacia el trabajo, el ahorro y el bienestar general sin menoscabo de su libertad y del respeto absoluto a su dignidad humana, así como el propiciar la conciencia ambiental y el desarrollo sustentable, como elementos esenciales para el desenvolvimiento armónico, aunado a los valores y principios del cooperativismo. La verdad es que en la realidad el ser humano producto del sistema educativo nacional no responde a estos fines, sino a los requerimientos de la iniciativa privada.

Además, respecto al criterio que orienta a la educación que el Estado y sus organismos descentralizados imparten, el artículo 8o de la Ley General de Educación señala, que entre sus objetivos está el luchar por el constante mejoramiento económico, social y cultural del pueblo, mediante aseguramiento de la independencia económica , a fin de robustecer en el discente, junto con el aprecio por la dignidad de la persona y la integridad de la familia, la capacidad de sustentar los ideales de fraternidad e igualdad de derechos de todos los hombres, evitando con ello los privilegios de razas, de religión, de grupos, de sexos o de individuos, entre otros.

A pesar de que el artículo 14, fracción XII de la Ley General de Educación menciona que, corresponde a las autoridades educativas federal y locales de manera concurrente, entre otras la atribución de promover prácticas cooperativas de ahorro, producción y consumo, de acuerdo a lo establecido en la ley de la materia y el Reglamento de Cooperativas Escolares; así como, el artículo 33 fracción X y su último párrafo les otorga la atribución de otorgar estímulos, entre otras a las cooperativas de maestros que se dediquen a la enseñanza; y promover programas asistenciales para contrarrestar las desigualdades sociales mediante la igualdad de oportunidades de acceso y permanencia en los servicios educativos. En la realidad no se han logrado los resultados esperados.

Lo cierto es que conforme a lo expresado en los artículos 37 y 40 de la Ley General de Educación, tanto la educación inicial, como las de tipo básico, medio superior y la superior, tiene como objetivo terminal formar profesionales o técnicos que respondan a los requerimientos físicos, cognoscitivos, afectivos y sociales requeridos para lograr mano de obra de calidad que responda a lo requerido por el aparato productivo de los sectores privado y público.

Aunque el artículo 43 de la mencionada Ley de educación, si bien en el caso de los adultos prevé otorgarles la educación básica, y obliga al Estado a proporcionarles formación para el trabajo, con las particularidades adecuadas a esta población para lo cual dicha educación se apoyará en la participación y la solidaridad social.

Con relación a lo antes expuesto, conviene preguntarnos ¿El sistema educativo debe responder a los requerimientos del aparato productivo o por el contrario, es la empresa quien debe ajustarse a las características de calificación con que cuenta la mano de obra?

Al respecto, consideramos que el sistema educativo cometería un error si al formar a los discentes no tomara en consideración los requerimientos de la mano de obra que tiene el sistema productivo; pero también es un error el no crear en los discentes capacidades y destrezas que les permitan sin correr riesgos, optar por una alternativa diversa a un empleo formal en el aparato productivo, o por construir su propio empleo.

Y además en el último párrafo del artículo 10 de la Ley General de Educación, en apoyo al sector privado, las instituciones del sistema educativo nacional están obligadas a impartir educación de manera que permita al discente incorporarse a la sociedad y, en su oportunidad, desarrollar una actividad productiva, que le permita, en su carácter del trabajador estudiar.

Aunado a lo anterior, en el artículo 45, de la Ley en análisis, se establece la formación para el trabajo con objeto de que el discente adquiera conocimientos, habilidades o destrezas, que le permitan desarrollar una actividad productiva demandada en el mercado laboral, mediante alguna ocupación o algún oficio calificados. Para cuyo efecto se establece un régimen de certificación nacional, conforme al cual sea posible ir acreditar dichas potencialidades en etapas intermedias o terminales de manera parcial y acumulativa.

Ahora bien, independientemente de la forma en que hayan sido adquiridos dichos conocimientos, habilidades o destrezas susceptibles de certificación, la acreditación se realizará conforme a los lineamientos generales para su definición y los procedimientos de evaluación correspondientes, cuya certificación corresponderá a las instituciones públicas o particulares que señalen los lineamientos citados.

Además en la determinación de los lineamientos generales antes mencionados, así como en la decisión sobre los servicios de formación para el trabajo a ser ofertados, las autoridades competentes, conforme lo establece el mencionado artículo 45 establecerán procedimientos que permitan determinar las necesidades de capacitación tanto manifiestas como encubiertas mediante, propuestas y opiniones de los diversos sectores productivos, a nivel nacional, local e incluso municipal, y finalmente cabe señalar que la formación para el trabajo se impartirá por las autoridades locales, los ayuntamientos, las instituciones privadas, las organizaciones sindicales, los patrones y demás particulares.

La única normatividad favorable al sector social de la economía, por lo que hace a la capacitación para el trabajo de acuerdo al artículo 45 de la Ley General de educación es el hecho de que la formación para el trabajo que se imparta en términos del presente artículo será adicional y complementaria a la capacitación prevista como una obligación patronal, de acuerdo a lo dispuesto por la Constitución Política de los Estados Unidos Mexicanos.

Y conforme al artículo 64, La Secretaría de Educación Pública, podrá establecer procedimientos a fin de expedir certificados, constancias, diplomas o títulos a quienes acrediten conocimientos parciales o terminales que correspondan a cierto nivel educativo o grado escolar, adquiridos en forma autodidacta, de la experiencia laboral o a través de otros procesos educativos, con objeto de acreditar los conocimientos logrados por los adultos.

De lo anterior, podemos concluir que, de acuerdo a la Ley General de Educación le corresponde al Estado la obligación de formar para el trabajo y además, lo designa responsable de la planeación en dicha formación, librando a la iniciativa privada de tales tareas que definitivamente es a la que más beneficios le proporciona el contar con personal capacitado para realizar las actividades productivas al interior de la empresa del sector privado.

Pues, en realidad, desde que inician su proceso educativo hasta que lo concluyen a los trabajadores se les va formando como reproductores del sistema económico mexicano del sector privado a pesar de que en teoría este sistema está conformado por tres sectores: el público, el privado y el social; provocando con ello que estos seres individualistas sean incapaces de participar en organizaciones no jerárquicas, sino autoadministrables; además desconocen en forma integral los procesos de producción y no cuentan con la formación suficiente para crear y mantener funcionando durante toda la vida productiva a su propia empresa.

Los hombres que creó el modelo educativo actual fueron efectivos durante muchos años para resolver los problemas de mano de obra del sistema de producción capitalista; sin embargo, frente a la crisis actual, es necesario formar otro tipo de trabajadores que estén preparados para crear organizaciones sociales para el trabajo y para participar en ellas, que hayan desarrollado sus capacidades creativas y de emprendedores, que tengan inmersos en su conciencia valores de solidaridad social, justicia distributiva, honestidad, honradez, y además les resulte fácil el participar en una comunidad de autogestión en la que participen seres humanos iguales en derechos y obligaciones.

De lo anterior, podemos concluir que a la fecha, nadie se ha preocupado por la formación de auto empleados en México, pues como se desprende de lo establecido en los artículos 69, 70, 71 y 72 de la Ley General de Educación, ni los Consejos de las escuelas, ni los consejos municipales, estatales y menos el Consejo Nacional de participación Social en la Educación se han preocupado por la participación en ellos del colectivo del sector social de la economía, interesados en la educación y capacitación para la vida en una economía social, y menos se han propuesto políticas tendientes a elevar la calidad y la cobertura de la educación dirigida a fortalecer al sector social de la economía.

Lo cual, ha dado como consecuencia que solamente se formen trabajadores tanto en el sistema tecnológico, como en el sistema universitario, para responder a la demanda del aparato productivo; sin embargo, ante la eminente transformación que está sufriendo este aparato, provocando entre otros conflictos, elevados índices de desempleo, es necesario virar los ojos hacia el autoempleo y la revalorización de muchas de las actividades productivas que la humanidad requiere para su autosuficiencia y sustentabilidad en el planeta.

Por tanto, lo primero que requiere el colectivo de trabajadores y sus organizaciones es aceptar que el sistema capitalista está en transformación y que ello los obliga a modificar, no sólo sus estrategias de lucha para elevar su fuerza de poder frente al mismo y con ello beneficiarse de un porcentaje más justo de la plusvalía o por lo menos, mantener su empleo; sino que también tiene la necesidad de transformar sus actitudes ante el trabajo y coadyuvar en la formación y desarrollo de empresas del sector social de la economía para que en un ambiente de respecto a la dignidad humana de trabajadores, patrones, sindicatos y empresas de autogestión procuren elevar la capacidad productiva del sistema económico solidario en un clima de justicia distributiva y equidad.

Luego entonces, ante esta realidad de México, es urgente modificar los planes de estudios desde el nivel preescolar con objeto de crear en los estudiantes valores, actitudes y aptitudes que les permitan crear sus propios empleos y jugar un papel digno y activo en la construcción y el desarrollo del sistema de economía solidaria y a la vez, concientizar a quienes actualmente no cuentan con un empleo digno a virar los ojos hacia las organizaciones de la economía solidaria con objeto de crear unidades de producción sustentables.

B. Pronóstico

Si la clase trabajadora no cambia sus actitudes y aptitudes frente al trabajo, cada día irá perdiendo su capacidad de acceder a un empleo decente en el aparato productivo del sector privado, en detrimento de su dignidad humana; por esa razón es necesario transformar las actitudes y aptitudes del trabajador con objeto de que él y sus organizaciones gremiales coadyuven y participen en la formación de nuevas organizaciones productivas con fundamento en la visión y los principios de la economía solidaria con objeto de estar en posibilidad de ser independientes en la generación de empleos del aparato productivo del sector privado.

III. PROPUESTA DE SOLUCIÓN

Ante la crisis capitalista, los trabajadores y sus organizaciones gremiales deben voltear los ojos hacia las empresas que conforman la economía solidaria y darse a la tarea de fomentar el empleo a través de organizaciones tales como las cooperativas, las mutualistas, las sociedades de solidaridad social y los kibbutz, para lo cual se requiere que las familias y el sistema educativo promuevan en los discentes el desarrollo de los valores, los conocimientos, las habilidades y las destrezas que un ser humano requiere para participar activamente en una organización de la economía solidaria, mediante las siguientes acciones:

Desarrollar en los discentes los valores requeridos para poder participar en una unidad económica autogestionaria, como lo son: la autogestión, la cooperación, la organización solidaria, la idea de emancipación por la vía del empleo, y la construcción de una red de sociedades basadas en los principios de la economía solidaria.

Transmitir a los discentes conocimientos de procesos de producción integral, que les permitan construir unidades de producción autogeneradoras de los bienes y servicios requeridos para su engrandecimiento, para lo cual deberán incluir desde actividades del sector primario, hasta aquellas dirigidas al desarrollo de tecnologías sustentables.

Generar en los discentes habilidades para la creatividad productiva, la plurivalencia y la capacidad para emprender, a fin de lograr en ellos las capacidades necesarias que les permitan desde trabajar un surco, elaborar quesos con excedentes de la leche producida por la unidad, hasta la creación de tecnologías que eleven la calidad del medio ambiente y la utilización racional de recursos escasos como lo es el agua.

Promover en los discentes las destrezas requeridas para su participación activa y solidaria en las organizaciones del sector social de la economía, con objeto de recuperar la dignidad humana de aquellos que no laboran en las unidades productivas del sector privado y público de la economía mexicana y con ello restituirles sus derechos humanos.

IV. FUENTES DE INFORMACIÓN

Bibliografía

BARAJAS MONTES DE OCA, SANTIAGO, *Sistema para la formación de empresas de los trabajadores,* Editorial Universidad Nacional Autónoma de México, México, 1988.

GALAZ, CATARINE y PRIETO, RODRIGO, *Economía solidaria. De la obsesión por el lucro a la redistribución con equidad,* Editorial Nordan, Montevideo, 2006.

SALINAS PUENTE, ANTONIO, *Derecho cooperativo,* Secretaría de Industria y Comercio, México, 1954.

SALINAS PUENTE, ANTONIO, *El cooperativismo en marcha,* Secretaría de Industria y Comercio, México, 1969.

Legislación

http://www.diputados.gob.mx/LeyesBiblio/pdf/143.pdf, 20/06/2011
http://www.diputados.gob.mx/LeyesBiblio/pdf/137.pdf, 20/06/2011

Páginas electrónicas

http://www.monografias.com/trabajos16/bases-cooperativismo/bases-cooperativismo.shtml,
http://www.diputados.gob.mx/LeyesBiblio/pdf/143.pdf, 20/06/2011
http://www.imdecoop.coop/informacion.php, 20/06/2011
http://www.slideshare.net/brian2099/sociedades-cooperativas, 21/06/2011
http://mexico.pueblosamerica.com/i/kibbutz/, 22/06/2011
http://kibbutz-ecuador.com/, 22/06/2011

El empleo en la ciudad de México y las cooperativas como alternativas de solución

Rubén Cárdenas Rios[1]

Martha Elba Izquierdo Muciño[2]

Universidad Autónoma del Estado de México

Sumario: 1. Introducción. 2. Los Derechos Sociales en México. 3. Constitucionalismo social. 4. Problemas sobre el empleo en México. 5. Respuestas de la población. 6. Alternativas de solución. 7A. De los comentarios para: Las jornadas finales del Congreso Argentino de las Cooperativas de 2012. 7B. El empleo en la ciudad de México y las cooperativas como alternativas de solución. 7C. La Constitución Mexicana y diversos artículos de carácter social y económico. 8. Bibliografía y fuentes.

1. INTRODUCCIÓN

El ordenamiento constitucional mexicano cuenta con diversos artículos de carácter social entre ellos el artículo 123 en relación el 3° fracción VII y, la rama laboral de las instituciones de educación superior con sus trabajadores; el artículo 5to en cuanto a la libertad y derecho al trabajo y el contenido actual del artículo 1° en cuanto al acatamiento del principio de convencionalidad que se vierte en los párrafos primero, segundo y tercero de este artículo; se establece de manera prioritaria, en el artículo 18 el trabajo como elemento para la readaptación social, en relación semejante a lo dispuesto por el artículo 36 y el registro del ciudadano en cuanto a enterar a qué se dedica; del 107 fracción I segundo

[1] Maestro en Derecho Rubén Cárdenas Rios. Profesor de la Facultad de Derecho de La Universidad Autónoma del Estado de México. *E-mail:* carb7o@yahoo.com.mx

[2] Doctora en Derecho Martha Elba Izquierdo Muciño, Profesora de tiempo completo de la Universidad Autónoma del Estado de México. E-mail: Doctoradoderecho@hotmail.com.

párrafo en lo referente al control constitucional en materia laboral ... Con tal contenido trata el tema sobre el derecho al trabajo y la organización social de los trabajadores mexicanos, así también regula las relaciones obrero patronales con la finalidad de obtener un mayor bienestar tanto de los trabajadores como de sus familias conforme lo establece la justicia social, esto es tratar de lograr las mejores condiciones de vida y salud, así como mejores condiciones económicas, culturales y sociales, para aspirar al tan anhelado derecho al desarrollo.

Sin embargo los problemas que se observan en México resultan ser graves en primer lugar por los principios que rigen la interpretación de la ley referente al principio de legalidad y la ausencia de la ductibilidad en materia constitucional; lo primero implica una restricción en cuanto permitir la existencia del fenómeno que propicia sea letra muerta en lo referente a grandes prerrogativas constitucionales, que resuelve la ductibilidad o maleabilidad constitucional, que en realidad es darle el sentido jurídico a la parte social de las constituciones, verbigracia lo que reza la Constitución Española, en cuanto a responsabilizar al gobierno en sus tres niveles así como a las funciones del Estado para garantizar esta parte sensible del Estado de Derecho, indicando que en los caso de vulnerarse derechos tan fundamentales de los gobernados y que se conozca de tales hechos, se debe abocar el gobierno a tutelar y garantizar su restablecimiento así en el caso de no existiere ley se haga y, si no existiese procedimiento se genere, lo importante es subsanar cualquier violación en el acto y con la eficacia que el problema amerite; pero aunado a ello se tiene la apertura comercial y la firma del Tratado de Libre Comercio de las Américas (NAFTA), la inversión extranjera directa, en lugar de haberse aplicado en sectores comerciales como la agricultura y manufacturas, que hubiesen repercutido en beneficio de la población en general, se volcó en la adquisición de empresas públicas privatizadas y en sectores como el comercio y los servicios y una lucha o competencia en contra de los medios de producción agroindustrial que México que se advierte de manera preocupante que se ha perdido la capacidad, la autonomía en alimentos (esa soberanía alimentaria) de esta naturaleza y comprometido a importar tales productos impregnados por el fenómeno de la era de los alimentos sintéticos.

Retomando, el modelo de mercado adoptado actualmente por nuestro país, de tipo *neoliberal*, y con tendencias a estructurar el Estado Mexicano en Estado administrado por determinación de las fuerzas reales del poder, lo que ha dado como resultado, una forma de producción que ha provocado exclusión y miseria, asimismo ha sido catastrófico para el medio ambiente y, el poder económico actualmente descansa en manos de una oligarquía financiera y que el propio Estado Mexicano incurre en tal fenómeno como lo es en el campo de la energía, tanto en lo referente al oro negro como en lo referente a la energía eléctrica.

Las respuestas de la población van desde la emigración como válvula de escape, hasta el aumento del comercio informal, crimen organizado (industria en el que ahora es muy frecuente el trabajo que estas empresas del crimen ofrecen), levantamientos sociales y todo ello como precio a la crisis educativa que se vive y el sometimiento que padece la ciudadanía sirviendo al sistema que controla y administra nuestro estado de Derecho. Lo anterior tiene como resultado la pobreza y consecuencia de la mala distribución del ingreso, y si bien contamos con una rectoría económica en nuestro país, dispuesta por el artículo 25 Constitucional, dentro de una tendencia del constitucionalismo contemporáneo, al que se ha denominado constitucionalismo social, esta redacción queda como letra muerta, ante el irrefrenable impulso de las leyes del mercado y de la misma estructura legislativa debido a que la ley es de origen político y no jurídico.

En tales términos los sectores sociales más desvalidos que son realmente quienes han resentido todos y cada uno de los problemas existentes, reclaman un modelo de desarrollo basado en una economía más solidaria, dado que la íntima relación entre constitución y solidaridad, debe estar vertebrada según nos dice un escritor español (Antonio Colomer), por el concepto de equilibrio, en donde las distintas formas de solidaridad constituyan fundamento de la constitucionalidad en cuanto sistema de estructuras institucionales definidas, que regulen la organización política y que esta se proyecte sobre las realidades sociales, económicas y agregaría adminiculas con políticas de estado que finalmente permita la legitimidad eficacia y funcionalidad de de la ley.

Lo anteriormente expuesto nos permite decir que debe adoptarse el modelo de "*economía solidaria*" (Jean-Louis y Gaiger, 2002:64) este modelo reconoce el rol del Estado y del Mercado, pero también de la sociedad civil, por tanto puede decirse que resultaría más prometedor este modelo porque implica el debate, el diálogo social, la iniciativa de cada uno de los ciudadanos y la gestión tanto en el plano económico como en el social, que por otra parte encontraría su sustento en el ordenamiento constitucional antes citado, bajo principios como el de "coexistencia" en el que se explica que si el ambiente social y principalmente de sus elementos humanos están bien, en consecuencia nosotros estaremos seguros y en lo individual bien necesariamente, aun cuando el ambiente social y la sicología organizacional estén en crisis, debido al fenómeno que aqueja la sociedad mexicana como uno de los obstáculos peligrosos para lograr el derecho al desarrollo y se trata de las afectaciones a los procesos de socialización o procesos de integración social de los miembros principalmente de de la familia, en los ámbitos de la educación formal del alumno, en grupos y las comunidades escolares, que hasta hoy lograr que se establezcan la funciones de asumir el trabajo que cada miembro debe desempeñar, es un verdadero reto o problema a resolver y, que se ubica dentro del "problema psicosocial" consiste la mencionado pérdida del capital social, que no sólo es un problema de los países desarrollados, nosotros nos hemos iniciado ya hace cuatro décadas. En tal fenómeno nos encontramos presentando síntomas preocupantes, por ejemplo una relación social en crisis que es evidente por la presencia de un individualismo peligroso generado por videojuegos y todo este tipo de entretenimiento-esclavizante cibernético como lo presenta Mercado [1999:203-225], además se hacen presentes otros elementos como son los modelos de placer solitario, conducta en la que no existe interacción y se observa únicamente una colectividad ciega, con peligrosos elementos fundamentalistas por ser efectivamente las comunidades sociales el campo fértil para el consumo de ideologías que se asumen sin reflexión.

El problema de lo planteado es que existe la creencia que contra cosas o fenómenos tan magnos ya establecidos, no se puede hacer nada, pero lo que debe preverse es que los sistemas, sobre todo los del ámbito de los medios de comunicación con fines de consumo, están llevando a cabo una labor lenta pero firme, estableciendo códigos estándar de comportamientos evidentemente sobre el consumo universal; y este tipo de ideas, porque están debidamente intencionadas por los intereses de una economía que incluso ya no es nacional y a lo que solamente se puede combatir con el manejo y análisis de la información, herramienta epistémica que debe ser fundamental para la educación, así con la conciencia clara de que el sistema de comunicación que principalmente deben manejar las familias y la comunidad educativa solo sirven al consumo, lo que implica que se deben transmitir proyectos de vida, intereses, valores bajo el principio de que la magnitud del impacto del mensaje que genera el sistema educativo solo ha de dejar réplica, esquemas de reflexión y crítica constructiva.

Resulta ser más democrático lo que se propone por que los ciudadanos participan y es más humano y respetuoso del medio ambiente ya que descansa en valores de solidaridad y cooperación, que permite a los hombres y a las mujeres desarrollarse colectivamente y responder a sus propias necesidades integrando los valores de la solidaridad y la justicia social.

De tal suerte que los nuevos servicios, los nuevos empleos, las nuevas formas de organización y de integración ofrecen respuestas a la población que reclama inútilmente frente a la omnipresencia de una economía liberal deshumanizada que genera sistemas para formar recursos humanos sólo con capacidades para dar mantenimiento y maquilar, jornaleros y en el caso nuestro del derecho solo abogados tornillo, por ello se cuenta con un sistema de evaluación que es propio para ello.

Los alcances de este modelo de economía social y solidaria sobrepasan la respuesta inmediata a las necesidades, pues los grupos sociales pueden participar en la construcción de una nueva economía, rompiendo el fatalismo de que la ideología neoliberal es el único modelo de desarrollo y en la práctica permite imaginar otras estrategias más amplias y completas, para desarrollar una economía mundial global y solidaria, convirtiéndose cada vez más en una opción real para la población del planeta, que puede aplicarse en nuestro país pues contribuye concientemente a la construcción democrática, ya que al fortalecer la capacidad colectiva se crea verdaderamente una economía solidaria.

En consecuencia hace falta tan sólo convencer a nuestros gobiernos de apoyar el desarrollo de esta economía social que parte de la base, "desde abajo" a través de políticas públicas, de la misma forma que brindan su apoyo al desarrollo de las empresas capitalistas y en general a la economía de mercado.

Es necesario por tanto en nuestro país que los poderes públicos pongan en marcha políticas para facilitar el desarrollo de todos los sectores sociales, conforme a lo dispuesto por el artículo 25 Constitucional. Ya no debemos conformarnos con tomar los espacios económicos que los otros no quieren, debemos aprender a confrontar lo privado y convencer a nuestros gobiernos y a nuestras autoridades para que tomen la opción del modelo de economía social y solidaria. Este es el camino obligado para asumir plenamente nuestra pretensión de demostrar que ¡otro mundo es posible! Devolviendo al ciudadano el poder de su trabajo en colaboración.

2. EL DERECHO SOCIAL DEL TRABAJO EN MÉXICO

Los derechos sociales ó garantías sociales comúnmente llamadas, tienen su origen en México en la Constitución de 1917. Se crean con la finalidad de dar equilibrio a las garantías individuales existentes que se consagran en el primer capítulo de la Carta Magna.

Los artículos que se refieren a las garantías sociales son el 1° por su contenido en los tres primeros párrafos y los principios de convencionalidad, 27 y el 123, fundamentalmente. El primero protege los derechos agrarios y el reparto equitativo de tierras y aguas (actualmente reformado). El art. 123 ampara los derechos del trabajador y de su familia.

Además existen otros como el artículo 2°, que menciona las recientes reformas en materia indígena; artículo 3°, menciona lo relativo a una educación democrática para todos los Mexicanos; artículo 4°. Que habla sobre el derecho a la salud, derecho a la vivienda y la igualdad de sexos. Todos éstos también pueden considerarse derechos sociales, pero fundamentalmente se subrayan los artículos, 27 y 123, por ser los que velan por los derechos de la clase económicamente débil frente a la clase poderosa.

Por otra parte no siempre resulta claro el contenido de las garantías sociales en la Constitución, pues existen autores como Burgoa, Noriega y otros que consideran posturas diversas al respecto. Por ello reciben indistintamente el nombre de garantías individuales o garantías sociales.

Burgoa, por ejemplo, sostiene que las garantías sociales, al igual que las individuales, implican una relación jurídica; considera que determinadas clases sociales padecen una situación económica crítica y, por tanto, exigieron al Estado adoptar medidas proteccionistas o de tutela frente a la clase poderosa, lo que originó las garantías sociales. Asimismo, afirma que no sólo se excluyen, sino que se complementan al hacerse efectivas las garantías de libertad y de igualdad entre las clases sociales que componen la estructura de una sociedad.

Los enfoques sociales aludidos no son, según dice, sino los remedios normativos idóneos para eliminar las condiciones de desigualdad entre los individuos. (Burgoa, 1976: 690).

Noriega sostiene una idea similar, ya que acepta que el derecho social no es nuevo sino especial, que tiene como fin proteger a la clase desvalida. Sin ser una nueva forma de derecho, resulta un derecho de integración, apoyado en el fenómeno de la comunicación. Afirma además que se trata de los mismos derechos de la persona, pero aplicados de manera más amplia, ya que corresponden a un grupo social diferente. Es un deber que se impone el Estado para amparar a las personas en forma individual o colectiva. (Citado por Castro, 1974: 26-28).

Por su parte, tratadistas de la corriente social del derecho opinan lo contrario; manifiestan que el derecho social es nuevo, distinto del que comúnmente conocemos, que surge de las clases sociales desprotegidas.

Consideran que la garantía individual implica una relación de derecho entre dos sujetos que son, del lado activo, los gobernados, y del pasivo, el Estado y sus autoridades. Por el contrario, la garantía social se traduce en un vínculo jurídico entre dos clases sociales económicamente diferentes, desde el punto de vista general e indeterminado, o entre individuos particulares y determinados pertenecientes a dichas clases.

Las garantías sociales se denominan también derechos de clase porque se relacionan con la justicia social, tendiente a obtener un bienestar social para los pueblos. Una definición de derecho social es la siguiente: "Es la ordenación de la sociedad en función de una integración dinámica teleológicamente dirigida a la obtención del mayor bienestar social de las personas y de los pueblos, mediante la justicia social."(Lombardo, 1978: 51)

Lo importante es destacar que frente a las garantías individuales nuestra constitución creó las garantías sociales, que protegen en igual sentido a las personas como individuos o componentes de un grupo social, entre ellos el derecho social de los trabajadores como a continuación se menciona:

Derechos de los trabajadores. El derecho social de los trabajadores tiene como objeto regular las relaciones obrero-patronales para obtener el mayor bienestar, tanto de los trabajadores como de sus dependientes, según la justicia social.

El art. 123 regula los derechos de los trabajadores y hoy en día, mediante la previsión social, trata de lograr, además del mayor bienestar, mejores condiciones de vida, salud, mejores condiciones económicas, culturales y sociales. Por tanto, este derecho es una disciplina cuyos principios se consagran en el capítulo "Derecho del trabajo y de la previsión social". Aunque evidentemente protege a los trabajadores, no omite a la empresa o al patrón.

Díaz Lombardo sostiene con orgullo que México fue el primer país del mundo que logró elevar al rango constitucional un artículo como el 123. Se adelantó a la Constitución rusa y a la de Weimar, de 1919. Por ello se le ha considerado una de las más valiosas, pues no sólo destaca la importancia que en el ámbito internacional han tenido los derechos sociales, sino que al mismo tiempo inicia una nueva versión de los derechos humanos, denominados de la segunda generación. (Lombardo, 1978: 26). Este autor manifiesta que se trata de un artículo revolucionario, que consagra una garantía social para la clase trabajadora.

El art. 123 comprende dos grandes sectores: el de los asalariados y el de los trabajadores al servicio del Estado o burócratas.

El derecho del trabajo que incluye este artículo distingue varios rubros: a) derecho individual del trabajo; b) derecho colectivo del trabajo, y c) derecho procesal del trabajo.

- El primero abarca lo relativo al contrato individual del trabajo, salarios mínimos, protección al salario familiar, protección al trabajador migratorio, responsabilidad patronal por riesgos profesionales y otros.
- El derecho colectivo del trabajo comprende lo relativo a sindicatos y asociaciones profesionales, derecho de huelga y paro.
- El campo procesal de trabajo incluye la organización y el funcionamiento de las Juntas de Conciliación y Arbitraje.

La previsión social, otro de los grandes principios que consagra el art. 123 junto con el derecho del trabajo, regula la protección a las mujeres y a los menores, la vivienda y las escuelas para obreros, la prohibición de expendios de bebidas embriagantes y juegos de azar, agencias de colocaciones, cooperativas para la construcción de casas baratas e higiénicas, así como lo relativo a cooperativas y prestaciones en general. (Izquierdo, 2008: p.311)

En el apartado B se enuncia lo concerniente a los trabajadores al servicio del Estado; clasifica y distingue el derecho individual del trabajador y la organización colectiva y procesal del trabajo, sólo que en este caso se establece el Tribunal de Arbitraje para la solución de conflictos, ya que el Estado es el patrón; asimismo, habla del sistema de seguridad social para los trabajadores, para la mujer y el niño, es decir, la familia, así como de sistemas de seguros sociales a través del Instituto de Seguridad y Servicios Sociales de los Trabajadores al Servicio del Estado (ISSSTE).

Esta garantía tiene su fundamento en el art. 123 constitucional. En París, en 1948, en el Palacio de Chaillot se aprobó la Declaración Universal de los Derechos del Hombre por parte de Naciones Unidas, a propuesta de la UNESCO. En el art. 22 se indica:

Toda persona como miembro de la sociedad tiene derecho a la Seguridad Social y a obtener la satisfacción de los derechos económicos, sociales y culturales indispensables a su dignidad y al libre desarrollo de su personalidad.

El derecho del trabajo es un conjunto de normas que regulan, en su aspecto individual y colectivo, las relaciones entre trabajadores y patrones; trabajadores entre sí y patrones entre sí, mediante la intervención del Estado, con el objeto de tutelar y proteger a todo aquel que preste un servicio subordinado.

El derecho del trabajo es parte integrante del derecho social. Se identifica y se plasma en el art. 123 constitucional, según el cual *"Toda persona tiene derecho al trabajo digno y socialmente útil"*; al efecto se promoverá la creación de empleos y la organización social para el trabajo, conforme a la ley.

El Estado procurará promover las fuentes de trabajo, para que todo individuo tenga un trabajo digno y útil; asimismo se encargará de organizar o señalar los lineamientos a los que deberán ajustarse tanto trabajadores como patrones, y señalará sus derechos y obligaciones, respectivamente. Además, indicará la duración de las jornadas de trabajo, los salarios mínimos y, en general, todos los derechos a que sean acreedores los trabajadores.

El derecho de seguridad social del trabajador es una rama del derecho social que corresponde a obreros, trabajadores, empleados, artesanos, deportistas, etc. Tiene como fin protegerlos de manera integral contra las contingencias de sus actividades laborales y frente a los riesgos de trabajo.

El apartado B, fracción. XI, del art. 123 constitucional establece:

> *La seguridad social se organizará conforme a las siguientes bases mínimas*
> *a) Cubrirá los accidentes y enfermedades profesionales; las enfermedades no profesionales y las de maternidad; y la jubilación, la invalidez, vejez y muerte*
> *b) En caso de accidente o enfermedad, se conservará el derecho al trabajo por el tiempo que determine la ley.*
> *c) Las mujeres durante el embarazo no realizarán trabajos que exijan un esfuerzo considerable, además gozarán de un mes de descanso antes del parto y de otros dos después del mismo*
> *d) Los familiares de los trabajadores tendrán derecho a asistencia médica y medicinas, en los casos y en la proporción que determine la ley.*

Como puede observarse nuestra constitución reconoce plenamente los derechos sociales de los trabajadores, reconocidos internacionalmente, toda vez que son múltiples los convenios que en esta materia ha firmado y ratificado ante organismos internacionales como la Organización Internacional del Trabajo (OIT).

3. CONSTITUCIONALISMO SOCIAL

Conviene señalar que en nuestro país y a partir de la Constitución de 1917 ha estado a la vanguardia del constitucionalismo contemporáneo, al establecer en la ley fundamental las bases del régimen económico como en otras naciones. A esta tendencia se le ha denominado "CONSTITUCIONALISMO SOCIAL". De ahí mismo ha surgido el concepto de Estado social de derecho, como una derivación de la idea del Estado liberal del derecho, que se observa en los dictados de la Constitución mexicana a través de diversos artículos, entre ellos el artículo 25 Constitucional que habla acerca de la rectoría económica.

En efecto, la rectoría económica obedece a la tradición Constitucional Mexicana de atribuir al Estado la responsabilidad de organizar el desarrollo nacional, varios preceptos constitucionales desde su redacción original dan cuenta de ello, como lo son los artículos.25, 27, 28, 123, 131 entre otros.

La rectoría económica ha servido en nuestro país como guía del desarrollo económico desde 1917, época en la que se le atribuyó al Estado Mexicano la facultad de impulsar el desarrollo nacional como forma indispensable para integrar a la nación dentro de sus valores económicos y sociales.

La tendencia clara y definida del Constitucionalismo moderno de establecer en las leyes fundamentales las bases del régimen económico de cada nación, proporcionando el marco jurídico adecuado para la estructura y funcionamiento de la actividad económica a seguir, fue ampliando progresivamente sus responsabilidades en el campo de la política económica y social, por ello se sostenía que la política del Estado era cada vez más política, más económica y mas social. (De La Madrid ,2004: 439)

En el párrafo VII del artículo 25 constitucional; nuestra Carta Magna habla del impulso al desarrollo de la actividad económica del sector social. De esa manera nuestra Constitución plasma dentro de su texto los ideales de una nación preocupada por el mejoramiento de vida de los integrantes de la clase social más desprotegida, grupos de personas económicamente débiles, que con el fortalecimiento que se le de a las actividades sociales, ya sea mediante la difusión de técnicas de mejoramiento en la producción en los ejidos, ó con el establecimiento de cualquier otro mecanismo que facilite la expansión y organización de la actividad económica que realice dicho sector social, los grupos que lo integran contribuirán junto con el sector público y privado al desarrollo económico de la nación.

El Estado Mexicano encuentra en esta disposición Constitucional la responsabilidad ineludible de ser el rector del desarrollo nacional garantizado que sea integral, que proteja la Soberanía de la Nación, aplicando la democracia, no sin la intención de fortalecer el empleo, el crecimiento económico y como consecuencia con una mas una justa distribución del ingreso y riqueza de tal suerte que efectivamente se proteja a los grupos y clases sociales desvalidas dado que la Constitución Política fue la primera Constitución Política Social en el mundo que se preocupo por reconocer los Derechos Sociales. Sin embargo la realidad es que ante la fuerza incontrolable de las leyes del mercado, este artículo ha venido quedando poco a poco como letra muerta. Consideramos por tanto que dada su gran trascendencia, es nuestro deber de transcribirlo íntegramente:

Artículo 25 constitucional.

> "**Artículo 25**: Corresponde al Estado la rectoría del desarrollo nacional para garantizar que éste sea integral, que fortalezca la Soberanía de la Nación y su régimen democrático y que, mediante el fomento del crecimiento económico y el empleo y una más justa distribución del ingreso, y la riqueza, permita el pleno ejercicio de la libertad y la dignidad de los individuos, grupos y clases sociales, cuya seguridad protege esta Constitución.
>
> El Estado planeará, conducirá, coordinará y orientará la actividad económica nacional, y llevará a cabo la regulación y fomento de las actividades que demande el interés general en el marco de libertades que otorga esta Constitución
>
> Al desarrollo económico nacional concurrirán, con responsabilidad social, el sector público, el sector social y el sector privado, sin menoscabo de otras formas de actividad económica que contribuyan al desarrollo de la Nación.

> El sector público tendrá a su cargo, de manera exclusiva, las áreas estratégicas que se señalan en el artículo 28, párrafo cuarto de la Constitución, manteniendo siempre el Gobierno Federal la propiedad y el control sobre los organismos que en su caso se establezcan.
> Así mismo, podrá participar por sí o en los sectores social y privado, de acuerdo con la ley, para impulsar y organizar las áreas prioritarias del desarrollo.
> Bajo criterios de equidad social y productividad se apoyará en impulsará a las empresas de los sectores social y privado de la economía, sujetándolos a las modalidades que dicte el interés público y al uso, en beneficio general de los recursos productivos, cuidando su conservación y el medio ambiente.
> La ley establecerá los mecanismos que faciliten la organización y la expansión de la actividad económica del sector social: de los ejidos, organizaciones de trabajadores, Cooperativas, comunidades, empresas que pertenezcan mayoritariamente o exclusivamente a los trabajadores y, en general, de todas las formas de organizaciones social para la producción, distribución y consumo de bienes y servicios socialmente necesarios.
> La ley alentará y protegerá la actividad económica que realicen los particulares y proveerá las condiciones para que el desenvolvimiento del sector privado contribuya al desarrollo económico nacional en los términos que establece ésta Constitución

Ahora bien, un análisis imparcial conduce a reconocer que los creadores de este artículo se propusieron llevar a cabo, no una simple inserción exitosa en la economía, sobre la base de mejorar la producción y elevar la productividad, sino también, y con la misma fuerza, establecer un orden económico no ideal, sino concreto que, utilizando los mecanismos del mercado, así como el apoyo a funciones e instituciones del sector social de la economía y de regulaciones estatales, conseguir favorecer la coordinación de los intereses de los diversos sectores de esa sociedad. Este artículo procura estudiar y resolver los problemas y procesos económicos en su conjunto, tomando en cuenta los intereses legítimos de todos los agentes participantes y no solamente la operación del mecanismo del mercado.

La economía social de mercado se convierte así en un estilo de vida que practica una amplia coordinación entre el mercado, el poder público y los grupos sociales participantes en la producción, instaurando diversos mecanismos de concertación social y de solución pacífica de conflictos. La economía social de mercado nunca ha sido partidaria de la alta concentración de poder económico en general. Por ejemplo, en los últimos 45 años, los grandes bancos alemanes sólo han manejado una mediana parte del mercado; en el nivel internacional; tampoco ocupan los primeros lugares, lo cual, sin embargo, no les ha impedido ser competitivos, ni internamente, ni frente a instituciones del exterior. De hecho este modelo recuperó mucho de las políticas e instituciones del Estado benefactor que se fueron instaurando desde años antes de la Segunda Guerra Mundial.

Lo cierto es que la riqueza del planeta habrá de triplicarse por lo menos en ciertas regiones, pero al mismo tiempo las personas que viven bajo el umbral de la pobreza también habrán de triplicarse, por tanto nos encontramos en una situación de incertidumbre y en una agravación extrema de los mecanismos de creación y reparto de la riqueza.

Ante esta situación a escala mundial nos dice Jaques Attali que es necesario que existan no más mercados mundiales sino estructuras de solidaridad, por las contradicciones que existen. Pone como ejemplo el que actualmente la riqueza de cincuenta países equivale a la riqueza de los tres hombres más ricos del mundo, lo cual es un ejemplo claro de la concentración de riqueza. (Attali, 2000: 54)

El conocido sociólogo Alain Touraine, ha propuesto lo que se dio en llamar la vía dos y medio. Considera que no es cuestión, evidentemente, de buscar una tercera vía entre el liberalismo y el comunismo, puesto que el segundo está muerto y el primero se dobla bajo el peso de las crisis financieras mundiales, aunque permanece como modelo de referencia para todos los que desconfían de la intervención del Estado, Lo que caracterizaría su propuesta, en contraposición con el proyecto de Tony Blair, es que concede prioridad a la reintegración social de los excluidos y de los marginados por el recurso de medios económicos, es decir, confiriendo al aumento de te producción y del empleo una prioridad confiscada desde hace largo tiempo por los problemas monetarios y financieros y el afán de lucro sin limites de las grandes corporaciones transnacionales. A su juicio, en el momento presente se requiere incrementar los mercados locales, potenciar la capacidad de compra bajando los impuestos y reforzando, al mismo tiempo, de manera efectiva, las actividades generadoras de empleo y orientando la enseñanza hacia la innovación. En efecto, mientras que la tercera vía se puede definir como de centro derecha, la vía dos y medio busca definirse como de centro izquierda. (Touraine, 1999: 96)

Por su parte Luis Razzeto (Chile), menciona a la economía de solidaridad, la cual fue impulsada desde lo años 80, inspirada en el trabajo de la promoción de alternativas económicas para los pobres de América latina.

La Economía de solidaridad parte de la idea de que el interés y el lucro privado no son los únicos motores de la organización económica y que es posible desarrollar formas solidarias sustentadas en el trabajo de los beneficiarios, complementado por donaciones.

Se estima que en un mercado de donaciones los oferentes pueden tener diversas motivaciones, altruistas o interesadas pero canalizadas a través de las Organizaciones no gubernamentales que compiten por esos recursos a través de la presentación de proyectos de la promoción de la economía popular.

La posible contradicción entre el sentido de las donaciones y el interés de los intermediarios solo se resolvería mediante una ética de los agentes involucrados consecuente con la opción por los pobres, y mecanismos de control y evaluación de resultados. (Citado por: Coraggio, 2003: 100)

Esta propuesta impone fuertes adhesiones ideológicas a sus agentes pues se debe optar por los pobres, promover relaciones de solidaridad y cooperación interpersonal directa y sostener proyectos a "escala humana", locales y comunitarios.

Por otro lado depende de una economía de "donaciones" y no pretende auto sustentarse a través del mercado, más bien intentaría usar tecnologías apropiadas utilizando con eficiencia social recursos que usualmente el mercado no valora y satisfaciendo necesidades que este no considera de interés satisfacer. Depende entonces de un flujo permanente de donaciones y del sostenimiento activo de una cultura de valores apartados del lucro y del consumismo.

Esto no excluye que algunos emprendimientos lleguen efectivamente a la auto sustentación económica, pero a condición de que no abandonen esa matriz de valores solidarios.

Como puede observarse es importante plantear un programa democrático que genere desde la sociedad las condiciones para la emergencia de otro estado y de otro modelo de mercado (Coraggio, 2003: 101).

En respuesta a las políticas neoliberales y sus efectos excluyentes, emergen respuestas espontáneas de la propia población afectada, que con menos nivel de teorización y con mayor carga empírica ha debido generar mecanismos para resolver las necesidades de empleo e ingreso. Por sus características se pueden definir como estrategias de supervivencia (Oswald, 1999: 65) y de resistencia.

De lo anterior se desprende la transformación del mercado laboral. Algunos autores señalan como responsables de la reducción de la demanda de empleo a los procesos de automatización y robotización, al adelgazamiento del sector público consecuente con las políticas de ajuste y retiro del gobierno en la conducción de la economía.

Los cambios en la estructura laboral, el cierre de fuentes de empleo, la desregulación y la violación constante de la legislación social y la agresión hacia las iniciativas de los sindicatos justifican al calificar este modelo globalizador como excluyente, mas no se trata solo de un debate ideológico, los datos en torno a sus efectos prueban la incapacidad del actual modelo neoliberal. Personajes como Joseph Stiglitz (1998) Premio Nobel de Economía y el expresidente William Clinton así como otros funcionarios del FMI y del BID que en un momento fueron impulsores del Consenso de Washington, reconocen que las recetas que aplicaron con el auspicio de las élites políticas y financieras nacionales, tuvieron efectos negativos y que es necesario cambiar por otras estrategias y volver los ojos hacia el desarrollo de los mercados internos.

Stiglitz menciona que la globalización actual para muchos de los pobres de la tierra no esta funcionando, así como tampoco para buena parte del medio ambiente ni para la estabilidad de la economía global. Que la transición del comunismo a la economía de mercado ha sido gestionada tan mal que con excepción de China, Vietnam y unos pocos países del este de Europa la pobreza ha crecido y los ingresos se han hundido. (Stiglitz, 2000: 269).

En efecto, para millones de personas la globalización no funciona y lejos de ello han visto como su situación ha empeorado, sus empleos han sido destruidos, convirtiendo sus vidas cada vez más inseguras, sintiéndose cada vez más impotentes frente a las fuerzas económicas más allá de su control, y han visto debilitadas sus democracias y erosionadas sus culturas.

Si la globalización sigue siendo conducida como hasta ahora, sostiene el citado autor, si continuamos sin aprender de nuestros errores, la globalización no solo fracasará en la promoción del desarrollo sino que seguirá generando pobreza e inestabilidad. Si no hay reformas la reacción que ya ha comenzado se extenderá y el malestar ante la globalización aumentará. (Stilglitz, 2000: 310).

Se requieren políticas para un crecimiento real y sostenido, equitativo y democrático, esto es : solidario, pues el desarrollo no consiste en ayudar a unos pocos individuos o enriquecerse ó en crear un puñado de absurdas industrias protegidas que solo benefician a la elite del país abandonando los pobres del campo a su miseria sino que el desarrollo consiste en transformar las sociedades, mejorar sus vidas y permitir que tengan la oportunidad de salir adelante, accediendo de manera conjunta a la salud y a la educación. Al respecto Antonio Colomer menciona: "*Constitucionalismo y democracia son inseparables, ya que a partir del concepto de soberanía popular, el pueblo es soberano y de él emanan los poderes del Estado y en especial ese poder constituyente como poder extraordinario para constituirse del modo que mejor le convenga*". (Colomer, 2007: 29).

De esta idea surge también el principio de solidaridad originaria por el que uno de los más importantes fines primarios del Estado es mantener la cohesión social y la integridad.

4. PROBLEMAS SOBRE EL EMPLEO EN MÉXICO

No obstante los derechos sociales sobre el empleo garantizados por el Estado mexicano, a partir de nuestra inclusión en el libre mercado mediante el Tratado del Libre Comercio de las Américas, en adelante TLCAN, se observan los efectos negativo en nuestro país, pues existe un grave aumento del desempleo que provoca salarios cada vez más bajos, carencias de seguridad social, e inestabilidad laboral y de derechos sociales que con tanto esfuerzo los trabajadores habían logrado establecer y aún cuando las economías se reactivan y los volúmenes de negocios aumentan, esto no se refleja ni en la cantidad ni en la calidad de los empleos generados y menos aún en la disminución de la pobreza.

Alicia Puyana y José Romero, en un interesante artículo que realizan, sostienen que con la apertura de nuestro país al comercio internacional mediante el TLCAN, se esperaba la transformación de las funciones de producción y con ello elevar de manera sostenida la productividad, asimismo se esperaba revertir la pérdida de competitividad en los mercados internacionales, recuperar su participación en el intercambio global, avanzar en la industrialización con mayor productividad, reducir el desempleo y el subempleo, incrementar los ingresos al separar la ineficiente asignación de factores productivos y elevar la formación de capital fijo, al establecer un ambiente propicio para las inversiones extranjeras y nacionales, mediante la disciplina fiscal, (Puyana, 2007: 796-812).

Sin embargo según manifiestan, la realidad es que a 14 años de la entrada en vigor del TLCAN y bajo la promesa de que con dicho convenio se revertiría la pérdida de competitividad de los mercados internacionales, recuperando la participación en el intercambio global, avanzando en la industrialización con mayor productividad, reduciendo el empleo y el subempleo etc. lo que se observa en la actualidad es una creciente insatisfacción con la trayectoria de la economía mexicana, pues la economía se abrió y el Estado se transformó, pero no se vislumbra aún ni mayor productividad ni avance de los sectores del Producto Interno Bruto.

Lo más preocupante es la evidente disociación entre el crecimiento de las exportaciones y el empleo de las manufacturas que conforman el 85% de las ventas externas mexicanas.

El déficit comercial agroalimentario crece y el país depende cada vez mas de las importaciones para satisfacer su demanda de alimentos y la agricultura; ante estas circunstancias se engrosa la informalidad urbana o se intensifica la emigración hacia Estados Unidos.

Por otra parte sostienen que en los últimos 20 años, fue muy acelerado el incremento de la población que buscó trabajo, pues en 2005 la fuerza de trabajo como porcentaje de la población total fue de 41.5%, mientras que en 1970 fue apenas de 26.9%. En 2005 superó en 5.7 porcentuales la de 1983.Menciona que la participación masculina asciende a 80% y la femenina a 60%, lo que indica una amplia reserva laboral femenina por incorporarse al mercado de trabajo, ya que sólo el 47% de la población femenina en edad de trabajar participa en la población económicamente activa (PEA).

Sin embargo la falta de seguridad social y de ahorros personales, obliga a la población en edad de retiro a mantenerse activa sobre todo a las mujeres, en condiciones laborales difíciles, por la competencia de los jóvenes, mas educados y entrenados en las nuevas tecnologías, estas desventajas empeoran para las mujeres que buscan empleo por primera vez, lo cual se corrobora por el hecho de que se dedican más a actividades de baja productividad y al servicio doméstico. (Puyana, 2007: 802)

Félix Cadena por su parte (Cadena, 2005: 14-16) realiza una síntesis de algunos datos que caracterizan la actual situación en México, basado en diferentes y confiables fuentes de información como a continuación se menciona:

1. El empleo nos dice Félix Cadena, en el sector manufacturero de diciembre del 2000 a junio del 2005, pasó de 17,181,000 a 14,270,000 empleos, lo que muestra una pérdida de casi tres millones. En el mismo lapso en México, en el mismo sector, se pasó de 4.383,000 de empleos a 3, 890,000 es decir casi 500 mil menos. (Fuente: STPS y Buró de Estadísticas laborales de EU).
2. En el conjunto de la actividad económica, sostiene que el crecimiento arrojó los siguientes datos: El mayor aumento del PIB de los últimos

cinco años, se dio en el 2004, en que llegó al 4.4. Sin embargo en ese año, el número total de personas ocupadas en todo tipo de actividades creció en 642 mil, respecto del 2003, en tanto que la PEA en ese mismo año, aumentó en 741 mil personas, lo que significa que el saldo de cualquiera manera fue negativo ya que cien mil mexicanos pasaron a engrosarlos millones de desempleados y subempleados ya existentes. (Encuesta Nacional de Empleo 4° trimestre del 2004).

3. Según datos del Instituto Mexicano del Seguro Social (IMSS), de enero 2001 a enero 2005 se crearon sólo 56 mil 300 nuevos puestos de trabajo, lo cual significa una tasa media del 0.1, que es igual, para todo efecto práctico, (Educación, Productividad y Empleo No. 85 marzo 2005).
4. En el año 2000, de acuerdo con el informe de competitividad 2004-2005 del Foro Económico Mundial, México ocupaba el lugar # 43, cuatro años después está en el 48, lo que está correlacionado con el hecho de que en calidad del sistema educativo ocupábamos también en el 2000 el lugar 50, pasando cinco años después al 77, En calidad de servicios de salud, se ocupaba hace cuatro años el 47 y en 2004 se pasó al 89. En eficiencia del gobierno para reducir la pobreza y la desigualdad, aparecemos en el sitio 75.
5. En cuanto a este último aspecto, sostiene dicho autor que nuestro país tiene uno de los mayores índices de inequidad en la distribución del ingreso. Según la encuesta ingreso-gasto del INEGI 2004, el 10 % de la población más rica recibió el 42.1 % de los ingresos, creciendo a una tasa del 3.4 por ciento entre 2002 y 2004, mientras que en el mismo periodo el porcentaje del 10 % de los más pobres sólo creció al 1.5 %, lo que hace que la distancia entre el ingreso de los hogares más pobres y del promedio de los más ricos sea de más de 30 veces y está en constante aumento.
6. La mano de obra mexicana en el sector formal, es de las más baratas del mundo!, debido a que perdió más del 70 % de su poder adquisitivo en los últimos 37 años Actualmente se cotiza en promedio a 2.4 USA dlls., la hora, por debajo de Brasil 2.6, Hong Kong 5.5 y Taiwán 5.8, según estudio de la Universidad Obrera dé México (el Financiero 20.06.2005).
7. Por otra parte, la productividad del trabajador mexicano va en constante aumento: en el comercio fue de 7.9 %, en la maquila del 2.7 %, en la manufactura del 6.3 %, con un ritmo durante los años del 2000 al 2004, de 32.5.% anual. Sin embargo en el mismo lapso, la plantilla de trabajadores de este sector se redujo 14.5 %, equivalente a casi 220 mil plazas (Educación Productiva y Empleo. No. 87. Mayo del 2005).

En base a los datos citados, sostiene el mencionado autor que México a pesar de ser la décimo segunda economía, según el BM, en lo que se refiere al Índice de Desarrollo Humano elaborado por el PNUD, está en el lugar 53 y aunque mejoró un punto respecto de 2003, debido en gran medida a los cientos de miles de buscadores de empleo que emigran y a los más de 17 mil millones de dólares en remesas recibidas por sus familiares ese año, lo cierto es que estamos por debajo de Croacia, Letonia, Islas Bahamas, Chile y Cuba. Incluso algunos municipios del país se encuentran en situación equivalente a Tanzania y Malawi, que ocupan los lugares 162 y 165 respectivamente (PNUD índice de Desarrollo Humano 2004). (Cadena,2005: 14-16).

Datos recientes sobre el empleo y bajo el primer año del presidente Felipe Calderón "el *presidente del empleo*", como el mismo se hizo llamar, revelan que las cosas no marchan mejor. (Acosta ,2007: 13). Pues en efecto, según datos del Instituto Nacional de Estadística Geografía e Informática (INEGI), tomadas de la encuesta nacional de ocupación y empleo, indica que la población económicamente activa (PEA) al finalizar el tercer semestre del año (2007) fue de 44 millones 667 mil 303 personas y la población ocupada ascendía en la misma fecha a 42 millones, 916 mil 569 personas.

Sin embargo si se atiende a la evolución del número de inscritos en el Instituto Mexicano del Seguro Social (IMSS) al 31 de diciembre del 2006 se podrá observar que la población ocupada ascendía a 42 millones 846 mil 114 trabajadores y para el tercer trimestre del 2007 dicha población ocupada fue de 42 millones 916 mil 569 personas, lo cual refleja que para septiembre de 2007 sólo había 70 mil 428 empleos más de los que había en diciembre, por tanto los primeros meses de la presidencia " del empleo" , fueron los peores si se comparan las cifras de población ocupada del 31 de diciembre de 2006 y las del 31 de marzo de 2007(42 millones, 400 mil 679 trabajadores), resultando por tanto que se perdieron 445 mil 679 empleos en los primeros tres meses del año.

Bajo estas cifras y continuando con datos y estadísticas oficiales, podemos afirmar que los primeros diez meses del año y bajo el presidente "del empleo" se sumaron a la fila de desocupados cerca de 400 mil personas (Acosta, 2007: 13).

De hecho al hablar sobre el empleo la reconocida escritora Viviane Forrester, sostiene que lo más funesto no es la ausencia de empleos sino las condiciones de vida indignas, que el rechazo o el oprobio infringidos a quienes lo padecen y la angustia de la mayoría que bajo la amenaza de caer en el desempleo se ve sometida a una opresión creciente.

Menciona esta distinguida autora que la obsesión del empleo crece en la medida de que desaparecen los puestos de trabajo, que es como una lucha interminable puesto que la lucha contra la desocupación provoca que las personas se conformen con magras asignaciones siempre en peligro de disminuir, teniendo por toda perspectiva el "fin de los derechos" como una expresión alucinante de inhumanidad (Forrester, 2000: p.82).

La citada autora se pregunta si es posible dar prioridad a los millones de desocupados, y ella mima responde: imposible! Toda vez que eso sería a juicio de los pocos dueños del trabajo que quedan como dar muestras de un pesimismo imperdonable, un insulto a la promesa del regreso del empleo, promesas solo promesas de recuperar con ello incluso la dignidad, pero el caso es, nos dice, que las empresas al no tener " pudores", son quienes deben ser "socorridas" por medio de excensiones impositivas y subvenciones que aparentemente no les provocan la menor humillación, sosteniendo que no importa que esas empresas subvencionadas tomen personal o se guarden el dinero, pues son tan generosas que pudiendo contratar prefieren despedir a muchos. Que si bien se tenía la impresión de que el trabajo era un derecho, la realidad refleja que no era sino sólo una simple impresión. (Forrester, 2000: 43).

Adicionalmente, las escasas ventajas obtenidas por unas cuantas empresas exportadoras, con altos costo para la mayoría de los trabajadores y empresarios por la inequitativa y mal instrumentada apertura de mercados basada en el TLC, se están perdiendo frente a la competencia de las economías emergentes asiáticas. En particular el impacto de la competencia de China es crítico.

Sin embargo la economía actual a escala mundial está creciendo a una tasa de 3% a 4% anual en regiones como la del Sahara, en que a pesar de todas las dificultades está creciendo a 4% anual, India también está creciendo a de 7% a 8%, China a 8% anual, pero si bien existe un gran crecimiento global, esto es un gran desplazamiento de la riqueza hacia regiones asiáticas, por otra parte existe también concentración de la riqueza. (Atalli, 2000: 53).

En efecto el crecimiento mundial actual está sujeto a muchos cuestionamientos como es: la concentración de la riqueza, el aceleramiento de la concentración de la información, de los recursos financieros, de los mercados financieros y de las empresas en beneficio de algunos, lo que significa a corto plazo un gran desequilibrio.

Si bien la globalización ha provocado que el mundo sea un mercado gigantesco, también ha provocado con ello una gran concentración del capital y con ello mucha desigualdad a grado tal que hoy en día el producto de la riqueza de todo el planeta es del orden de cuarenta trillones de dólares por año, de los cuales más de la mitad es generado por menos del 15% de la población del planeta y por otro lado dos mil millones de habitantes viven con menos de dos dólares diarios (Attali, 2000 :54).

5. RESPUESTAS DE LA POBLACIÓN MEXICANA

El citado Félix Cadena considera que las políticas neoliberales y sus efectos excluyentes, han obligado a dar respuestas espontáneas a la propia población afectada, (Cadena, 2005: 22-24) personas que han debido generar mecanismos para resolver los problemas de empleo e ingreso, como a continuación se menciona:

Migración

En primer lugar menciona este autor que por su magnitud e impacto se encuentra la migración. En el caso México, millones de mexicanos han migrado, sobre todo a EE.UU. de manera temporal o definitiva, documentada o indocumentada, aún a costa de su vida. El número de mexicanos que migra cada año se estima en 600 mil y los que mueren cada año intentando cruzar subrepticiamente la frontera norte, es superior a todos los alemanes que murieron durante la Guerra Fría intentando cruzar el Muro de Berlín, los datos no coinciden con otras fuentes de información debido a que los referentes implican verbigracia desaparecidos entre otros (Legrain, 2008:44).

Economía informal o subempleo

Bajo el ambiguo concepto economía informal, millones de personas obtienen algún ingreso, desempeñando una gama muy amplia de actividades. Algunas suponen cierto nivel de agregación de valor y otras francamente parasitarias o de piratería. El informalismo responde no sólo a la falta de oferta cuantitativa de empleo, sino también a las bajas remuneraciones que ofrece la mayoría de las empresas del sector formal pero se perdería el propósito si se intentara un inventario de estas actividades (Haller, 2004:11-12).

De tal suerte que según datos recientes, desde la creación del Instituto Mexicano del Seguro Social (IMSS), en 1944, el empleo formal fue el segmento más dinámico del mercado laboral, posteriormente en 1989 llegó a representar el 38.7% del empleo total. Después de ese año la participación del empleo formal decreció hasta alcanzar un nivel mínimo de 24.5% en 1996. Se recuperó ligeramente a principios del 2000 concentrando 30.2% de la ocupación total.

Lo anterior significa que de 1989 a 2005 más del 70% de la fuerza laboral, debió buscar trabajo en el sector informal. Y en números absolutos puede afirmarse que el número de personas vinculadas al sector informal en 2005 fue casi dos veces mayor que en 1989, al punto de que en 2004, de los 26.5 millones de trabajadores asalariados registrados en la encuesta de ingresos y gastos de empleo, 14 millones contaban con algún tipo de seguridad social y 12.5 millones carecían de ésta. Ahora bien si se considera que el 9% del total de trabajadores no percibe remuneración alguna, es probable que el empleo precario sea mucho mayor y supere el número de los que gozan de salario y seguridad social.

Levantamientos sociales del EZLN

Desde la esfera de la política, el levantamiento del EZLN, responde, de acuerdo con sus proclamas a una visión anticipatoria en cuanto a cómo el TLC agravaría la situación de subordinación histórico-estructural que han padecido los habitantes del agro, particularmente las etnias indígenas del sureste de México determinándose por este movimiento múltiples propósitos y levantamientos sociales cuyo origen son de tipo económico (Hernández, 2009:1).

Crimen organizado y narcotráfico

El incremento del crimen organizado y el narcotráfico constituye otra fase vinculada con la vigencia de valores individualistas. No se puede afirmar que sea por la pobreza por lo que una parte creciente de la población se involucra en este tipo de actividades ilícitas. La explicación principal se puede encontrar en el clima de deterioro ético que campea, sobre todo entre las élites políticas y financieras. Con sus actos ilegítimos y abusivos mandan un mensaje a la sociedad de que el crimen paga y que la impunidad se logra con astucia y cinismo.

El microcrédito

La promoción del microcrédito como alternativa, por parte de las instancias encargadas de la promoción del empleo en México ha proliferado notablemente. Por un lado, y con base en la experiencia del Graneen Bank, se han impulsado programas de microcrédito, teniendo como hipótesis que lo que hace falta a la población es un poco de dinero para poner un changarro y así obtener algún tipo de ingreso. Otra perspectivas más elaboradas son las de Hernando de Soto, que desde su libro El otro Sendero (1988) y actualmente con El misterio del Capital (2001), llega a la tesis de que los pobres tienen riqueza, pero ésta no se vuelve capital y, consecuentemente factor de producción, en gran medida por falta de visión y, sobre todo, por el obstáculo que representa el hecho de que su propiedad no esté debidamente registrada, sobre todo por las prácticas burocratizadas y muchas veces corruptas que se requiere para lograrlo.

Apoyo a Pymes

A pesar de su importancia, ya que representan más del 95% de las empresas y generan al 72% del empleo, es hasta los últimos años a partir del 2002, y con un retraso de más de 15 años al respecto de otros países de la región Latinoamericana que en México se están instrumentando una serie de programas en apoyo a las micro, pequeñas y medianas empresas.

El gran número de servicios y apoyos que a través de 134 programas operando por 12 Instituciones del gobierno Federal, todavía no logra ser bien conocido ni aprovechado por sus destinatarios, agudizado por la insuficiencia de mecanismos que favorezcan la articulación de esos apoyos. La consecuencia es el alto número de estas empresas que fracasan.

En cualquier caso, a pesar de que de 2001 a 2005 la Subsecretaría para pequeña y mediana empresa duplicó los recursos para esas unidades, pasando de 880 millones a 1,532.5, esto no representa ni el 10% del monto de las remesas que enviaron en el 2004 los migrantes radicados en EUA. El número de empresas que recibieron algún apoyo fue de 343,555.0, lo que no representa más del 15% de las existentes. (Cadena, 2005: 22 a 24)

Ahora bien, para atemperar los efectos depredatorios del modelo neoliberal y del consecuente recetario plasmado en el "Consenso de Washington", los últimos tres gobiernos federales, con recursos del Banco Mundial y otras agencias intergubernamentales, se han realizado amplios programas que tienen la función de una ambulancia que recoge las víctimas de la actividad económica.

La trayectoria de la economía mexicana y sus múltiples consecuencias en materia social desde la entrada en vigor del TLCAN hasta nuestros días, sugiere que las metas a lograr como el mayor crecimiento, mejores empleos, mejores ingresos para la población etc. es una tarea aún pendiente, pues lejos de ello lo que se observa es que el país depende cada vez más de las importaciones para satisfacer su demanda de alimentos y la agricultura al perder a los agricultores se incrementa la informalidad urbana ó la emigración hacia los Estados Unidos, esta tarea es tanto asistencialista como preventiva de inconformidades mayores que podrían agudizar el clima de frustración y de descontento social y no obstante que contamos con diversos artículos constitucionales que garantizan un mejor modelo de vida para los mexicanos lo hasta aquí expuesto expresa una realidad diferente.

6. ALTERNATIVAS DE SOLUCIÓN

En los países pobres la autogestión y la auto determinación económica son totalmente compatibles con la democracia, razón por la que empiezan a reconsiderarse y a revalorarse las empresas familiares y asociativas, precooperativas, cooperativas, el auto empleo etcétera, a través de una dimensión social y política, como un proceso de toma de conciencia de los actores sociales y como un proceso educativo que permite el surgimiento de una entidad colectiva y la capacidad de organización.

Si queremos la emergencia de una sociedad más justa, culturalmente renovada, es necesario invertir la lógica del sistema entre los fuertes y los poderosos que sólo utilizan la tecnología avanzada para su beneficio, esto es: optar por un modelo de economía que sea social y solidaria contando que tal vez que en ocasiones convendrá desechar la sofisticación técnica y utilizar tecnologías apropiadas, sencillas y a escala humana que primen la proyección personal del trabajo a través de ellas y favorezcan la integración del grupo que las utiliza, pues como se ha mencionado constitucionalismo y democracia son inseparables, ya que a partir del concepto de soberanía popular, el pueblo es soberano y de él emanan los poderes del Estado y en especial el poder constituyente como poder extraordinario para constituirse del modo que mejor le convenga. (Colomer, 2007: 29)

Por otra parte el Constitucionalismo Social adoptado por nuestra constitución a través de diversos artículos como hemos visto, entre ellos el artículo 25 Constitucional que habla sobre la rectoría económica, pueden muy bien adaptarse a este modelo social y solidario toda vez que en el se reconoce al sector social de la economía sin distinción alguna .

Lo anterior resulta sumamente trascendental, pues como él mismo autor Antonio Colomer se pregunta ¿es posible que puedan ser titulares de soberanía por igual ciudadanos en situaciones de radical desigualdad y hasta excluidos y discriminados algunos de ellos?, ¿son estos conceptos tan sólo un mito político y por tanto una ficción jurídica? ó bien ¿si a pesar de todas las dificultades es un orden por construir, vertebrado por los valores de justicia, solidaridad, libertad e igualdad? A lo cual él mismo responde: todas estas situaciones plantean la dificultad de una democracia política sin democracia económica y también la necesidad de unas políticas solidarias que faciliten un equilibrio interpersonal, impulsando los medios para facilitar la igualdad y la libertad, siendo la solidaridad el fundamento de la constitucionalidad para alcanzar la igualdad de oportunidades, elemento indispensable para la paz social. (Colomer, 2007: 31)

Por su parte Víctor Flores Olea, reconocido escritor menciona:

> "Frente a la disyuntiva entre planificación y mercado debemos enfatizar que la única forma para el desarrollo de las libertades individuales y con ello las de toda la sociedad, radica en la auto organización y autogestión necesariamente comunitaria de los individuos que la conforman, de tal manera que se anule la preeminencia tanto del Estado como del mercado y que prevalezca universalmente el principio de la solidaridad. La experiencia Histórica muestra que el mercado va liquidando la posibilidad de satisfacer adecuadamente las necesidades colectivas e individuales, mientras que la concentración del poder del Estado liquida las libertades del individuo y de la sociedad" (Flores, 2000: 293)
>
> El citado Antonio Colomer, menciona: "un clamor universal se escucha en el mundo, por más que se le quiere ahogar, la exigencia de una sociedad diferente, que reemplace la avidez, la agresión, la competitividad, la obsesión consumista; un mundo en el que podamos auto organizarnos y decidir por nosotros mismos; en donde la visión del otro como competidor u objeto de lucro se sustituya por el de compañero con el que establezcamos relaciones solidarias en un esfuerzo común" (Colomer, 2002: 88)

En efecto, a pesar de la gran diversidad de alternativas existentes, el modelo de economía solidaria es hoy una realidad, ha enfrentado y seguirá enfrentando obstáculos para su instrumentación y desarrollo pero a la vez contiene dinamismos propios y concretizados en todo el mundo, que la hace confiable como camino seguro para la realización del hombre en su entorno productivo.

Ya sea que la economía solidaria se materialice en empresas cooperativas de gran envergadura, o en formas incipientes de participación ó de asociación, es sin duda un modelo que desafía concretamente a las formas individualistas y capitalistas de producción y distribución de bienes y servicios, dado su humanismo intrínseco y su carácter solidario.

Por otro lado es la forma en la cual el hombre se asocia con los demás hombres para producir los bienes necesarios, que permiten crear y controlar solidariamente las acciones realizadas.

De hecho puede decirse que la solidaridad, no ha tenido tanta expresión en el plano objetivo como el cooperativismo, contándose tantas y tan variadas experiencias, que se hace imprescindible conocerlas a fondo, es decir, desde sus orígenes hasta nuestros días, tanto para evaluarlas como para afianzar la confiabilidad en ello.

Por otra parte la economía solidaria se relaciona con procesos de paz en aquellas regiones apartadas en las que se busca la inserción de los grupos en conflicto hacia un desarrollo y modernización económica pero con Justicia Social, ya que sólo de esta forma se construye una respuesta adecuada esto es que: "...el énfasis de la política económica será la ampliación del mercado interno, la autosuficiencia alimentaria y el estimulo permanente de la producción, la pequeña y gran industria privada, a la autogestión a la microempresa y a la economía solidaria" (Economía Solidaria, 2003: 3)

La economía solidaria se define como: "...aquel conjunto de organizaciones que fundamentan su racionalidad económica y sus lógicas operaciones en la autogestión y la participación democrática de las comunidades productivas y sociales en las cuales se privilegian los objetivos y las expectativas de la comunidad y el trabajo como factores organizadores de la economía empresarial." (Cadena, 2005: 26)

La economía solidaria se proyecta como una constructora del tejido social, capaz de regenerar las relaciones sociales hacia una economía más justa y pluralista, en donde coexistan; Estado, iniciativa privada y trabajo solidario, representando la diferencia, la autoridad y necesidades de los demás.

Se plantea también como un mecanismo del desarrollo alternativo, capaz de construir nuevas propuestas al quehacer económico y social en el campo de la autogestión democrática. De hecho la economía Social y Solidaria nace como una reacción a la exclusión social ó económica de todos los beneficios básicos para la vida, por eso esta reacción puede considerarse ante todo como una actitud defensiva.

Dicha reacción no surge en forma individual sino que se da en forma colectiva, puesto que la economía social es siempre colectiva, es la forma en que el hombre se agrupa con los demás hombres para integrarse al esquema económico del que se siente excluido, reaccionando con los "otros", de forma igualitaria. Así el proyecto que llegue a construir incluye una responsabilidad compartida al igual que los beneficios que se obtengan, por eso a estas organizaciones se les llama también "sociedad de personas".

Por tanto puede afirmarse que es en este entorno en donde aparece la realización de la "utopía" al hablar de solidaridad, que se concreta necesariamente en una realidad compartida y en un esfuerzo común, ya sea en la construcción de una vivienda, en la construcción de una pequeña empresa etc. Siempre y cuando dicha "utopía" mida sus posibilidades y su viabilidad toda vez que esto denota una realidad económica distinta, esto es: denota una alternativa económica. (Castro, 2002: 37).

De hecho el modelo de economía social reacciona para neutralizar lo que siente como amenaza o exclusión, creando riqueza y compitiendo con el mercado pero de una manera alternativa. Su base económica son los ahorros de las personas generalmente hecho a base de esfuerzos, lo cual exige mayor transparencia y eficacia.

Pero el ingrediente que da mayor cohesión es la solidaridad, siendo tan fuerte este concepto que bien podría afirmarse es el motor de la economía social para la creación de empresas colectivas cuando estas sean creadas para el beneficio de todos sus integrantes, de forma igualitaria repercutiendo en el entorno social en forma de generación de empleo, en consecuencia hace falta tan sólo convencer a nuestros gobiernos de apoyar el desarrollo de esta economía social que parte de la base, "desde abajo" a través de políticas públicas, de la misma forma que brindan su apoyo al desarrollo de las empresas capitalistas y en general a la economía de mercado. Es necesario por tanto que los poderes públicos pongan en marcha políticas incluyentes para facilitar el desarrollo de todos los sectores sociales, en consecuencia tales políticas deben estar fundadas en un proyecto que sea capaz de persuadir y garantizar el éxito (Guerrero, 1999:185).

En México como en otros países existen diversos grupos en los que participan activistas sociales, académicos, líderes, funcionarios de gobierno, en aras de generar acciones a través de espacios de reflexión y discusión colectiva con el propósito de poder consensuar un marco conceptual acerca de este modelo de economía alternativa, como: Pablo González Casanova, José Luís Calva, Julio Boltuinik, Félix Cadena Barquin, entre otros más, y en América Latina esta acción se ve coordinada por José Luís Coraggio (de Argentina), Francisco Gutiérrez (de Costa Rica), Luis Razeto (de Chile), Euclides Mance (Brasil), entre otros más. Participan también en torno a la disensión de la economía solidaria Francia y España. (Cadena, 2005: 13)

7A. DE LOS COMENTARIOS PARA LAS JORNADAS FINALES DEL CONGRESO ARGENTINO DE LAS COOPERATIVAS DE 2012

Uno de los ponentes Raúl Rodríguez señalo que desde el cooperativismo que surgiera en el siglo XXI este está potenciando humanidad y por ello en razón del valor de la ponencia se transcriben algunos apuntamientos que representan el origen de la necesidad sentida, pero que en la ciudad de México se puso en práctica con resultados verdaderamente alentadores para el efecto de vencer el desempleo.

Bien podría realizarse un rastreo con el fin de determinar la situación económica a cara descubierta sobre Europa y se comprobaría que las cosas están delicadas y, que arde de insatisfacción de miles de millones de ciudadanos comunes que deben soportar los desaciertos políticos que además de algún modo elegante así se les denomina de los gobiernos neoliberales, pero véase lo anunciado.

> "*Cfr.* Algo que los latinoamericanos conocemos muy bien en nuestros cueros curtidos, el eterno verso de la crisis económica, verso que trata de ocultar lo que es de toda evidencia: el capitalismo se agotó y lanza espuma maloliente, pretendiendo revivir.
> Lo que se ve y sienten los europeos tiene que ver con el vaciamiento de puestos de trabajo, agravados por el incremento de los precios de los recursos necesarios para la vida: alimentos, gas, electricidad, y ni hablar de seguir pagando el alquiler o la cuota de una vivienda dado la baja en los sueldos en contraste total con la "ayuda dineraria" a los bancos rescatándolos y fortaleciéndolos con capitales extraídos de los que pagan sus impuestos y, por si todo fuera escaso, la represión a diestra y siniestra a quienes no acatan dócilmente y se atreven a protestar, por ello es prodigiosa la actitud de Asia, África, Europa, América y Oceanía en sus sufridos pueblos que se equiparan en indicadores que pretenden y se unen en el mundo, en especial, las personas al clamar en una sola voz ¡necesitamos de humanidad¡. ¿Pero de dónde extraeremos esa humanidad? Y la respuesta es de la cooperación. Desde el cooperativismo del siglo XXI, desde ese punto inscrito en el viejo cronos, desde entonces estamos potenciando humanidad ante la debacle de un modelo productivo bestial e irremisiblemente antihumano."

Y continua señalando que se trata de un modelo de cooperativismo despojado de adormilamientos de años, producto de su asimilación al errado concepto del "fin de la historia". Y dice el autor:

> "Es un cooperativismo que ha vuelto a casa, a su origen, a su auténtica fuente: modificar las estructuras económica-sociales del mundo por sus propios medios para construir mejores sociedades." Lo que en realidad es del todo cierto.
> Así el cooperativismo del Siglo XXI que demanda el mundo es aquel cooperativismo transformador, aquel que surgió de las entrañas dolientes de la Revolución industrial y sus monstruosidades. Surgió para modificar desde los escombros de una civilización exhausta de tanta tragedia e infortunio. Por ello le cabe al cooperativismo brindar humanidad a las relaciones productivas para fundar sociedades donde el hombre y la mujer alcancen su dimensión humana, fraterna, solidaria y cooperativa y más vale que lo logremos, de otro modo. La naturaleza y la especie humana desaparecerán sin remedio, hundidos por las guerras del capitalismo rapaz.
> ¡En la fraternidad, un abrazo cooperativo!"
> (Yorg, 2012:1)

7B. EL EMPLEO EN LA CIUDAD DE MÉXICO Y LAS COOPERATIVAS COMO ALTERNATIVAS DE SOLUCIÓN

En consecuencia es de analizar la génesis de proyectos cuando en un contexto de no creer en el gobierno, este pone en marcha su plan y Las cooperativas de productos y servicios diversos se hace como una manera de rendir culto a esa falta de credibilidad y del ciudadano que es ajeno a proyectos de estado y se pone en práctica un proyecto derivado de los trabajo de legislación, en los que se presentaron estrategias de presupuestos, de gestión interdepartamental, estudios socioeconómicos así como los puntos de fortaleza de un proyecto para resolver problemas de empleo, en tales circunstancias se determino en capacitar recursos humanos para la generación de cooperativas y resolver el problema que se estaba viviendo en la ciudad de México, que aclaramos, geográficamente se refiere al Distrito Federal en donde residen los poderes federales, pero dentro de la división política de este país, se considera como otra más de las entidades federativas que integran la República Mexicana y, resultó según datos del propio gobierno citadino que más de 360 cooperativas de productos y servicios diversos generaron 12 mil empleos directos y 36 mil indirectos en la ciudad de México. Así es como el Secretario de Trabajo y Fomento al Empleo del Distrito Federal constato y comunicó a la ciudadanía que al concluir el año dos mil diez se vislumbra la posibilidad de que el mismo Distrito se convirtiera en la "Ciudad del Cooperativismo." Ello derivado del acierto logrado en tal proyecto político.

La publicidad y la difusión del éxito el gobierno preparo un evento con el fin de dar formalidad a tal acierto, se entregaron reconocimientos a egresados de los cursos para la formación de cooperativas, el gobierno del Distrito Federal comunico que el Estado había invertido 3,2 millones de dólares en fomento y capacitación cooperativa, lo que se expresó en la creación de 360 cooperativas de productos y servicios diversos en el Distrito Federal, que generaron 12 mil empleos directos y 36 mil indirectos y con ello se estaba resolviendo el gran índice de desempleo cuyos datos no se fundaron pero era evidente la crisis en tal rubro.

El titular de la secretaría del Departamento del Distrito Federal señalo; que del año 2007 al 2010 se capacitaron a más de nueve mil personas, de las cuales seis mil setecientas son mujeres mayores de treinta y cinco años de edad. Pero es de aclarar que los grupos de población beneficiados son, fundamentalmente:

- ✓ Vendedores
- ✓ Ambulantes del subterráneo
- ✓ Trabajadoras sexuales
- ✓ Plomeros
- ✓ Prestadores de servicios de mantenimiento
- ✓ Entre otros

Además que en el año de 2011, los asociados de siete cooperativas, en su mayoría mujeres, produjeron 3.500.000 uniformes escolares que recibieron gratuitamente alumnos de preescolar, primaria y secundaria, en el marco del programa "¡Qué Buena Puntada!". Así el titular del Gobierno de la ciudad de México indicó que en ese año fue importante la firma del Convenio Multilateral por el Empleo y la Economía Social para la Reactivación en el DF, con el objetivo de mejorar la capacitación para el impulso de las cooperativas en lo relacionado con la distribución de productos y servicios a las administraciones locales. En tal contexto se realizaron las adendas y modificaciones necesarias a la legislación para obtener los recursos que permitieron poner en marcha los proyectos productivos en el rubro laboral, de apertura de negocios y uso del suelo, entre otros (Sánchez, 2012:20).

La estructura de las administraciones locales, como parte del compromiso político, realizaron campañas de estudio socioeconómico para determinar la habilidad laboral y el grado de escolaridad de los desempleados a fin de establecer proyectos y organizar acciones en materia productiva, y saber que productos y servicios pueden adquirir de las cooperativas, en fin los giros económicos de las mismas.

7C. LA CONSTITUCIÓN MEXICANA Y DIVERSOS ARTÍCULOS DE CARÁCTER SOCIAL Y ECONÓMICO

Como hemos visto, que son esenciales para comprender el valor político que entraña dicha propuesta debe asumir en sus adendas o reformas los principios de maleabilidad o ductibilidad con el fin de que su articulado no sea letra muerta.

Algunas tesis fundamentales que propone el conocido escritor Luis Razzeto Migliario (Razzeto, 2002: 75-82), en relación con el desarrollo social van en el sentido de que:

- El desarrollo social no tiene que ver con las cosas sino con las personas
- El desarrollo social no consiste en la movilidad ascendente de algunas personas o familias aisladas, sino que es un proceso comunitario en el que participan grandes grupos humanos
- El desarrollo social es un proceso a la vez económico, político y cultural
- La superación de la pobreza y el desarrollo social son responsabilidad de toda la sociedad, etc.

En efecto, el desarrollo social no supone tan solo la satisfacción de las necesidades sino el desarrollo de las capacidades propias para hacer frente a las necesidades recurrentes y en expansión, esto es que en el desarrollo social comunitario participan conjuntamente millones de personas que de lo contrario no podrían existir.

Supone además el desarrollo social de la organización, la solidaridad y el esfuerzo activo de grupos y comunidades que lo experimentan, dado que la solidaridad y la cooperación constituyen la fuerza más importante para el progreso social, para estimular iniciativas, descubrir recursos y capacidades ocultas existentes en las personas y grupos, reforzar la voluntad, activar la conciencia y poner en marcha todos los objetivos capacidades y recursos de la propia comunidad.

8. BIBLIOGRAFÍA Y FUENTES

Acosta Córdova, *Carlos Ilusionismo Laboral,* Revista Proceso, No.1622. México 2 de diciembre 2007.

Attali, Jaques (2002) "*Desarrollo de la economía social y solidaria: necesidades y oportunidades*", Foro Internacional de Economía social y Solidaria (memoria), Secretaría de Economía, Comisión de Fomento Cooperativo y Economía Social, FONAES México.

Burgoa, Ignacio (1976) *Derecho constitucional mexicano,* Porrúa, México.

Cadena Barquín, Félix (2005) *De la economía popular a la economía de la solidaridad* .Editorial FOMIX, ECOSOL, El Colegio de Tlaxcala, Se puede. México

Castro, Juventino V. (1974) *Lecciones de garantías y amparo,* 15a. ed., Porrúa, México.

Castro Sans, Marcos de, (2002) *La economía social y solidaria, un proyecto complementario e incluyente,* Foro Internacional de Economía Social y Solidaria (memoria), Secretaría de Economía , Comisión de Fomento Cooperativo y Economía Social, FONAES, México

Colomer Viadel, Antonio,(1993) *Sociedad solidaria y desarrollo alternativo,* (coordinador) Madrid, Fondo de Cultura Económica.

Colomer Viadel, Antonio, (2002) *Autogestión, democracia y Cooperación para el desarrollo,* Madrid, Acción Cultural Cristiana.

Colomer Viadel, Antonio (2007) *Comunidades y Ciudades, Constituciones y Solidaridades, Valencia España,* Universidad Politécnica de Valencia.

Colomer Viadel, Antonio (2003) *EL retorno de Ulises,* NOMOS. Valencia España.

Coraggio, José Luís. *Política social y económica del trabajo.* México, El Colegio Mexiquense, 2002.

De la Madrid Hurtado Miguel. *Constitución comentada.* México decimoctava edición UNAM y Porrúa. 2004

Di Meglio Roberto, por una humanización de la economía mundial, OIT, Ginebra.programa.copnet http://moderador.noticias@coopnetaldía.org/archivo/arch18.5htm/

Domínguez, Juan Gerardo, *Reticulación entre empresas autogestivas. El fin del dinero y restauración del crédito social,* en De la economía popular a la economía de la solidaridad .Editorial FOMIX, ECOSOL, El Colegio de Tlaxcala, Se puede. México 2005.

Economía solidaria en el proceso hacia la paz; la posibilidad de una utopía, "Coopnetal org/aldia:Info@coopnetaldia

Encuesta nacional de empleo 4°. Trimestre del 2004. Fuente: STPS y Buró de estadísticas laborales de E.U.

FORO INTERNACIONAL DE ECONOMÍA SOCIAL Y SOLIDARIA (memoria), Secretaría de Economía, Comisión de Fomento Cooperativo y Economía Social, FONAES México 2002.

Flores Olea, Víctor, *Critica de la globalidad,* Fondo de Cultura Económica. México 2000.

Forrester, Viviane, Una extraña dictadura, Fondo de Cultura Económica. México 2000.

Gómez Hermosillo, Rogelio. *Desarrollo de la economía social y solidaria: necesidades y oportunidades",* Foro Internacional de Economía social y Solidaria (memoria), Secretaría de Economía, Comisión de Fomento Cooperativo y Economía Social, FONAES, México

Guerrero Orozco, Omar, *Del Estado gerencial al Estado cívico.* Ed. Porrúa y Universidad Autónoma del Estado de México, México, 1999.

Haller, William, *La economía informal.*Ed. Naciones Unidas CEPAL, Santiago de Chile, 2004.

Hernández, Lupita. *Causas/Razones del movimiento Zapatista.* En http://internacionalzapatista.blogspot.mx/2009/08/causas/razones.html.

Izquierdo, *Martha. Garantías individuales y sociales,* OXFORD, México, 2008.

Lasalle, F.: Qué es una Constitución. *Ed.*, Siglo XXI, México, 1975.

Laville, Jean-Louis y Gaiger, Luiz Inácio. Economía Solidaria. En A.D. Cattani y al. *Diccionario Internacional da Outra Economia,* Coimbra: Almedina, 2009.

Legrain, Philippe. *Inmigrantes, tu país los necesita.* Ed. Intermon Oxfam, España, 2008.

Lombardo Díaz González, Francisco. *El derecho social y la seguridad social integral,* 2a. ed., UNAM, México, 1978.

Mercado Maldonado, Asael. Sociología norteamericana: un diagnóstico de nuestro tiempo. *Ed.,* UAEMéx, México, 1999.

Oswald Ursula, Soberanía y desarrollo, el México que todos queremos. UNAM, Gobierno de Tlaxcala, CANACINTRA y COLTLAX. México 2003.

Puyana, Alicia y José Romero. *La economía mexicana después de dos decenios de reformas.* Revista de Comercio Exterior num.10, México. Volumen 57.

PNUD. *Índice de Desarrollo Humano* 2004 2ª. Reimpresión, México, Fondo de Cultura Económica, 2000.

Revista: *Educación Productiva y empleo* No.87.Mayo del 2005.

Sánchez Almazán, Adolfo. *Informe del estado de desarrollo social en el Distrito Federal.* Ed. GDF, México, 2012.

Stiglitz Joseph. *El malestar en la globalización.* Fondo de Cultura Económica. México 2004

Tourain Alan. *Cómo salir del Liberalismo* .Editorial PAIDOS Mexicana. México 1999.

Tecnicoop, el 19/03/2012 en Economía y Empresas | Por José Yorg, el cooperario.

Yorg, José. El cooperario. En *Economía y Empresas.* Tecnicoop., 19/03/2012.

Yorg, José. *Enfoques cooperativos hoy: El cooperativismo del siglo XXI se remueve de dogmas.* Ed. Secretaría de Educación Pública. México, 2012.

Zagrebeslky, Gustavo [*tr.* Marina Gascón]: El derecho dúctil. Ley, derecho, justicia. Ed. Trota, 5ª *ed.*, Madrid, 2003.

Sectores cooperativos en México

Claudia Robles

Martha E. Izquierdo

Profesoras titulares de la Materia de Derecho Social y Constitucional, adscritas a la Facultad de Derecho de la Universidad Autónoma del Estado de México.

Sumario: 1. Introducción. 2. Los problemas del desempleo. 3. Definición de cooperativismo. 4. Movimiento cooperativo. 5. Cooperativismo. 6. Movimiento cooperativo mexicano. 7. Cooperativas en la actualidad. 8. Bibliografía y fuentes.

1. INTRODUCCIÓN

En los países pobres la autogestión y la auto determinación económica son totalmente compatibles con la democracia, razón por la que empiezan a considerarse las empresas familiares y asociativas, precooperativas, cooperativas, el auto empleo etc., a través de una dimensión social y política, como un proceso de toma de conciencia de los actores sociales y como un proceso educativo que permite el surgimiento de una entidad colectiva y la capacidad de organización.

De hecho el propósito de toda comunidad es lograr un bienestar para todos sus integrantes; dado que es común, que en ocasiones se obtenga un beneficio mayor en detrimento de otros, lo cual como consecuencia lógica ocasiona una pugna entre diversos grupos.

En consecuencia la lucha de clases se da como consecuencia de las desigualdades entre grupos y solo puede evitarse mediante una mejor distribución de la riqueza. La empresa cooperativa coadyuva a que se combata todo acto especulativo y monopolístico en defensa de núcleos económicamente débiles.

El cooperativismo pretende también acercar a los hombres; y con esto crear lazos de unión entre ellos, formar un espíritu de solidaridad basado en la igualdad pretende también, que no exista distinción de credo; división entre ricos y pobres; además, el cooperativismo pretende eliminar la existencia de explotadores y explotados.

Con este sistema de producción económica como se le ha llamado al cooperativismo; se pretende realizar el bien común, terminar con cualquier tipo de injusticia inhumana; pues el verdadero establecimiento de una organización cooperativa implica necesariamente mejorar las condiciones de vida de los organizados.

Al cooperativismo se le ha definido como un sistema de organización jurídica de la clase trabajadora con un fin social, así como un movimiento revolucionario pero pacífico cuya estructura se adapta a todos los pueblos de vida civilizada, por medio de la razón, la verdad y por sus resultados benéficos.

En consecuencia podemos sostener que el cooperativismo en nuestro país ha estado durante mucho tiempo vinculado con la idea de cooperación entre trabajadores y productores tanto obreros como campesinos, que tienden a unirse para desarrollar actividades de beneficio común aportando su trabajo y capital para constituir una organización de colaboración y de control de actividades productivas o de distribución y comercialización de bienes y servicios, es por lo que el término cooperativista tiene una connotación tan amplia que se puede utilizar no solo para identificar a los trabajadores asalariados; sino también, a los servidores del estado, ejidatarios y cualquier grupo de individuos organizados con la finalidad de establecer una cooperativa.

2. LOS PROBLEMAS DEL DESEMPLEO

A lo largo de la historia han sido muchas las organizaciones de hombres que se han unido con fines comunes bajo los principios del cooperativismo; muchas han logrado funcionar con éxito, otras se han quedado en un simple intento; lo cierto que el contenido de éste derecho bien aplicado obtiene siempre resultados exitosos, ya que de lo contrario no se lograran resolver los grandes problemas de desempleo y pobreza que existen en el mundo.

En efecto, en las conclusiones de la Cumbre Social de Copenhague se mencionó la pobreza, el desempleo y la integración social como los problemas más graves que el mundo enfrenta a principios del tercer milenio.

En la memoria de 1999 se redacta la versión del Director General de la Organización Internacional del Trabajo (OIT) de la Cumbre social de 1996 que el aquel entonces fuera el embajador de Chile ante Naciones Unidas, quien afirma que: "Desde múltiples y muy diversas perspectivas se insistía en la vigencia de dar una dimensión humana a la economía mundial".

Por su parte el Papa Juan Pablo II ha hizo hincapié en la necesidad de determinar quienes debían garantizar el bien público mundial y el ejercicio de los derechos económicos y sociales, sosteniendo que: "El libre mercado no puede hacer esto por si solo porque son muchas las necesidades humanas que no tienen cabida en él".[1]

Klaus Shwab organizador del Foro Mundial Económico de Davos (Suiza) mencionó que: "Las fuerzas de los mercados financieros parecen haber enlo-

---

[1] Roberto, Di Meglio, *Por una humanización de la economía mundial*, *OIT*, Ginebra.Programa. Copnet http://moderador.noticias@coopnetaldía.org/archivo/arch18.5htm/

quecido humillando a los gobiernos, reduciendo el poder de los sindicatos y otros agentes de la sociedad civil y creando una sensación de vulnerabilidad extrema para unos individuos que se enfrentan con más fuerzas y decisiones que los desbordan".[2]

El profesor Amartya Sen, premio Nobel de economía 1998 afirmó en la 87ava Conferencia Internacional del Trabajo que: "La mundialización necesita un componente ético, a menos que quiera aparecer como una perspectiva terrorífica en la que individuos y comunidades se instalen en la precariedad", y continúa diciendo; "Si la mundialización quiere desarrollar sus posibilidades tiene que ir acompañada de una acción bien planificada en apoyo a los cambios políticos sociales y económicos que se producen en las condiciones que rigen nuestras vidas y nuestro trabajo".[3]

Sostiene que la Organización Internacional del Trabajo (OIT) tiene grandes motivos para prestar atención a los diversos problemas que existen al respecto, ya que los niveles masivos de desempleo que existen en los diferentes países del mundo aún en las economías ricas de Europa Occidental, se acentúan las necesidades de centrar la atención en aumentar la creación de empleos así como las oportunidades de trabajo, de donde es evidente la necesidad de dar una mirada a la distribución de los recursos en el mundo en la actualidad, para darse cuenta de la prioridad que tiene el tema de la humanización de la economía.

En diversas Cumbres como en Monterrey, Nuevo León (México, 2002) se buscó abrir un poco más el diálogo global entre países desiguales. Los fines que se persiguieron según comenta Rolando Cordera fueron de compromiso y de políticas más tangibles, así como de reconocimiento de la necesidad y de la legitimidad del desarrollo nacional, como una condición ineludible para alcanzar un orden internacional gobernable. Las ideas que permearon principalmente fueron: ... sin crecimiento no hay combate a la pobreza,... sin fórmulas adecuadas de financiamiento internacional, en especial para los países subdesarrollados, no hay crecimiento que dure y que rinda frutos sociales[4] con lo que queda demostrado la importancia y la necesidad de un auténtico y verdadero desarrollo.

Guillermo Espinosa en un interesante ensayo, comenta que nos encontramos en medio de un largo periodo en donde se está produciendo un sinnúmero de cambios de carácter profundo e insondables en nuestro entorno. Quizás muchos aun no lo adviertan, pero pareciera que nos encontramos en algún punto en medio de esa transformación. Científicos y analistas sociales empiezan a percibir esta lenta transformación hacia nuevas formas de organización social y económica que tienden a superar las formas más adversas de nuestra civilización a la que se le ha denominado "la civilización del egoísmo".[5]

---

[2] Idem.

[3] Ibidem, p. 2.

[4] Cumbre en Monterrey, Nuevo León. México, 2002.

[5] Espinoza Guillermo *"Hacia una economía participativa"* en: *Sociedad Solidaria y Desarrollo alternativo.* Antonio Colomer (Coordinador). Valencia, España. Fondo de Cultura Económica, 1993. P.239.

Actualmente el desarrollo parece desplazarse rápidamente del primero y segundo mundo hacia el tercero, esto es hacia los países del tercer mundo que es en donde habrán de encontrarse las respuestas definitivas para la etapa que se avecina.

La revalorización de la democracia comenta el citado autor no es casual, sino que es producto del fracaso de los regímenes dictatoriales anteriores, quienes pusieron de manifiesto que en nuestros países no es posible suprimir los conflictos mediante el uso de la fuerza. Que en la economía no solo participan las empresas o los grupos de más altos ingresos sino todos en general.

Lo anterior parece indicar que nos encontramos en medio de desencantos y frustraciones de un largo peregrinar entre esquemas y modelos que solo parecen haber tenido en común sus pretensiones totalizantes.

La mayoría de las economías latinoamericanas en las últimas décadas han pasado de un debate entre la propiedad privada y la propiedad estatal a sistemas de mercado y planificación central. Estos vuelcos parecen haber sido el resultado de esquemas importados recomendados por la potencia imperial.

Sin embargo, estamos viviendo en un periodo de profundos cambios en el que lentamente empiezan a reconsiderarse los dogmas del pasado y dentro de las tendencias prevalecientes muy particularmente empieza a visualizarse la consideración prioritaria de la persona como centro de desarrollo y por consecuencia su participación.[6]

Este nuevo enfoque se caracteriza por rescatar a la persona y a los principios que conforman su conducta en general.

En efecto, en los países pobres la autogestión y la auto determinación económica son totalmente compatibles con la democracia, razón por la que empiezan a considerarse las empresas familiares y asociativas, precooperativas, cooperativas, el auto empleo etc., a través de una dimensión social y política, como un proceso de toma de conciencia de los actores sociales y como un proceso educativo que permite el surgimiento de una entidad colectiva y la capacidad de organización.

3. DEFINICIÓN DE DERECHO COOPERATIVO

Don Alberto Trueba Urbina, reconocido constitucionalista en materia laboral, dio una definición sobre Derecho Cooperativo, citando que:

"El derecho cooperativo es el conjunto de principios y reglas, que fijan los deberes y garantizan las facultades de la organización cooperativa en su régimen interno y sus relaciones con el Estado y la comunidad para realizar un fin social de justicia distributiva y democracia económica. [7]

---

[6] Colomer Viadel, Antonio, *Autogestión, democracia y Cooperación para el desarrollo*, Madrid, Acción Cultural Cristiana, 2002, p. 87.

[7] Trueba Urbina Alberto. Derecho Social Mexicano. México. Editorial Porrúa. México 1978. P.450.

Existe también otra definición surgida a la luz del artículo 123 de la Constitución de la República, de sus leyes reglamentarias y de la Ley General de Sociedades Cooperativas que menciona; "El Derecho Cooperativo es el conjunto de principios, instituciones y normas protectoras de los trabajadores, destinadas a conservar y superar las reivindicaciones proletarias en el trabajo en común o colectivo y en el goce de los beneficios de la previsión social..." [8]

Francisco González Díaz Lombardo menciona que el Derecho Cooperativo es una rama del derecho social que tiene por objeto ordenar a individuos de la clase trabajadora que se organizan aportando su trabajo personal (cooperativas de productores) o utilizan o se aprovisionan de los servicios que de la misma se servirán (cooperativas de consumidores). Funcionan sobre los principios de igualdad en derechos y obligaciones, su sociedad normalmente no persigue fines de lucro y procuran el mejoramiento social y económico de sus asociados mediante la acción conjunta de éstos en una obra colectiva.[9]

Luego entonces por el hecho de contar con principios propios, metódicamente ordenados el derecho cooperativo es una ciencia, además al ser un conjunto de reglas que fijan deberes y garantizan facultades, participa de las acepciones de sujeto y objeto que caracterizan a la palabra derecho en términos generales, cuyas características son:

Es un Derecho de organización

Porque el derecho mercantil moderno basa su estructura en el concepto de empresa y el derecho cooperativo lo funda en el principio de organización dentro de la cual se comprenden sociedades, federaciones, confederación nacional e instituciones auxiliares.

Es un Derecho Autónomo

Pues el derecho cooperativo tiene vida propia; se caracteriza por la ausencia de Lucro y de intermediación, tiene una finalidad basada en el beneficio social, cuenta con Principios jurídicos y con instituciones claramente diferenciados en relación a las demás ramas del derecho.[10]

Con las características anteriormente señaladas podemos observar que el derecho cooperativo trasciende las fronteras nacionales y nos demuestra que el mismo, representa en su conjunto una esperanza de paz y bienestar para el futuro.

---

[8] Ídem.

[9] González Díaz Lombardo Francisco. El Derecho social y la Seguridad Social. México. 2ª Edición. UNAM. 1978. P.71.

[10] Salinas Puente Antonio. Derecho Cooperativo Mexicano. Editorial Cooperativismo. México. 1954. P.16-17.

4. MOVIMIENTO COOPERATIVO

El propósito de toda comunidad es lograr un bienestar para todos sus integrantes; dado que es común, que en ocasiones se obtenga un beneficio mayor en detrimento de otros, lo cual como consecuencia lógica ocasiona una pugna entre diversos grupos.

La lucha de clases se da como consecuencia de las desigualdades entre grupos, solo puede evitarse mediante una mejor distribución de la riqueza. La empresa cooperativa coadyuva a que se combata todo acto especulativo y monopolístico en defensa de núcleos económicamente débiles.

A esta actitud de lucha del hombre por combatir las injusticias cometidas en su contra; se denomina "MOVIMIENTO COOPERATIVO".

Los tejedores de Rochdale se organizaron para manifestarse en contra de la explotación industrial que se encontraba en auge; al observar los pioneros que con la huelga no se lograba nada, éstos decidieron formar una sociedad cooperativa, que sería el instrumento para Luchar en contra de los intermediarios; en consecuencia a la actividad que realizaron éstos pioneros se denominó: "Movimiento Cooperativo".

No debe confundirse el término movimiento cooperativo con el término organización cooperativa, toda vez, que la organización cooperativa es la estructura jurídica, formal y automática del cooperativismo y el movimiento debe entenderse como la función dinámica de éste sistema.

Salinas Puente menciona:

> "El movimiento cooperativo es la inconformidad en contra de la injusticia económica, la rebeldía en contra de las instituciones de explotación industrial y comercial; la lucha altruista que se desarrolla momento a momento en un mundo saturado de egoísmo.
> También el movimiento cooperativo es una actitud constructiva; un proceso de superación constante, intervención ante los órganos del Estado para consagrar, en la legislación, los nuevos principios económicos, sociales y jurídicos que constituyen su objeto..." [11]

En base a lo anterior puede decirse que el movimiento cooperativo es una fuente creadora de derecho; producto de las luchas realizadas con la finalidad de lograr la defensa de los intereses de los económicamente débiles.

5. COOPERATIVISMO

Salinas Puente citando a Charles Gide menciona que el cooperativismo es: "todo un programa de renovación social; representa un esfuerzo colectivo de la sociedad humana, encaminado a cambiar el actual estado económico del mun-

---

[11] Ídem.

do y a terminar con la explotación que sufre el hombre en sus condiciones, de consumidor y productor..." [12]

La concepción que tiene éste autor acerca del cooperativismo es que mediante una renovación social, el hombre transforma la estructura económica existente, de tal manera de que sea el capital quien esté al servicio del hombre y no el hombre al servicio del capital; de ésta manera logra obtener el individuo lo que merece; según el esfuerzo que éste haya aportado para producir riqueza.

El programa propuesto por el profesor Gide tiene como propósitos principales; destruir las injusticias del capitalismo, evitar cualquier forma que implique un enriquecimiento individual en detrimento de otros; evitar que se obtengan provechos individuales con el producto de un esfuerzo colectivo.

El cooperativismo es el modo como se transforma y se distribuye la riqueza; de tal manera que ésta beneficie a quienes contribuyen con su esfuerzo personal para su realización.

El cooperativismo pretende también acercar a los hombres; y con esto crear lazos de unión entre ellos, formar un espíritu de solidaridad basado en la igualdad pretende también, que no exista distinción de credo; división entre ricos y pobres; además, el cooperativismo pretende eliminar la existencia de explotadores y explotados.

Como puede observarse el cooperativismo como tal encierra en si mismo propósitos económicos, morales, sociales y educativos toda vez que agrupa a los hombres en sociedades; su finalidad no es el lucro, sino satisfacer las necesidades económicas de sus conciudadanos.

Distribuye las riquezas y el capital, entre los mismos hombres que lo producen. Cada individuo, dentro de la economía cooperativista, es propietario de una parte del capital invertido en la empresa común cooperativa mediante su certificado de aportación. No hay explotados ni explotadores, ni consecuentemente diferencia de clases.

Permite que las utilidades del nuevo capital sean verdadera y justamente distribuidas y auténticas renovadoras de la riqueza agotada.

Devuelve al hombre su perdida categoría y dignidad al considerarlo no por su dinero sino por su persona, porque en las cooperativas votan los hombres y no las acciones, no los capitales.

Antonio Colomer menciona: "Somos hijos de nuestra cultura, de nuestro arraigo, de nuestra vinculación a ese entorno entrañable en el que hemos crecido. No existe es verdad el hombre abstracto, sin raíces; pero al mismo tiempo, sin negar lo constitutivo diferencial de los distintos grupos humanos, de sus asideros culturales, también reconocemos el carácter profundamente universal de la identidad humana, los sonrisas, las lágrimas, el sentimiento de injusticia por el daño gratuito, el respeto al compromiso libremente adquirido, la indig-

---

[12] Ídem .

nación ante el manejo del hombre como un puro instrumento de otro hombre, son significados universales en los que todos podemos coincidir." [13]

Con éste sistema de producción económica como se le ha llamado al cooperativismo; se pretende realizar el bien común, terminar con cualquier tipo de injusticia inhumana; pues el verdadero establecimiento de una organización cooperativa implica necesariamente mejorar las condiciones de vida de los organizados.

Antonio Salinas Puente define al cooperativismo "como un sistema de organización jurídica de la clase trabajadora que tiene por objeto realizar en común un fin social de justicia distributiva y democracia económica..." [14]

Para Rosendo Rojas Coria "El cooperativismo es un movimiento revolucionario pero pacífico cuya estructura se adapta a todos los pueblos de vida civilizada, es respetuoso con todas las constituciones políticas y con las creencias religiosas y se desenvuelve lenta, pero firmemente por medio de la razón, la verdad y sus resultados benéficos..." [15]

Son diferentes las conceptualizaciones que existen sobre cooperativismo; sin embargo, todas coinciden en que mediante éste; las personas; en sociedad y libremente unidas sobre las bases de igualdad en derechos y obligaciones; enfrentan dificultades económicas, y se esfuerzan por resolverlas; teniendo siempre en la mira la finalidad de obtener un provecho general; mediante la colaboración moral y material de todos.

En virtud de que el cooperativismo en nuestro país ha estado durante mucho tiempo vinculado con la idea de cooperación entre trabajadores y productores tanto obreros como campesinos, que tienden a unirse para desarrollar actividades de beneficio común aportando su trabajo y capital para constituir una organización de colaboración y de control de actividades productivas o de distribución y comercialización de bienes y servicios, es por lo que el término cooperativista tiene una connotación tan amplia que se puede utilizar no solo para identificar a los trabajadores asalariados; sino también, a los servidores del estado, ejidatarios y cualquier grupo de individuos organizados con la finalidad de establecer una cooperativa.

Estos sectores han comprendido que es necesario ampliar el sector social y otorgarle otro sentido a la cooperación dentro del marco de las transformaciones que requiere el país.

El movimiento cooperativo, ha pretendido no sólo introducir nuevos principios de organización económica sino una nueva ética social...

El Derecho Cooperativo procura la organización y protección de los integrantes de una sociedad productora o consumidora de bienes o servicios.

---

[13] Colomer Viadel Antonio. Sociedad Solidaria y Desarrollo Alternativo. Madrid. Fondo de Cultura Económica. 1993. P.48.

[14] Ibídem. P. 52.

[15] Rojas Coria Rosendo. Tratado de Cooperativismo Mexicano. México. Fondo de Cultura Económica. 1984. P.132.

El objeto del Derecho Cooperativo es la unión libre de personas que aspiran satisfacer sus necesidades en forma directa e inmediata, a través de la ayuda mutua y de la unión, basándose en reglas libremente aceptadas.

El objeto del Derecho Cooperativo es procurar que los cooperativistas obtengan los bienes necesarios para su subsistencia con la mayor economía posible; tengan todos los servicios que necesiten y que obtengan grandes beneficios con su trabajo.

De hecho puede decirse que se contemplan tres objetivos fundamentales con los que el cooperativismo pretende superar las concepciones capitalistas y socialistas en relación al sistema económico y a sus efectos, ya que se promulga la libre asociación de individuos quienes tienen intereses comunes. Los objetivos son los siguientes:

A) ECONÓMICOS. La tendencia es reducir precios de lo que se quiere adquirir, mejorando los productos que se elaboran y a mejor precio.
B) SOCIALES. Se procura la defensa del sector social o de la clase trabajadora para que exista una justicia social.
C) EDUCATIVOS. Las cooperativas tienden a convertirse en centros donde se realizan actividades administrativas y financieras; donde se desarrollan técnicas de producción en forma masiva que no tienden a ser elitistas con los integrantes de la cooperativa.[16]

Por su parte el cooperativismo utiliza un instrumento, que es la empresa, aunque introduce unas diferencias muy importantes con otros tipos de empresa, especialmente con la Sociedad Anónima.

6. MOVIMIENTO COOPERATIVO MEXICANO

Bernardo Fritz agrupa al movimiento cooperativo mexicano en tres grandes grupos:

- Organizaciones que por su carácter son cooperativas pero que no llevan la forma jurídica como las cajas populares y ejidos.
- Cooperativas de participación estatal
- Cooperativas de autoayuda.

El régimen cooperativo internacional se reglamentó hasta en 5 tipos de sociedades cooperativas; de producción de comunicación, de consumo, de vivienda y de pesca.

En México y conforme a la clasificación tradicional las cooperativas han abarcado los siguientes sectores:

Pesqueras, industriales, de transporte, de servicio, de vivienda, escolares, de consumo, etc.

El sector agropecuario hasta 1984 comprendía 2556 cooperativas, la producción en el agro ha tenido distintas formas de organización como el ejido, las comunidades y la pequeña propiedad, se hace notar la exclusión que nuestras

---

[16] Ibídem, p. 661.

leyes mexicanas hacen respecto a las cooperativas como formas de organización para la explotación de la tierra de ahí que como bien opina Bernardo Fritz: tal vez esta es una de las razones que explica su poca importancia. [17]

El notable aumento de cooperativas se debió a la creación de 2032 cooperativas de producción de participación estatal en los Estados de Coahuila, Chihuahua, Durango, Nuevo León, Sonora y Zacatecas, que llevaron acabo un plan de reforestación a largo plazo, pero posteriormente este tipo de cooperativas dejaron de funcionar debido a su largo plazo (6, 12 ó 20 años) que tenían que esperar para obtener ganancia. De hecho puede decirse que las cooperativas agropecuarias en México se han destacado por sus bajos niveles de productividad y rendimiento, ya que en 1980 sólo 3 de ellas lograba obtener utilidades, mientras que la gran mayoría atravesaba por problemas administrativos de organización interna y capitalización debido al exceso de tutelaje y burocratización.

Cooperativas pesqueras.- estas empresas también han tenido especial importancia pues la ley federal para el fomento de la pesca de 1972 les concedió el derecho exclusivo para capturar y explotar las especies marinas más importantes como el abulón, almeja, cabrilla, camarón, langosta y ostión, entre otros, haciéndose notar que el camarón simplemente representaba la mitad del valor de la producción pesquera nacional.[18]

En 1984 había 953 cooperativas activas, su participación en la elaboración industrial de pescado tenia poca importancia aun cuando no dejaba de ser significativa.

En 1982 eran propietarios el 20% de las plantas de enlatado 3.2% de los congeladores y 1.7% de las reductoras la mayoría se encuentran en los Estados de Sonora, Veracruz y Tabasco, la creación de diversas cooperativas de este tipo se debió principalmente al fácil acceso a créditos subsidiarios que otorgaban los bancos y fideicomisos españoles como lo han sido el Banco de Fomento Cooperativo (BANFOCO), Banco Nacional Pesquero y Portuario (BANPESCA), Fondo de Garantía y Descuento Para la Sociedad Cooperativa (FOSOC) y el Fideicomiso para el fomento y apoyo del desarrollo pesquero (FADEP).

Los problemas a que se han enfrentado hasta estos años han sido la falta de sistemas y canales de comercialización, algunas irregularidades suscitadas por la presencia del personal asalariado dentro de las cooperativas, una capacitación técnica insuficiente y una organización deficiente. Si aumentamos a ello la crisis económica, la falta del personal capacitado y el descuido, todo ello fue motivando un grave deterioro de la flota pesquera habiéndose utilizado tan solo 30% de la capacidad instalada en los astilleros.[19]

---

[17] Fritz Krockow, Bernardo, *Evaluación del cooperativismo Mexicano,* Revista de Comercio Exterior. México, Volumen 36, N°9, 1986, p. 790.

[18] Idem.

[19] Idem.

Cooperativas industriales. Para 1984 existían 694 cooperativas industriales, muchas de ellas habían sido creadas después de 1971, todas ellas se encontraban en Sonora, Distrito Federal Hidalgo, Baja California; las del Distrito Federal eran de mayor tamaño con un promedio aproximado de 59 socios, en este sector se incluyen a las más grandes como son: Sementera Cruz Azul, Periódico Excélsior, y la Prensa, las tres únicas que obtuvieron en 1984 utilidades mayores de 100 millones de pesos, otra característica es que el 57% de los socios estaban afiliados al Instituto Mexicano del Seguro Social.

La producción de estas cooperativas estaba orientada a la elaboración de alimentos y a la confección de prendas de vestir y artículos de uso personal.

Cabe decir que fueron excepcionales las cooperativas modernas y grandes pues en su gran mayoría tenían un medio de producción obsoleto y carecían de personal calificado.

Los recursos financieros para estos años no se supieron utilizar para el proceso productivo provocando bajos rendimientos y una escasa capitalización.

El suministro de insumos de estas pequeñas empresas prácticamente no pudo organizarse como a las empresas cooperativas, lo que las hizo quedar en desventaja frente a las demás dados sus bajos volúmenes de compra. De hecho puede decirse que los créditos utilizados fueron para capital de trabajo y no para adquisición de equipo.

De transporte: Para esas fechas existían 362 cooperativas, entre ellos algunas sin registe vigente, y otras inactivas que se dedicaban al transporte en zonas urbanas y de carga marítima y terrestre así como al servicio de coches de alquiler.

Para 1983 se habían creado cinco cooperativas de aeronáutica civil, la mayor parte se encontraba en el Distrito Federal. y otras en Veracruz, Chiapas y Sonora.

De la misma manera se observa que las cooperativas en este rubro han enfrentado grandes problemas de tipo legal, económico y financiero, pues por un lado la ley menciona que los bienes de producción debían aportarse en propiedad a favor de al empresa pero por otra parte se observa que el vehículo es en muchas ocasiones el ùnico patrimonio con que cuentan, por tanto resultan pocas las personas dispuestas a aceptar afiliarse a este tipo de cooperativas y por otra parte como comenta el citado Bernardo Fritz: ..."el escaso desarrollo de las cooperativas en este sector se debe también a que grandes, medianas y hasta pequeñas industrias o negocios, transportan su mercancía en sus propios vehículos" [20]

Así mismo su mal funcionamiento obedece a una organización deficiente en el sistema de adquisición de partes y refacciones, lo cual ocasiono costos muy elevados en adquisición de los mismos.

Al no haber creado reservas tuvieron que recurrir a las aportaciones de los socios, para sustituir sus unidades, sin existir un presupuesto específico, para el

---

[20] Ibidem, p. 791.

fomento del cooperativismo de acarreo, maniobras y servicios conexos, aeronáuticas civil o auto transporte.

De servicios. Para Agosto de 1984 existían 165 cooperativas activas, una sin registro, otras inactivas ofrecían servicios educativos, médicos, técnicos, personales y domésticos.

Las cooperativas activas se concentraron en el DF, Guerrero, Jalisco, Tamaulipas y Baja California.

Por número de socios destaca el Distrito Federal, Tamaulipas y Guerrero, su inestabilidad se comprende si se considerar que en esas fechas se llevaban 15 años de antigüedad aproximadamente el nivel de utilidades era bajo y solo 6 de ellos obtuvieron rendimientos mayores de $500,000.00 pesos.

El mercado en este sector fue más bien pequeño e inestable con dificultades de capacitación y de organización y no existió un presupuesto específico para otorgar créditos en este sector sino proyectos gubernamentales.

Las cooperativas de vivienda sirvieron para la construcción o para la adquisición y administración de inmuebles, en los sectores de industrias y comercio respectivamente.

En este rubro encontramos escasas posibilidades de obtención de recursos financieros y por medio del crédito o el ahorro de socios además que existió el grave problema del constante aumento en los productos de la construcción. Estas cooperativas dejaron sentir su presencia sobre todo en las grandes ciudades como México DF., Guadalajara y Monterrey.

Escolares. Estas empresas se han regido desde 1982 por el reglamento de cooperativas escolares las cuales están supeditadas al control de la Secretaria de Educación Pública (SEP) para esta época existían 16,000 en escuelas primarias en todo el país, todas ellas de consumo.

La primera cooperativa escolar se formalizo hasta 1926, su función principal era impartir la enseñanza cooperativa a través de los hábitos de colaboración de los niños.

En las escuelas secundarias técnicas también se han formado cooperativas de producción, especialmente en actividades agrícolas, pecuarias, de conservación e industrialización de alimentos, cerámica artesanal y la industria del vestido. También ofrecen servicios mecánicos, medico-dentales.

Estas empresas tuvieron problemas de financiamiento e irregularidades en la devolución de los certificados a los alumnos egresados.

La única fuente de recursos era el Fideicomiso Para el Otorgamiento de Créditos a Cooperativas (FOCCE) pero fue cancelado.

Ejidos: la ley no considera como cooperativas a los ejidos los cuales están constituidos por una Asamblea General, un Comisario Ejidal, un Consejo de Vigilancia. Existen ejidos colectivos y ejidos de posesión individual.

En la época del expresidente Luis Echeverría (1970 – 1976) se fomentó la propiedad colectiva (ganadería y agricultura) posteriormente la política de la Secretaria de la Reforma Agraria (SRA) se encamino a resolver los problemas de la tenencia de la tierra a través de la entrega de certificados de inafectabilidad a pequeños propietarios a campesinos, a nacionaleros (aquellos que ocupaban y explotaban tierras propiedad de la nación) a poseedores de predios, en asentamientos humanos irregulares y certificados de derecho agrario para ejidatarios.

En esta secretaria existía un departamento de fomento cooperativo, cuya eficiencia parecía ser muy limitada.

De consumo: para 1984 existían en México 349 activos 775 sin registro, y 460 inactivas. Estas cooperativas son de tipo "cerrado" por ello las cooperativas de este tipo gozaban de la exclusión de impuestos y sólo en época de carestía o bien para combatir el alza de precios la Dirección General de Fomento Cooperativo permitía la venta al público pero solo por un periodo de 6 meses.

Estas se encontraban principalmente en Veracruz, Yucatán, Sonora, Jalisco y Distrito Federal.

Su volumen de compra reducido, así como su capital social, tuvo siempre como proveedores a intermediarios por lo que no tuvieron precios que les permitieran ser competitivas. No existían instituciones o fondos ni fideicomisos programas de apoyo para este sector.[21]

De comercialización. Para 1984 existían 403 cooperativas de comercialización, estos tienen en su mayoría más de 20 años de antigüedad y una extremada concentración regional. En su mayoría se encuentran en nuevo León, San Luis Potosí, Coahuila, Tamaulipas y Zacatecas y la razón es que desde hacía más de 10 años las cooperativas de comercialización se habían constituido como cooperativas de producción, sobre todo para poder obtener créditos.

La falta de atención, carencia de personal capacitado en cuestiones gerenciales etc. ha llevado a irregularidades como lo es la falta de asambleas generales.

Cajas Populares. Se crearon a partir de 1951 aun cuando las primeras tuvieron su origen en 1902, las cuales tenían en su entonces el nombre de cajas rurales de préstamo y ahorros.

Se crearon según el sistema Raiffeisen en el centro de la República y dejaron de existir en 1926.

En 1951 se creó el Consejo Central de Cajas populares que supervisaba su marcha y llevaba posteriormente y a partir de 1969 muchas de ellas se fusionaron.

Las partes sociales eran obligatorias para los socios pero los ahorros eran voluntarios, antes de 1977 ambas cosas eran lo mismo.

Los problemas que enfrentaban era el carácter legislativo pues la ley no las reconocían como cooperativas de ahorro y crédito lo cual no afecto de manera importante a sus operaciones pero si a su desarrollo.

La nacionalización de la banca no les afecto mucho, pues la mayoría de los socios no recurrían a la banca a causa de sus limitados medios económicos y

---

[21] Ibidem., p. 792.

por otra parte como el gobierno no daba apoyo a las cajas populares, su capacidad de préstamo, nunca fue considerable.

De 1985 a la fecha y dada la política económica seguida en los últimos años por nuestros gobernantes, se fue descuidando éste sector, surgiendo en cambio grandes debates en torno al rumbo y ala orientación que debería tomar el sector cooperativo hacia el siglo XXI.

La Ley General de Sociedades Cooperativas de 1994 modifica la ley de 1983, transformando con ello la política paternalista que durante varios años caracterizó al cooperativismo mexicano, pero por otro lado se observa que al hacerlo dejó a este sector totalmente desprotegido y a su suerte, el cual atraviesa ahora en su gran mayoría por grandes problemas de subsistencia.

Por otra parte en el año 2000 fue aprobado un proyecto de ley General de Sociedades Cooperativas, por la Cámara baja, en el que se pone de manifiesto que la ley en función contraría los principios del cooperativismo universal, aprobados por la Alianza Cooperativa Internacional en 1995, esto un año después de que la ley General de Sociedades Cooperativas, vigente fuera aprobada (1994).

Como quiera que sea, y pese a todo pronóstico, es significativo el número de cooperativas que actualmente existe en el país, no obstante los problemas económicos por los que atraviesan y no obstante los embates del libre mercado a que se enfrentan.

7. COOPERATIVAS EN LA ACTUALIDAD

Mediante datos recabados por la Secretaria de Relaciones Exteriores (S.R.E.), para el año 2000, se tenían registradas a más 20 mil cooperativas, de las cuales según el Instituto Nacional de Estadística y Geografía (INEGI), para el mismo año tan solo se encontraban activas 10,156 repartidas de la siguiente forma:

6925 de producción en todo el país con 268,214 socios y 3231 de consumo con 18,986 socios, haciendo un total de 10,156 cooperativas, abarcando todas ellas un total de 464,206 socios sin considerar las cajas populares de ahorro que para 1995 mantenían una membrecía de más de 1.5 de socios con la constitución de la Caja Popular Mexicana, integrada por más de 60 cajas populares.[22]

Actualmente se estima que en México existen más de 7 millones de personas relacionadas directamente con actividades cooperativas, de las cuales 5 millones aproximadamente participan en el sector de ahorro y préstamo popular, siendo las restantes las que se ocupan de la producción y el consumo, los cuales representan aproximadamente el 7% de la población total.

Sin embargo y pese a los datos aportados una de las razones por las que resulta difícil la identificación confiable de las cooperativas es porque con la Ley

[22] Mujeres por la Democracia. Consultado en: http://mujeresporlademocracia.blogspot.mx/mx/2011/05/programamujeres_por_la_demcracia.htlm

de 1994 se "desclaso" a las cooperativas del sector obrero, normándolas en una ley especial pero contradictoriamente sujeta a la legislación comercial lo cual va en contra de su propia naturaleza.

La ley actual las considero como sociedades mercantiles con ánimo de lucro, considerándolas además para efectos económicos en la categoría de micro, pequeñas y medianas empresas, las cuales conforman un vasto universo de más de 4 millones de unidades en el país.

Otro de los problemas que actualmente padece el sector cooperativo en México, se debe principalmente al modelo económico que prevalece. Esto es que el capitalismo mexicano bajo el modelo neoliberal excluye al cooperativismo, descartándolo en los esquemas de desarrollo nacional, aun cuando la ley así lo prevea, proyectándolo como sinónimo de retroceso, subversión y fracaso, por lo tanto el cooperativismo en México no es reconocido como debiera hacerse. [23]

La falta de programas oficiales así como de una banca de desarrollo social de apoyo a las cooperativas con créditos flexibles, dificulta aún más su desarrollo, aunado todo esto a la gran estructura política y económica del país, determinada por relaciones capitalistas de exportación y subordinación del trabajo asalariado, saqueo de recursos naturales, prevalencia de monopolios, bancos extranjerizados y empresas transnacionales que poseen y contratan absolutamente todo, pero lo más lacerante es la ignorancia y falta de compromiso de nuestros dirigentes sobre la naturaleza del cooperativismo que lejos de apoyar a este sector lo han agobiado hasta su extinción, bajo la idea de que las cooperativas van en contra del sistema capitalista.[24]

Otras veces son considerados como elementos que gradualmente conducen al socialismo, cuando en realidad lo que se persigue es una correlación de fuerzas y una alternativa económica en el modo de producción prevaleciente en el país, toda vez que este modelo económico nos ha empobrecido dejando cerca del 50% del total de la población del país en la pobreza patrimonial, 6 millones más que al inicio del actual gobierno del presidente Calderón, mientras que casi 20 millones de personas están en la pobreza alimentaria, esto es 5 millones más que en 2006, y la respuesta no se ha hecho esperar pues actualmente contamos con problemas como la migración, la economía informal, el crimen organizado, narcotráfico, levantamientos sociales etc.[25]

La trayectoria de la economía mexicana y sus múltiples consecuencias en materia social desde la entrada en vigor del Tratado de Libre Comercio (TLC) hasta nuestros días, sugiere que las metas a lograr como el mayor crecimiento, mejores empleos, mejores ingresos para la población etc. es una tarea aún pendiente, pues lejos de ello lo que se observa es que el país depende cada vez más

---

[23] Idem.

[24] Idem.

[25] Izquierdo Martha. Cooperativismo Mexicano. Boletín de la Asociación Internacional de Derecho Cooperativo. España. 2010. P.96.

de las importaciones para satisfacer su demanda de alimentos y la agricultura al perder a los agricultores se incrementa la informalidad urbana o la emigración hacia los Estados Unidos, esta tarea es tanto asistencialista como preventiva de inconformidades mayores que podrían agudizar el clima de frustración y de descontento social y no obstante que contamos con diversos artículos constitucionales que garantizan un mejor modelo de vida para los mexicanos lo hasta aquí expuesto expresa una realidad diferente.

8. BIBLIOGRAFÍA Y FUENTES

COLOMER Viadel, Antonio. *Sociedad Solidaria y desarrollo alternativo.* Madrid. Fondo de cultura Económica 1984.

ESPINOZA Guillermo. *Hacia una economía participativa,* en: Sociedad Solidaria y Desarrollo alternativo. Antonio Colomer (coordinador) Madrid, España. Fondo de Cultura Económica 1993.

FRITZ Krockow, Bernardo. *Evaluación del cooperativismo Mexicano.* Revista de Comercio Exterior. México. Volumen 36 No.9 1986.

GONZÁLEZ Díaz Lombardo, Francisco. *El Derecho Social y la Seguridad Social Integral.* México 2ª. Edición. UNAM, 1978.

IZQUIERDO, Martha. *Cooperativismo Mexicano.* Boletín de la Asociación Internacional de Derecho Cooperativo (AIDC) vol.44 España 2010.

SALINAS Puente, Antonio. *Derecho Cooperativo Mexicano.* Editorial Cooperativismo. México. 1954.

TRUEBA Urbina Alberto. *Derecho Social Mexicano.* Editorial Porrúa. México 1978.

ROJAS Coria, Rosendo. *Tratado de cooperativismo mexicano.* México. Fondo de Cultura Económica.1984.

Roberto Di Meglio, Por una humanización de la economía mundial. OIT, Ginebra. Programa. Coopnet.

http://moderadornoticias@coopnetaldia.org/archivo/arch18.5htm/

http://mujeresporlademocracia.blogspot.mx/2011/05/programa-de-mujeres-por-la-democracia.htlm

TEMA 2

EL PRINCIPIO DE LA COOPERACIÓN

El sexto principio cooperativo: La cooperación entre cooperativas

Alejandro Martínez Charterina[1]

Universidad de Deusto

1. INTRODUCCIÓN

No es fácil en la actualidad abordar estudios sobre las empresas, en general, y sobre las empresas cooperativas, en particular, sin comenzar por mencionar que vivimos un periodo de recesión tras una crisis de alcance mundial, y que, al menos en nuestro entorno, apenas se perciben todavía signos esperanzadores, ello a pesar de que sabemos que la economía cursa en ciclos y que, en consecuencia, vendrán tiempos mejores[2].

De hecho las cooperativas, lo he referido en otras publicaciones anteriores[3], están familiarizadas con las crisis.

Desde el origen del cooperativismo moderno, es decir, desde el nacimiento de la cooperativa de Rochdale en 1844 la crisis está presente. En este caso, como lo relata Holyoake[4], con una industria textil próspera y con grandes beneficios, los tejedores de Rochdale (Manchester), mal pagados, se propusieron

---

[1] Catedrático de la Universidad de Deusto. Director del Instituto de Estudios Cooperativos de la Facultad de Derecho.

[2] Lo que en ningún caso supone que todas las personas podrán rehacer sus vidas, o que no quedarán profundas huellas en la sociedad.

[3] "Las cooperativas frente a la crisis", en *Boletín de la Asociación Internacional de Derecho Cooperativo,* nº 44 (2010), pp. 195-219.

[4] Ver Georges Jacob Holyoake, *Historia de los Pioneros de Rochdale,* (1989), pp. 9 ss.

obtener un aumento salarial a finales de 1843, y al no conseguirlo, un grupo de ellos decidió que mejorarían sus condiciones de vida fundando la *"Rochdale Society of Equitables Pioneers"*.

Años después enfrentaría con éxito esta misma cooperativa de Rochdale la crisis de la industria del algodón que se asentó en las poblaciones industriales algodoneras, y por ello en Manchester, como consecuencia de la Guerra Civil Norteamericana y la escasez de algodón, materia prima, entre los años 1861 y 1865. *"La cooperación no sólo consiguió hacer frente a una tormenta..., sino que pudo prestar ayuda a los trabajadores desocupados no enrolados en la cooperativa"*[5].

En muchas ocasiones, también en la actualidad, las cooperativas nacen como instrumento de desarrollo, y en contextos de crisis. En nuestro entorno próximo el origen del cooperativismo de Mondragón, del que posteriormente nos ocuparemos en este trabajo, se sitúa justamente en el tiempo de la postguerra española, en un medio en el que muchos jóvenes, que carecían de posibilidades de futuro, emprenderán con ilusión, con mucho esfuerzo, y con éxito, bajo la inspiración de un sacerdote destinado a ese pueblo de Mondragón, D. José Mª Arizmendiarrieta, la aventura del cooperativismo, llevando el cooperativismo de trabajo a sus cotas más elevadas.

En otras ocasiones las cooperativas, en cambio, no han podido resistir las crisis y han desaparecido en el pasado, como también lo hacen hoy en día. Así sucedió en el caso de otra cooperativa de consumo muy conocida y exitosa en su primer momento, *"Le commerce véridique et social"*, que estableció Michel Derrion en Lyon en 1835 y que, no pudiendo resistir la crisis económica de los años 1836 y 1837 que mermó la capacidad adquisitiva de los trabajadores de la región, terminó cerrando los establecimientos de la cooperativa en 1838[6].

Y además de las crisis del entorno económico, las cooperativas han tenido que enfrentarse a sus propias crisis internas, crisis a las que se refería el Informe de Alex F. Laidlaw, presentado en el XXVII Congreso de la Alianza Cooperativa Internacional de Moscú, el año 1980, titulado *Las cooperativas en el año 2000*[7].

En este informe se estudia una primera crisis de credibilidad, o de falta de confianza en las cooperativas como empresas eficientes, de la que las cooperativas salieron con el esfuerzo de muchos cooperativistas y su buen hacer, una segunda crisis administrativa o de falta de competencia y profesionalidad para gestionarlas, hasta que las cooperativas han podido demostrar la eficacia y profesionalidad de su gestión, y una tercera crisis ideológica que pone en duda el valor de las cooperativas si son empresas como las demás[8].

Y, en base a esta última crisis interna, la Alianza Cooperativa Internacional encarará el futuro para llegar al Congreso Centenario de su creación y aprobar

---

[5] Georges Jacob Holyoake, *o.c.* (1989), p. 73.

[6] Véase Denis Bayon, *Le commerce véridique et social de Michel-Marie Derrion. Lyon, 1835-1838* (2002), p. 24.

[7] Publicado en *Tribuna Cooperativa* (1982).

[8] Véase *Las cooperativas en el año 2000*, o.c., pp.16-17.

en él la Declaración sobre la Identidad Cooperativa y con ella cerrar la crisis ideológica[9].

Pues bien es preciso afirmar que las cooperativas, en medio de las crisis, se desenvuelven mejor que otras formas de empresa. Es esto justamente lo que transmite el Mensaje de la Alianza Cooperativa Internacional en el 87° Día Internacional de las Cooperativas [10], titulado *"Impulsando la recuperación global a través de las Cooperativas"*, cuyo comienzo es el siguiente:

> *Las cooperativas son más resistentes a las crisis que otros modelos de empresa de acuerdo a un reciente estudio encargado a la ACI por la Organización Internacional del Trabajo (OIT)[11]. Las cooperativas financieras se han mantenido sólidas financieramente; las cooperativas agrícolas, en muchas partes del mundo están consiguiendo excedentes, las cooperativas de consumo están viendo incrementar el volumen de negocios, y las cooperativas de trabajo asociado siguen creciendo. Cada vez más personas están eligiendo el modelo de empresa cooperativo para responder a las nuevas realidades económicas.*

2. LOS INFORMES BIRCHALL-KETILSON DE 2009[12] Y BIRCHALL DE 2013

El Informe de Johnston Birchall y Luo Hammond Ketilson, que es el estudio encargado por la Organización Internacional del Trabajo al que se refiere el Mensaje de la Alianza recogido al final del epígrafe anterior, empieza en su apartado primero, que se titula *Las cooperativas prosperan en tiempos de crisis*[13], considerando que las cooperativas son más resistentes que otras empresas frente a las crisis, y que, además, las crisis hacen aparecer una nueva generación de cooperativas que encuentran sitio donde otras empresas desaparecen, expulsadas por la crisis.

Entre los ejemplos que manejan los autores del informe llamo la atención por su proximidad e importancia histórica el de las cooperativas de consumo rusas de Moscú y sus alrededores que tras el colapso de la Unión Soviética, después de la caída del muro de Berlín, sobrevivieron a la crisis, se reestructuraron y tomaron la senda del crecimiento, así como el de las cooperativas de trabajo asociado en Europa Occidental en la crisis industrial de los años setenta y prime-

---

9 *Declaración de la Identidad Cooperativa*, aprobada en el XXXI Congreso Centenario de la Alianza Cooperativa Internacional, celebrado en Manchester en 1995.

10 El 87° Día Internacional de las Cooperativas de la ACI y 15° Día Internacional de las Cooperativas de Naciones Unidas fue el 4 de julio de 2009.

11 Se trata del informe de Johnston Birchall y Lou Hammond Ketilson, *Resilience of the Cooperative Business Model in Time of Crisis* (2009).

12 Que ya recojo en el artículo "Sobre el principio de cooperación entre cooperativas en la actualidad" (2012), p. 136.

13 Informe Birchall-Ketilson, *Resilience...* (2009), p. 5.

ros ochenta del siglo pasado, que se fueron constituyendo en el contexto de la reestructuración industrial y el desempleo que se produjo en consecuencia[14].

Diferencia el Informe dos crisis, la bancaria y la resultante de la recesión que se produjo a continuación consecuencia de la crisis bancaria[15]. Las cooperativas de crédito y los bancos cooperativos, a diferencia de los bancos convencionales, que son sociedades de capitales, no se mueven por el interés inmediato o de corto plazo de sus accionistas, sino a través de objetivos de más largo plazo, lo que les sitúa en una posición ventajosa.

Y siguiendo a Giovanni Ferri[16], considera el Informe que las cooperativas de crédito lejos de reducir el volumen de los créditos como consecuencia de la crisis, lo mantienen e incluso lo aumentan, prestan a tipos de interés más bajos que sus competidores, y presentan una mayor estabilidad a base de una mejor capitalización y una mayor prudencia en la concesión de créditos, lo que hace por su parte que la tasa de impagados sea más baja.

En cuanto a otros tipos de cooperativas que a partir de la crisis financiera pueden verse afectadas como consecuencia del proceso de recesión subsiguiente, se pone de manifiesto que crece el número de nuevas cooperativas, así como que en ellas, aunque el crecimiento pueda ser menor, continúa superando al de las empresas convencionales, contando para ello con el apoyo del ahorro y el crédito cooperativo.

Se van formando nuevas cooperativas a medida que trabajadores de empresas que desaparecen las constituyen para mantener sus puestos de trabajo, también aparecen nuevas cooperativas de mujeres que tratan de sacar adelante sus maltrechas economías familiares, así como cooperativas locales procedentes de la transformación de otras formas comunitarias de empresa, en diferentes partes del mundo[17].

Por su parte el Informe de Johnston Birchall *Resiliencia en tiempo de crisis: el poder de las cooperativas financieras*[18] constata con abundancia de datos que a las cooperativas financieras, es decir, cooperativas de ahorro y crédito, bancos cooperativos y uniones de crédito les ha ido mejor durante la crisis que a los bancos tradicionales, sociedades capitalistas.

---

[14] En España esta crisis dio lugar también a la aparición de las Sociedades Anónimas Laborales y su legislación correspondiente.

[15] Informe Birchall-Ketilson, *Resilience*... (2009), ps. 13 ss.

[16] Giovanni Ferri, "Why Cooperative Banks Are Particularly Important at a Time of Credit Crunch" (s.f., hacia 2007-2008).

[17] Así en el caso de la Comunidad Autónoma del País Vasco, según el Anexo Estadístico de las Memorias del Consejo Superior de Cooperativas de Euskadi de 2007, 2008, 2009, 2010, 2011, y 2012, las cooperativas nuevas constituidas en estos años, en el proceso de crisis y recesión, han sido 66 en 2007, 76 en 2008, 131 en 2009, 173 en 2010, 151 en 2011, y 204 en 2012, y el total de cooperativas a 31 de diciembre de cada uno de los años fue 1649 en 2007, 1695 en 2008, 1805 en 2009, 1949 en 2010, 2074 en 2011, y 2248 en 2012.

[18] *Resilience in a downturn: The power of financial cooperatives* (2013), realizado por encargo de la Organización Internacional del Trabajo.

Durante la crisis han continuado facilitando servicios bancarios a la gente con rentas bajas, estabilizando el sistema bancario, regenerando economías locales y creando empleo, al menos de forma indirecta[19].

3. EL MODELO DE EMPRESA COOPERATIVA

La clave de la resistencia de las cooperativas a la crisis es justamente el modelo de empresa cooperativa.

La *Declaración de la Alianza Cooperativa Internacional sobre la identidad cooperativa* recoge la definición de cooperativa de la siguiente forma: "*asociación autónoma de personas que se han unido de forma voluntaria para satisfacer sus necesidades y aspiraciones económicas, sociales y culturales en común mediante una empresa de propiedad conjunta y de gestión democrática*"[20].

En esta definición se recogen los dos aspectos inseparables de la cooperativa que difundió Georges Fauquet[21], el elemento social y el económico, el grupo de personas que comparten necesidades y aspiraciones de diversa índole y que se asocian de forma voluntaria para darles satisfacción y alcance, y la empresa económica de su propiedad a través de la cual pretenden alcanzar esas aspiraciones y satisfacer sus necesidades compartidas, a través de una gestión democrática[22].

El centro de la cooperativa lo constituye la persona y por ello el modelo cooperativo es democrático. La persona queda por delante del capital aunque sea la misma persona la que aporte el capital. La gestión se realiza con un voto para cada persona, con independencia del capital aportado.

El cooperativismo centrado en la persona persigue su desarrollo integral y la mejora de sus condiciones de vida, por lo que le preocupa el medio en el que esas personas se desenvuelven, y lleva a cabo una actividad sostenible que cuida el medio ambiente.

En sintonía con lo anterior la cooperativa no es indiferente al cómo se llevan a cabo sus acciones y promueve la responsabilidad social bajo el nombre de responsabilidad cooperativa.

Por todo lo que venimos señalando podemos afirmar con Javier Divar que "*el cooperativismo es un sistema ordenador de la vida en sociedad, no sólo una mera forma de empresa*"[23].

---

19 *Resilience in a downturn: The power of financial cooperatives* (2013), o.c., p. 3.

20 ICA, *Declaración de la Alianza Cooperativa Internacional sobre la identidad cooperativa* (1996), p. 17.

21 Georges Fauquet, "Le secteur coopératif" (1965), ps. 39-40.

22 Esa misma idea la expresaba José Mª Arizmendiarrieta, refiriéndose a las cooperativas de Mondragón, cuando expresaba "*La experiencia ha correspondido a una concepción en lo que lo social debe acreditarse por lo económico, no menos que lo económico debe autentificarse por lo social*". Recogida la cita de "La experiencia cooperativa de Mondragón", en *Homenaje a Del Arco: Del Arco treinta años de vida cooperativa* (1973), p. 68.

23 Javier Divar Garteiz-Aurrecoa, *Las cooperativas: una alternativa económica* (2011), p. 139.

Todas las actividades que llevan a cabo las cooperativas se ajustan, como consecuencia de su propia identidad, al cumplimiento de unos principios que ponen de manifiesto la existencia de unos valores o aspiraciones que estas empresas hacen suyos. La Alianza Cooperativa Internacional[24] como organización que custodia los principios cooperativos dedicó su Congreso centenario a la aprobación de la Declaración sobre la identidad cooperativa, a la que anteriormente nos hemos referido, para además de definir la cooperativa, establecer los valores cooperativos y actualizar los principios.

La Alianza, que no había formulado los valores cooperativos anteriormente, los recoge en la Declaración a continuación de la definición de cooperativa: "*Las cooperativas están basadas en los valores de la autoayuda, la autorresponsabilidad, la democracia, la igualdad, la equidad y la solidaridad. Siguiendo la tradición de sus fundadores, los socios cooperativos hacen suyos los valores éticos de la honestidad, la transparencia, la responsabilidad y la vocación sociales*"[25].

Por fin completan la Declaración de la Alianza los principios cooperativos, que quedan vinculados a los valores en cuanto que dice de ellos que son "*pautas mediante las cuales las cooperativas ponen en práctica sus valores*"[26].

Estos principios son los siete siguientes:

1. La adhesión voluntaria y abierta.
2. La gestión democrática.
3. La participación económica de los socios.
4. La autonomía e independencia.
5. La educación, formación e información.
6. La cooperación entre cooperativas.
7. El interés por la comunidad[27].

Los principios cooperativos, en particular en la medida que informan acerca de la propiedad, de la gestión y el control, y de los aspectos económicos relativos al interés por el capital y a la distribución del beneficio, permiten diferenciar con claridad a las cooperativas de otras empresas.

De los siete principios cooperativos los cinco primeros están considerados como tales desde el comienzo del cooperativismo moderno y aparecen vinculados a la Cooperativa de Rochdale (Estatutos de1844, enmiendas de 1985 y acuerdos posteriores), siendo el sexto una aportación del Congreso de la ACI, celebrado en Viena en 1966, y el séptimo del Congreso Centenario de Manchester, de 1995[28].

---

[24] Organización creada en 1895 , tras varios intentos, por las organizaciones federativas de las cooperativas, que constituye la cúspide del movimiento cooperativo.

[25] ICA, *Declaración... o.c.*, p. 17.

[26] ICA, *Declaración... o.c.*, p. 17.

[27] Sobre los principios en muy recientes publicaciones puede verse Javier Divar Garteiz-Aurrecoa, *o.c.*,(2011), ps. 62 ss., y Orestes Rodríguez Musa, *La cooperativa como figura jurídica*, (2012), ps. 33 ss.

[28] Sobre la evolución de los principios cooperativos puede verse Alejandro Martínez Charterina, "La cooperativa como empresa y los principios cooperativos tras el congreso centena-

4. EL PRINCIPIO DE COOPERACIÓN ENTRE COOPERATIVAS

El principio de cooperación entre cooperativas se presentó al Congreso de Viena de 1966 en primer término como un principio instrumental, necesario para que muchas cooperativas pudieran mantenerse en un contexto de competencia, aunque el principio tuviera un mayor calado en la profundización acerca de la naturaleza del cooperativismo, siendo más importante en los tiempos críticos.

Es cierto, como acabamos de considerar, que el sexto principio de cooperación entre cooperativas no se formaliza hasta el año 1966, pero es también cierto que desde mediados del siglo XIX se había ido construyendo el *movimiento cooperativo* a través de las federaciones de cooperativas que iban agrupando las cooperativas sectoriales y las confederaciones de las mismas en diversos países, y que en 1895, tras diversos intentos, se pudo constituir la Alianza Cooperativa Internacional, cúspide del movimiento, y que desde finales del siglo XIX se perseguía la idea que se acabó plasmando en el sexto principio[29]. Diversos Congresos manifestaron su preocupación por las relaciones entre las cooperativas de productores, sobre todo de productores del campo, y de consumidores, en la medida en que sus intereses podían estar encontrados, ya que las cooperativas agrícolas desearían vender caros sus productos y las de consumidores comprarlos baratos, así como por el establecimiento de centrales de compras que permitieran reducir costes a las cooperativas, y, en cuanto la presencia de compañías internacionales fue creciendo y fueron haciéndose presentes las empresas multinacionales, se hizo más necesaria la posibilidad de ganar dimensión y capacidad de competencia por parte de las cooperativas.

Así se llegó al Congreso de la ACI de Bournemouth (Gran Bretaña) el año 1963, en el que Thorsten Odhe presentó el informe "Integración económica y desarrollo cooperativo" que constituyó la invitación para que el Congreso de Viena, al reformar los principios cooperativos, aprobara el sexto principio[30].

La redacción del principio en el Congreso de Viena en 1966 decía así: *"Las cooperativas para servir mejor a los intereses de sus miembros y sus comunidades, deben colaborar por todos los medios con otras cooperativas a los niveles local, nacional e internacional"*[31].

El Congreso Centenario de Manchester de 1995 redactó el principio de esta forma: *"las cooperativas sirven a sus socios lo más eficazmente posible y fortalecen el movimiento cooperativo trabajando conjuntamente mediante estructuras locales, nacionales, regionales e internacionales"*[32].

---

rio de la A.C.I. de Manchester" (1996), ps. 213 ss.

29 Sobre los antecedentes hasta llegar al sexto principio cooperativo puede verse Alejandro Martínez Charterina, *Análisis de la integración cooperativa,* (1990), ps. 21-23.

30 Thorsten Odhe, *Integración económica y desarrollo cooperativo,* (1966), en ps. 111 a 113 las recomendaciones para el establecimiento del principio.

31 "Report of the I.C.A. Commission on Cooperative Principles", p. 183.

32 ICA, *Declaración...* o.c., p. 19.

Entre la formulación del principio en Viena y en Manchester sólo se pueden apreciar diferencias de matiz: la atención a las comunidades desaparece del sexto principio porque se formula en Manchester el nuevo séptimo principio de interés por la comunidad que se ocupa de ello, aparece el espacio regional entre el nacional y el internacional por la importancia que han ido tomando las regiones del mundo a través de las distintas uniones económicas que con una importancia mayor o menor se han ido consolidando entre las fechas de los dos Congresos, y se recoge la idea de eficacia, así como la del fortalecimiento del movimiento cooperativo, anterior a la formulación del principio, y cuya acción, como hemos notado, está muy vinculada al mismo.

5. ALCANCE DEL PRINCIPIO DE INTEGRACIÓN COOPERATIVA

El principio de cooperación entre cooperativas o de integración, como hemos señalado, surge en buena medida como respuesta a las reclamaciones del sector cooperativo que veía cómo crecía la dimensión media de las empresas con las que las cooperativas tenían que competir, además de las ventajas que las relaciones entre la producción y el consumo podían proporcionarle, pero *"en modo alguno puede considerarse, únicamente, como una respuesta a un proceso de adaptación al medio, sino, conjunta e inseparablemente, como la terminación de un proceso de solidaridad interno..."*[33].

En efecto, este principio viene a acabar un proceso de solidaridad, según el cual la solidaridad interna, que se realiza dentro de la cooperativa en cuyo seno se lleva a cabo un proceso de autoayuda por el que los socios tratan de satisfacer sus comunes necesidades de forma conjunta, se prolonga en la solidaridad externa, es decir en la cooperación entre cooperativas. Este proceso de cooperación, en última instancia, llega al mismo mundo en que vivimos y a la manera en que nos relacionamos unos con otros.

La doctrina se ha referido a este proceso al fijarse en la transformación de la sociedad a la que las cooperativas aspiran, que podemos enmarcar con Paul Lambert en la idea de las aspiraciones de conquista del cooperativismo[34], o que inspira a Charles Gide en su idea de la república cooperativa.

Ese proceso de solidaridad externa como prolongación de la solidaridad interna pone de manifiesto que se trata de acabar un proceso. Si en la cooperativa las personas cooperan unas con otras hacia un fin común, esa cooperación debe prolongarse entre las cooperativas para alcanzar los fines compartidos del cooperativismo.

El movimiento cooperativo, desde el comienzo del cooperativismo moderno, persigue, a través de las uniones, federaciones y confederaciones, la representación de las cooperativas en la sociedad. Se trata de conseguir finalidades

---

[33] Alejandro Martínez Charterina, *o.c.* (1990), p. 19.

[34] Paul Lambert, *La doctrina cooperativa,* (1970), p. 272.

de carácter político o representativo, en el que el movimiento actúa como grupo de presión.

La aplicación del principio de cooperación entre las cooperativas, intenta, mediante diversas formas jurídicas, la obtención de ciertas ventajas económicas para las cooperativas que compiten con otras formas de sociedad, manteniendo la máxima de que alcanzan una fuerza mayor a través de la unidad.

De este modo las cooperativas pueden conseguir una mayor dimensión, obtener financiación, compartir dificultades, y en suma, competir mejor, no entre ellas mismas, sino con sus competidores en los mercados.

En este sentido Narciso Paz Canalejo estudia ciertas figuras jurídicas, como la cooperativa mixta, que combina elementos de la sociedad cooperativa y la sociedad anónima, y la cooperativa integral que cooperativiza una actividad plural que se corresponde con un objeto social también plural[35].

Y, del mismo modo, propone una serie de nuevas fórmulas pendientes de desarrollo, como la "joint venture cooperativa", las secciones de empleo cooperativo, el teletrabajo cooperativo, la transformación de algunas asociaciones en cooperativas, así como una serie de horizontes futuros como las precooperativas y microcooperativas, las cooperativas de jóvenes en prácticas, las cooperativas intermitentes y otras, verdaderamente sugestivas, que ayudan a entender las posibilidades de ampliación y profundización de la acción cooperativa[36].

6. LA INTERCOOPERACIÓN EN EL PAÍS VASCO. LA CORPORACIÓN MONDRAGÓN

A fecha de 31 de diciembre de 2012 había inscritas en el País Vasco 2.248 cooperativas, según datos del Consejo Superior de Cooperativas de Euskadi[37].

Estas cooperativas están agrupadas en Federaciones, a saber, ERKIDE, que es la Federación de Cooperativas de Trabajo Asociado, Enseñanza y Crédito de Euskadi, la Federación de Cooperativas Agrarias, la Federación de Cooperativas de Consumo, y la Federación de Cooperativas de Transportistas. Y estas Federaciones sectoriales se unen en la Confederación de Cooperativas de Euskadi, Konfekoop.

Pero el cooperativismo del País Vasco es mundialmente conocido por las cooperativas de Mondragón, hoy día la Corporación Mondragón.

El origen se sitúa en la iniciativa del sacerdote D. José Mª Arizmendiarrieta que llegó a Mondragón después de la guerra civil española como coadjutor de

[35] Narciso Paz Canalejo, *La sociedad cooperativa ante el reto de los mercados actuales. Un análisis no sólo jurídico,* (2002), ps. 209 ss. para la cooperativa mixta y 215 ss. para la cooperativa integral. Puede verse también del mismo autor que continúa desarrollando la importancia de la intercooperación "Los acuerdos intercooperativos en el Derecho vigente (estatal y autonómico)" (2004).

[36] Narciso Paz Canalejo, o.c., (2002), ps. 224 ss.

[37] Consejo Superior de Cooperativas de Euskadi, *Memoria 2012,* p. 34.

la Parroquia de San Juan Bautista[38], encontrando un pueblo sumido en las dificultades de la postguerra, y al hacerse cargo de la juventud puso en marcha la Escuela Profesional el año 1943[39], centro en el que podrían empezar a formarse los que, culminado años después ese proceso formativo en la Universidad de Zaragoza, pusieron en marcha la primera cooperativa, ULGOR, que se instaló en el pueblo el año 1956.

En ese momento se inició la que Arizmendiarrieta llamaba la *experiencia cooperativa* para destacar la necesaria acomodación a la realidad cambiante de los valores inmutables que se persiguen[40].

Desde entonces la historia de las cooperativas de Mondragón ha sido un ejemplo de intercooperación *"entendida como la aplicación concreta del principio de solidaridad y como requisito de eficacia empresarial"*[41].

En los años finales de los cincuenta, al cabo de poco tiempo de la constitución de las primeras cooperativas, se plantean problemas de asistencia social ya que los socios de las cooperativas de trabajo no estaban inscritos en el sistema de la Seguridad Social, así como problemas de carácter financiero de cara al desarrollo que las cooperativas pretendían llevar a cabo, iniciándose el proceso de integración con la constitución de LAGUN-ARO como entidad de previsión social y de CAJA LABORAL POPULAR como banco cooperativo[42].

En la actualidad la Corporación Mondragón constituye el primer grupo empresarial del País Vasco y el séptimo de España[43].

Estaba conformado, a finales del 2012, por 289 entidades, de las que 110 eran cooperativas, 147 sociedades filiales, 8 fundaciones, una mutua, 10 entidades de cobertura y 13 servicios internacionales[44].

Los puestos de trabajo medios en 2012 fueron de 80.321, tras un descenso del 3,9 % respecto del año anterior, 2011, que registró el máximo de 83.569, desde los 25.479 de 1991, veinte años atrás.

Aunque las empresas de la Corporación se concentran de forma mayoritaria en el País Vasco, mantiene delegaciones corporativas en ocho países de tres continentes, así como plantas en el exterior en 19 países de cuatro continentes.

En cuanto a la estructura organizativa de la Corporación, esta cuenta con tres órganos básicos:

---

[38] Sobre la figura y el pensamiento de José Mª Arizmendiarrieta puede consultarse la web de la Asociación de Amigos de Arizmendiarrieta, www.arizmendiarrieta.org

[39] Germen de la actual Universidad de Mondragón.

[40] Puede verse José Luis del Arco, *El complejo cooperativo de Mondragón*, s.f., p.58.

[41] "Intercooperación", en *TU Lankide*, enero-febrero 2013, p.24.

[42] Puede verse Iñaki Gorroño, *Experiencia cooperativa en el País Vasco* (1975) , p. 47. También puede verse una referencia de la intercooperación en las cooperativas de Mondragón hasta 1986 en Alejandro Martínez Charterina, *Análisis de la integración cooperativa* (1990), o.c., ps. 48-57.

[43] Puede verse una muy amplia información sobre la Corporación en la web de la misma, de la que extraigo las referencias que voy realizando: www.mondragon-corporation.com

[44] Datos del Informe Anual 2012, que se contiene en la web de la Corporación.

— El Congreso Cooperativo, que fija los criterios estratégicos.
— La Comisión Permanente, que lleva a cabo por delegación la ejecución de las políticas del Consejo.
— El Consejo General, que coordina las políticas de las Divisiones y Cooperativas.

Y las entidades que forman la Corporación se agrupan en cuatro áreas (con sus correspondientes subáreas):

— Finanzas.
— Industria.
  o Bienes de consumo.
  o Bienes de equipo.
  o Componentes industriales.
  o Construcción.
  o Servicios empresariales.
— Distribución.
— Conocimiento.
  o Centros de formación.
  o Centros de investigación.

Enmarcado en el contexto de crisis prolongada, la Corporación ha venido orientando a las cooperativas desde el comienzo de la crisis en el sentido de que lleven a cabo ajustes basados en la reducción de salarios, aumento de las horas de trabajo, o una mejor gestión de aprovisionamientos, pretendiendo, sobre todo, el mantenimiento del empleo[45].

Al mismo tiempo se han previsto medidas corporativas para ayudar a las cooperativas en desempleo estructural, es decir, a aquellas cooperativas con un excedente de plantilla que afecte significativamente a su situación y que no puedan absorber por sí mismas, y que tengan una cuenta de resultados con pérdidas. Estas medidas de ayuda comprenden prestaciones por desempleo, indemnizaciones, prejubilaciones, reconversión profesional, y reubicaciones[46].

Y acompañando lo anterior se trata de intensificar acciones de emprendimiento en base a la innovación, a una proactividad característica del cooperativismo, y a la correspondiente asunción de riesgos[47].

La reciente noticia del preconcurso de acreedores de la Cooperativa Fagor Electrodomésticos y de sus filiales el pasado 16 de octubre, hoy ya en concurso, ha generado una gran inquietud por su importancia, por un lado ya que esta cooperativa resulta la heredera de aquella ULGOR, mencionada anteriormente, que fue la primera de Mondragón, y porque se trata de un conjunto de em-

[45] Vease Goio Hernando, "La crisis económica y su impacto en el marco de las relaciones laborales: la respuesta de las cooperativas como tercera vía" (2009), p. 188 ss.

[46] Goio Hernando, o.c., p. 192.

[47] Puede verse Javier Sotil Arriarán, "Cooperativas y emprendimiento" (2012), ps.164 ss.

presas en el País Vasco, Francia, Polonia, Marruecos y China, con unos 5.000 empleos de los que 1.700 son socios de la cooperativa[48].

Estos acontecimientos han provocado una gran agitación en los medios de comunicación, en los que se ha cuestionado el valor de la solidaridad y el principio de intercooperación, llegando a poner en duda la validez del modelo cooperativo.

También se han escuchado voces que, desde la experiencia del cooperativismo, han tratado de ordenar las ideas. Una de ellas, muy cualificada, es la de Marcos de Castro[49], que ha aclarado algunas ideas muy elementales, pero controvertidas.

Hay una pluralidad de cooperativas que actúan con la marca Fagor y no son Fagor Electrodomésticos, Fagor Automation, Fagor Ederlan, Fagor Electrónica, Fagor Industrial, que no están en crisis...

La Corporación Mondragón no es un holding de empresas. Es una alianza de cooperativas, que pueden entrar y salir libre y voluntariamente, que comparten criterios e instrumentos de gestión. Se trata de "*una plataforma de coordinación de la que se esperan economías de escala derivadas de la intercooperación y de las alianzas de gestión, sus recursos de gestión surgen de las cooperativas socias*"[50].

Las cooperativas aportan, en cambio, una parte de sus resultados para ayudar a aquellas que pudieran estar en crisis, al lanzamiento de nuevas empresas, o de propuestas de I+D. Señala Marcos de Castro que este mismo año se aportaron setenta millones de euros pero que existen límites a esta ayuda solidaria por lo que no es posible atender una deuda tan grande como la de Fagor Electrodomésticos[51].

Pero la solidaridad no se termina con el concurso de acreedores. Justamente ahora comienza la reubicación de socios en otras cooperativas[52], así como la percepción de las prestaciones de ayuda al empleo de Lagun Aro, entidad que gestiona las prestaciones sociales de los socios de la Corporación, para lo cual todos los socios de la misma tendrán que aumentar las cuotas que financian dichas prestaciones.

La crisis de Fagor Electrodomésticos "*hace referencia a problemas de gestión, a un sector en declive y a la planificación de su crecimiento... es cierto que los socios han salido a la calle en protesta. Pero esto, de nuevo, tiene que ver con la gestión de la comuni-*

---

48 Aclara Marcos de Castro que la existencia de muchos trabajadores por cuenta ajena se debe a que en las fábricas en otros países no fue posible desarrollar cooperativas, en el artículo "Fagor...¿la quiebra de un modelo?", en nuevatribuna.es , el 24 de octubre de 2013.

49 Trabajó durante años en la Cooperativa Eroski y fue presidente de la Confederación Española de Empresas de Economía Social, CEPES.

50 Marcos de Castro, o.c., p. 3 del artículo.

51 En este mismo sentido decía Antonio Cancelo, que fue presidente de la Corporación años atrás, en entrevista al Diario Vasco de San Sebastián, el 6 de noviembre de 2013, que "*la solidaridad con una cooperativa tiene un límite: poner en riesgo al conjunto del grupo*".

52 Más de 200 a fecha 23 de noviembre de 2013.

cación interna o de los mecanismos de participación... en las respectivas asambleas de la cooperativa se han ido aprobando colectivamente las cuentas anuales"[53].

Pero en modo alguno cabe cuestionar el modelo cooperativo. Cuántas sociedades de capital han sucumbido a la crisis y cuántos empleos se han perdido por la crisis de las mismas. No cabe comparación porcentual con las cooperativas[54]. *"El empeño en descalificar el modelo suena a cierta inercia sospechosa existente en el mercado para rechazar todo lo que no se ajusta a los modelos dominantes de empresa"*[55].

En el mismo sentido la Nota del Secretariado Social de la Diócesis de San Sebastián, que apunta problemas de gestión por falta de liderazgo unido a la crisis del mercado, pero ello *"no es representativo de la situación de la mayoría de las cooperativas Mondragón..."* para reivindicar la aplicación de la Doctrina Social de la Iglesia a través de la figura de D. José Mª Arizmendiarrieta que inspiró las cooperativas de Mondragón desde su conocimiento de dicha doctrina[56].

Ciertamente con la crisis financiera y el estallido de la burbuja inmobiliaria, la caída de la construcción arrastró el mercado de los electrodomésticos en nuestra economía. El mercado nacional suponía la mitad de las ventas de Fagor Electrodomésticos y la pérdida del 60-70% del mercado interno no pudo ser compensada en el mercado internacional, teniendo en cuenta que los costes de la mano de obra en los países de Asia son mucho más reducidos, por lo que las pérdidas afloraron, cada vez más cuantiosas, y la deuda aumentó hasta llegar a la situación presente.

Problemas de gestión, problemas de liderazgo... el tiempo seguramente aclarará esos aspectos. Y tampoco tengo dudas de que esta crisis tiene también una arista de oportunidad que invita a las cooperativas a reflexionar sobre aquello que es mejorable en su propio ámbito.

Tal vez sea el momento de intensificar la acción del quinto principio cooperativo de educación, formación e información, el que los clásicos del cooperativismo consideraron como regla de oro que permitía la comprensión y aceptación de las condiciones del modelo.

Tal vez esta idea esté presente en el ánimo del Secretariado Social de la Diócesis de San Sebastián cuando se pregunta *"¿No será, más bien, que FAGOR había derivado en una empresa de estructura cooperativista pero con un espíritu propio del asalariado?"*[57].

Este principio quinto llama a la formación de los socios en primer lugar, lo que les hace conectar con el modelo cooperativo. En la cooperativa de trabajo el socio es trabajador y empresario a la vez. No es más uno que lo otro.

---

[53] Marcos de Castro, o.c.

[54] Desde el comienzo de la crisis, últimos cinco o cinco años y medio, el empleo asalariado de las sociedades de capital ha disminuido un 20% frente a poco más del 8% de las sociedades cooperativas.

[55] Marcos de Castro, o.c.

[56] Nota del Secretariado Social de La Diócesis de San Sebastián, "¿Crisis de FAGOR vs. Cooperativismo?", 17 de noviembre de 2013.

[57] Nota del Secretariado Social de la Diócesis de San Sebastián, citada.

Formación adecuada a sus responsabilidades, *"a los representantes elegidos, a los directivos, a los empleados, para que puedan contribuir de forma eficaz al desarrollo de sus cooperativas"*[58].

Información a los socios. *"Hay diferencias significativas con el modelo tradicional de empresa, además de las ya expresadas. Por ejemplo: todos los socios-trabajadores tienen toda la información..."*, señala Marcos de Castro[59].

E información a la sociedad de la naturaleza y beneficios de la cooperación, y especialmente, como señala el texto del principio de la Alianza Cooperativa Internacional, a los jóvenes y a los líderes de opinión. Estos son un altavoz de difusión y los primeros son el futuro también del cooperativismo.

A ellos, a los jóvenes, les dedicó la Alianza Cooperativa Internacional el Mensaje con el que se celebró el Día Internacional de las Cooperativas el año 2011, que se titulaba *"Los jóvenes: futuro de la empresa cooperativa"*[60].

7. CONCLUSIÓN

El principio de cooperación entre cooperativas queda alineado perfectamente con el valor de la solidaridad, el último de los valores operativos de la Declaración de la Alianza sobre la Identidad Cooperativa.

Pero *" la solidaridad es la misma causa y consecuencia de la autoayuda y la ayuda mutua"* que sitúan la intercooperación en el centro de la filosofía del cooperativismo[61].

Conectando con la esencia del cooperativismo la intercooperación es el camino de avanzar ante los problemas de la globalización, la sostenibilidad, el cuidado del medio ambiente... y las crisis. Cuando la Alianza Cooperativa Internacional se pregunta cómo competir a escala global con organizaciones locales, mira al trabajo conjunto, y apunta a las alianzas entre cooperativas y al reforzamiento de las unidades de apoyo de las mismas[62].

En el mismo sentido después de pasados diez años desde el establecimiento de la Identidad Cooperativa, Johnston Birchall recomendaba el fortalecimiento del principio de cooperación entre cooperativas como forma de afrontar las dificultades a las que éstas tenían que hacer frente[63].

Es, en fin, la vía que las cooperativas se han dado para encarar el futuro.

---

58 ICA, Declaración..., o.c. (1996); p. 19.

59 Marcos de Castro, o.c., p. 4 del artículo.

60 Mensaje de la Alianza Cooperativa Internacional en la celebración del 89º Día Internacional de las Cooperativas de la ACI, 17º Día Internacional de Naciones Unidas de las Cooperativas, celebrado el 2 de julio de 2011.

61 ICA, Declaración..., o.c. (1996); p. 39.

62 ICA, *Declaración..., o.c.* (1996), p. 63.

63 Johnston Birchall, "Co-operative Principles Ten Years On" (2005), p. 58.

8. BIBLIOGRAFÍA

ARCO, José Luis del: *El complejo cooperativo de Mondragón,* AECOOP, Madrid, s.f.

ARIZMENDIARRIETA, José Mª: "La experiencia cooperativa de Mondragón", en *Homenaje a Del Arco: Del Arco treinta años de vida cooperativa.* CENEC, Zaragoza, 1973, ps. 65-73.

BAYON, Denis: *Le commerce véridique et social de Michel-Marie Derrion (Lyon, 1835-1838).* Atelier de Création Libertaire, Lyon, 2002.

BIRCHALL, Johnston: "Co-operative Principles Ten Years On", en *Review of International Co-operative,* Volume 98, Nº 2, ICA, Geneva, 2005, ps. 45-63.

BIRCHALL, Johnston: *Resilience in a downturn: The power of financial cooperatives.* ILO, Geneva, 2013.

BIRCHALL, Johnston y KETILSON, Lou Hammond: *Resilience of the Cooperative Business Model in Time of Crisis,* ILO, Geneva, 2009.

CASTRO, Marcos de: "Fagor…¿la quiebra de un modelo?", en nuevatribuna.es, el 24 de octubre de 2013 (http://www.nuevatribuna.es/opinion/autor/000602/marcos-castro-sanz). Consejo Superior de Cooperativas de Euskadi: *Memoria 2012.* Vitoria-Gasteiz, 2013.

DIVAR GARTEIZ-AURRECOA, Javier: *Las cooperativas: una alternativa económica,* Dykinson, Madrid, 2011.

FAUQUET, Georges: "Le secteur coopératif", en *Oeuvres.* Publications de l'Institut des Etudes Coopératives, Paris, 1965, ps. 21-127.

FERRI, Giovanni: "Why Cooperative Banks Are Particularly Important at a Time of Credit Crunch", (s.f., hacia 2007-2008), en www.eurocoopbanks.coop/GetDocument.aspx?id=56d29cf3-4c7d-44a4-8a60-d0e4601fba6c

GORROÑO, Iñaki: *Experiencia cooperativa en el País Vasco,* Leopoldo Zugaza Editor, Durango (Vizcaya), 1975.

HERNANDO, Goio: "La crisis económica y su impacto en el marco de las relaciones laborales: la respuesta de las cooperativas como tercera vía", en *Boletín de Estudios Económicos,* nº 196, Universidad Comercial de Deusto, Bilbao, 2009, ps. 179-197.

HOLYOAKE, Georges Jacob: *Historia de los pioneros de Rochdale,* Intercoop, Buenos Aires, 1989.

ICA: *Declaración de la Alianza Cooperativa Internacional sobre la identidad cooperativa,* CSCE, Vitoria-Gasteiz, 1996. "Intercooparación", en *TU Lankide,* enero-febrero 2013, Mondragón, ps. 24-31.

LAIDLAW, A.F.: "Las cooperativas en el año 2000", en *Tribuna Cooperativa,* nº 44-45, CENEC, Zaragoza, 1982, ps. 11-125.

LAMBERT, Paul: *La doctrina cooperativa,* 3ª ed., Intercoop, Buenos Aires, 1970.

MARTÍNEZ CHARTERINA, Alejandro: *Análisis de la integración cooperativa,* Universidad de Deusto, Bilbao, 1990.

MARTÍNEZ CHARTERINA, Alejandro: "La cooperativa como empresa y los principios cooperativos tras el congreso centenario de la A.C.I. de Manchester", en Obra colectiva, *Evolución del escenario económico,* Universidad de Deusto, Bilbao, 1996, ps. 207-226.

MARTÍNEZ CHARTERINA, Alejandro: "Las cooperativas frente a la crisis", en *Boletín de la Asociación Internacional de Derecho Cooperativo,* nº 44, Universidad de Deusto, Bilbao, 2010, ps. 195-219.

MARTÍNEZ CHARTERINA, Alejandro: "Sobre el principio de cooperación entre cooperativas en la actualidad", en *Boletín de la Asociación Internacional de Derecho Cooperativo,* nº 46, Universidad de Deusto, Bilbao, 2012, ps. 133-146.

MENSAJE DE LA ALIANZA COOPERATIVA INTERNACIONAL 2009: *Impulsando la recuperación global a través de las cooperativas.* En www.ica.coop/activities/idc/2009-idc-es.pdf

MENSAJE DE LA ALIANZA COOPERATIVA INTERNACIONAL 2011: *Los jóvenes futuro de la empresa cooperativa.* En www.ica.coop/activities/idc/2011-ica-message-es.pdf

ODHE, Thorsten: *Integración económica y desarrollo cooperativo,* Intercoop, Buenos Aires, 1966.

PAZ CANALEJO, Narciso: *La sociedad cooperativa ante el reto de los mercados actuales. Un análisis no sólo jurídico,* Ministerio de Trabajo y Asuntos Sociales, Madrid, 2002.

PAZ CANALEJO, Narciso: "Los acuerdos intercooperativos en el Derecho vigente (estatal y autonómico)", en *Revista Jurídica del Notariado,* nº 52, Consejo General del Notariado, Madrid, 2004, ps. 137 a 210.

"Report of the I.C.A. Commission on Cooperative Principles", en *I.C.A. Twenty-third Congress Report,* International Co-operative Alliance, London, s.d., ps. 154-215.

RODRÍGUEZ MUSA, Orestes: *La cooperativa como figura jurídica,* Dykinson, Madrid, 2012.

Secretariado Social de La Diócesis de San Sebastián, "¿Crisis de FAGOR vs. Cooperativismo?", 17 de noviembre de 2013. En http://www.elizagipuzkoa.org/upload/publica/PDF/2013/NOVIEMBRE/FAGOR.pdf

SOTIL ARRIARÁN, Javier: "Cooperativas y emprendimiento", en *Boletín de Estudios Económicos,* nº 205, Universidad Comercial de Deusto, Bilbao, 2012, ps. 161-176.

TEMA 3

EL RÉGIMEN JURÍDICO DE LAS SOCIEDADES COOPERATIVAS

La regulación española en materia de cooperativas

Dr. Enrique Gadea Soler

Profesor Titular de Derecho Mercantil de la Universidad de Deusto

Sumario: 1. La sociedad cooperativa en el Código de comercio de 1885. 2. La Legislación Republicana de Cooperativas. 3. El Cooperativismo sindical: La Ley de 1942 y su Reglamento de desarrollo. 4. La adaptación del Régimen Jurídico de las Cooperativas a las nuevas exigencias: La Ley General de Cooperativas de 1974. 5. La regulación actual de las Sociedades Cooperativas: 5.1. La competencia legislativa en materia de cooperativas después de la Constitución de 1978. 5.2. Referencia a las Leyes de Cooperativas publicadas después de la Constitución. 6. Bibliografía.

1. LA SOCIEDAD COOPERATIVA EN EL CÓDIGO DE COMERCIO DE 1885

El CCOM, en contra de la Base quinta del Decreto de 20 de Septiembre de 1869 (que contiene las siete Bases en que se inspira nuestra Ley mercantil por excelencia), no dispuso un tratamiento particular para las cooperativas. Éste reconoce, junto a un movimiento de libertad comercial y de industria, un movimiento obrero, del cual formaría parte el movimiento cooperativo (Sánchez calero, 1978, 497). La exclusión del ámbito de lo mercantil de las cooperativas constituía la opinión común en aquella época. Esta afirmación se desprende explícitamente de lo recogido en la Exposición de Motivos del CCOM –que es la del Proyecto de 1852 que pasa a serlo del texto codificado aprobado–, cuando dice que «comprende el Proyecto adjunto todas las sociedades que bien por su naturaleza, bien por la índole de sus operaciones, se consideran como mercantiles, no habiendo atribuido este carácter a las sociedades mutuas porque falta en ellas el espíritu de especulación, que es incompatible con estas sociedades, ni las cooperativas, porque obedecen, ante todo, a la tendencia manifestada en las poblaciones fabriles de nuestro país, y principalmente en las de Alemania, Inglaterra y Francia, de asociarse los obreros con el único fin de mejorar la condición de cada uno, facilitándoles los medios de trabajar, de dar salida a sus productos o de obtener con baratura los artículos necesarios para su subsistencia. Y como no es el afán de lucro el que impulsa lo que se ha dado en llamar movimiento cooperativo, no pueden reputarse como mercantiles estas sociedades mientras no resulte claramente de sus estatutos o del ejercicio habitual de algunos actos de comercio que merecen aquella denominación. Por eso no se ha ocupado el Proyecto del ordenamiento de estas manifestaciones de la asociación, considerando que, en todo caso, quedarán amparadas por la Legislación general sobre sociedades, la cual no puede ser más amplia, pues dentro de ella caben y son posibles cuantas formas exija el progreso comercial de los tiempos modernos». En efecto, el Cooperativismo se presenta como un movimiento de defensa de las clases modestas, enfrentado a la atomización individualista característica del sistema de economía de mercado y, por tanto, en oposición a los intereses de las clases económico-sociales dominantes. En este contexto, no es de extrañar que el CCOM no la regulara, sobre la base de que las cooperativas que no tuviesen fin de lucro no eran materia de la Codificación mercantil y las mercantiles no requerían de un tipo especial, ya que bastarían los existentes, dada la amplitud con que los artículos 121 y 122 del CCOM que acogen la atipicidad. Repárese en que el Código identifica Derecho mercantil con el lucro de la intermediación capitalista y que su concepción ideológica estaba centrada en el paso de un Derecho mercantil exclusivo de los comerciantes a un Derecho mercantil aplicable a todos los sujetos que realicen actividades especulativas (Vicent Chuliá, 1976, 78 y 79).

El texto articulado recoge también con gran claridad esta concepción en el artículo 124, al establecer que «las cooperativas de producción, de crédito o de consumo, sólo se considerarán mercantiles y quedarán sujetas a las disposiciones de este Código cuando se dedicaren a actos de comercio extraños a la mutualidad».

Por ello, a pesar de la ideología que se deduce de la Exposición de Motivos, se contempla la posibilidad de que las cooperativas puedan adoptar forma de sociedad mercantil «cuando se dedicaren actos de comercio extraños a la mutualidad (es decir, a los actos especulativos presupuesto de la mercantilidad)», siéndoles aplicable, en ese caso, su régimen legal. Aunque lo cierto es que en la práctica las manifestaciones cooperativas se desarrollan (especialmente, entre 1906 y 1931) a través de disposiciones que regulan un tipo o clase de cooperativa o entes complementarios de éstas, con el fin de favorecer a un determinado sector de la población. Entre ellas, cabe destacar la Ley de Utilidades de la Riqueza Mobiliaria de 1900, que exime de la Tarifa III a las cooperativas de crédito, producción y consumo, las Leyes de Pósitos agrícolas de 1906 y de pescadores de 1919, Las Leyes de casas baratas de 1911 y 1921, el Real Decreto de 1918, que regula las cooperativas de consumo en los establecimientos de artillería, y, especialmente, la Ley de Sindicatos agrícolas de 1906, que no es una Ley de cooperativas, si bien sirvió de base para la creación de verdaderas cooperativas entre la población campesina (Salinas ramos, 1976, 59).

2. LA LEGISLACIÓN REPUBLICANA DE COOPERATIVAS

La Ley de 9 de septiembre de 1931 y el Reglamento de 20 de octubre del mismo año reconocen, por primera vez, el tipo cooperativista como figura autónoma dentro del marco de los fenómenos societarios y asociativos de contenido económico. La creación de este tipo societario se considera fundamental para identificar la verdadera cooperación. Como señala la Exposición de Motivos de la Ley: «es inaplazable dotar a las cooperativas de un régimen jurídico propio [...] para distinguir la cooperación genuina de la mixtificada o de la simulada». De esta manera, la entidad que se aparta de la normativa legal, receptora de los postulados cooperativistas, es sancionada con la descalificación, es decir, es obligada a abandonar la forma de sociedad cooperativa.

El problema es que el legislador confunde la finalidad de la entidad con la necesidad de organización de la misma, es decir, consolida el alejamiento del régimen jurídico de las cooperativas y de las sociedades mercantiles por su connotación capitalista, sin reparar en las consecuencias prácticas (Gadea, 1994, p. 138). Desde el punto de vista jurídico, se ha criticado la inoperatividad de la entidad que deriva de que la Ley no delimita las facultades de cada órgano social: por ello, la llevanza ordinaria de la entidad por el órgano de administración deviene en imposible, ya que tendrá que acudir en consulta permanente a la asamblea, lo que procura un cooperativismo asambleario y populista nada operativo y poco práctico (Divar, 1985, p. 19); y, también, el deficiente tratamiento del régimen económico, donde no se establece medida alguna en favor de la solvencia de la entidad ni en garantía de los terceros.

3. EL COOPERATIVISMO SINDICAL: LA LEY DE 1942 Y SU REGLAMENTO DE DESARROLLO

El 2 de enero de 1942 se aprobó una nueva Ley de Cooperativas y el 11 de noviembre de 1943 se promulgó su Reglamento. Se trata de una Ley eminentemente política y de adaptación del régimen cooperativo a la nueva realidad sindical española. Ello explica que la Ley no adopte cambios radicales con respecto a la de 1931 en lo relativo a la organización y régimen interno de la sociedad cooperativa. Las variaciones derivan del nuevo encuadramiento de la sociedad cooperativa en sus relaciones con el Estado y con la organización sindical, de la creación de la Obra Sindical de Cooperación como órgano de patronato y tutela del movimiento cooperativo y de la disciplina político- sindical del mismo (Polo, 1942, p. 220.), así como del sentido que se da a la uniones de cooperativas (cuyos fines son, preferentemente, sociales y sólo, excepcionalmente, económico-cooperativos: Vicent Chuliá, 1979, p. 527.).

Estas circunstancias originan una notable distorsión en el régimen jurídico de la sociedad. Los mayores defectos de esta regulación se originan por la concesión a la jerarquización y dependencia política el máximo valor, olvidando los aspectos jurídicos y técnicos (en especial, el régimen económico está lleno de lagunas y limitaciones) de la cooperativa (Soldevilla, 1973, p. 437). Además, en su articulado se establece una interpretación muy rigurosa del principio mutualista (arts. 41, 42, 43 y 44), por lo que no debe extrañarnos que se señalase que, publicada la nueva Ley de 2 de enero de 1942 que se considerase que la norma parecía dictada para entidades raquíticas y sin aliento; para entidades incapaces para luchar con eficacia en un mercado concurrencial y que sólo pretendían ser solución ínfima para gentes de economía débil (Del Arco, 1972, p. 9).

4. LA ADAPTACIÓN DEL RÉGIMEN JURÍDICO DE LAS COOPERATIVAS A LAS NUEVAS EXIGENCIAS: LA LEY GENERAL DE COOPERATIVAS DE 1974

En la Asamblea Nacional de Cooperativas de 1961 se pone de manifiesto el desfase, cada vez más acusado, entre la realidad y la norma legal y se aprueban las nuevas bases que deben presidir la nueva ordenación legal del cooperativismo. Desde la celebración de aquella se redactaron varios Proyectos de Ley, aunque finalmente, de forma provisional y hasta que se elaborase la nueva Ley, se aprueba el Reglamento de cooperación de 13 de agosto de 1971. Esta solución fue criticada por la doctrina que venía solicitando una profunda reforma, que, como es obvio, no podía ser acometida por un mero cambio de Reglamento por muy audaz y avanzado que fuese éste. Sin embargo, con el nuevo Reglamento, y a pesar de las limitaciones de su rango, se inicia un importante cambio de orientación dentro del cooperativismo español. Se plantean como razones principales de la reforma la necesidad de conseguir empresas más eficaces y competitivas y de atenuar los controles externos que, sobre los órganos de la cooperativa, ejerce la organización sindical.

En la Ley de 19 de diciembre de 1974 y el Reglamento de 16 de noviembre de 1978, aprobado ya en el nuevo contexto democrático, se aprecia una voluntad manifiesta de abandonar la concepción restrictiva del Cooperativismo para adoptar una más amplia. Es significativo en este sentido el artículo 1 de la Ley que establece que a través de la formula cooperativa podrá realizarse «cualquier actividad económico-social lícita». Estos nuevos propósitos exigen la construcción de «una institución rigurosa en sus planteamientos sociales y, a la vez, tecnificada, permeable a la especialización y sensible al mercado» (Exposición de Motivos de la Ley). Si la sociedad cooperativa debe comportarse en sus relaciones externas como un comerciante más, debe atribuírsele un régimen jurídico adecuado para la protección del tráfico jurídico y de los derechos de los terceros. No debe extrañarnos, por tanto, que a la hora de realizar una valoración de conjunto de la nueva Ley se señale que es manifiesta la influencia de la normativa de la sociedad anónima: la sociedad mantiene sus principios, y además se beneficia de una tecnificación mayor y se aprovecha de la experiencia de la regulación de la organización societaria anónima. En definitiva, la Ley consigue tecnificar más las cooperativas, compatibilizar sus principios tradicionales con un reforzamiento de su aspecto empresarial, de sus posibilidades de financiación y de una gestión eficaz (Sánchez Calero, 1975, pp. 495 y 513).

De forma resumida, señalar que las principales novedades de la Ley son las siguientes: sobre la constitución, se establece la obligatoriedad de escritura pública, de inscripción en el Registro de cooperativas (al que se confiere carácter jurídico) y de toma de razón en el Registro mercantil; en el plano organizativo, aunque mantiene una terminología diferenciada, el modelo corresponde exactamente al de la LSA: Asamblea General (Junta general), Consejo Rector (Consejo de administración) e Interventores (Censores de cuentas); en relación con el régimen económico, lo más importante es que la Ley vela por su correcta constitución (en este sentido el artículo 13.2 señala que deberá estar desembolsado, al menos, en un veinticinco por ciento en el momento constitutivo y el resto en un plazo no superior a cuatro años) y porque la cooperativa no se desprenda injustificadamente de su patrimonio hasta dejarlo por debajo de la cifra de capital. A la hora de establecer un régimen de protección en garantía de terceros se comentó la dificultad de implantar un sistema adecuado en una sociedad de capital variable. No obstante, el Reglamento de 1978 adopta una solución positiva, aunque no original, en cuanto que reproduce (art. 35) el régimen de la SA (arts. 97 a 99), de manera que salvo que tenga por finalidad compensar pérdidas, será nula toda restitución de aportaciones al capital social que se realice antes de transcurrir el plazo de tres meses o a pesar de la oposición entablada en tiempo y forma por cualquier acreedor. Además, el mencionado carácter de sociedad de capital variable, en virtud del principio de puerta abierta (que en el plano que ahora nos interesa destacar implica que los socios cuando lo deseen pueden salir o darse de baja de la cooperativa) exige la adopción de medidas particulares para asegurar la viabilidad de la sociedad y para preservar los derechos de los terceros. Por eso, la Ley permite que los estatutos puedan exigir la permanencia por tiempo determinado en la cooperativa que no podrá ser superior a diez años (art. 11.1), así como establecer un plazo de preaviso, a observar por el socio que cause baja en la cooperativa que no podrá ser inferior a dos meses ni superior a un año (art. 11.1); se conceda a la cooperativa un plazo para el reembolso de hasta cinco años a partir de la fecha de la baja, con derecho, durante este tiempo, a percibir por parte del socio un interés que no será en ningún caso inferior al tipo de interés básico del Banco de España incrementado en dos puntos (art. 11.4) y se adopte la misma regla que rige en Francia, con carácter general, para las sociedades de capital variable (art. 52 de la Ley francesa de 24 de Julio de 1867), es decir, que el socio que se separe responde por el importe que le ha sido reembolsado, y durante un plazo de cinco años, de las deudas contraídas por la sociedad con anterioridad a la fecha de reembolso, en el caso de que el patrimonio social sea insuficiente para hacer frente a ellas (art. 11.5); por último, anotar que se prevé la aplicación del Derecho concursal mercantil.

5. LA REGULACIÓN ACTUAL DE LAS SOCIEDADES COOPERATIVAS

5.1. La competencia legislativa en materia de cooperativas después de la Constitución de 1978

En la actualidad en España no existe una única Ley sino varias Leyes de cooperativas, dado que la mayoría de las Comunidades Autónomas (CAAA) tienen norma propia. Para explicar esta situación debe tomarse como punto de partida la nueva organización territorial del Estado creada por la Constitución de 1978: se trata de un sistema de organización territorial autóctono, llamado Estado de las Autonomías, que presenta similitudes con un Estado federal, aunque también no pocas diferencias. Con él, se divide España en diecisiete CCAA, distribuyéndose las competencias entre éstas y el Estado. La propia Constitución dedica dos artículos a la distribución de competencias: el 148 se refiere a las competencias que pueden asumir las CCAA en sus respectivos Estatutos y el 149 recoge las competencias sobre las que el Estado se reserva la competencia exclusiva; entre ellas - en el párrafo 1.6- se señala la relativa a la Legislación mercantil.

Aprovechando la imprecisión existente sobre la calificación y el encuadramiento de la sociedad cooperativa, para la que todavía hay que recurrir al obsoleto artículo 124 del CCom, los Estatutos de Autonomía del País Vasco (art. 10.23) y de Cataluña (art. 9.21) atribuyen a sus CCAA competencia exclusiva en materia de cooperativas. Después, también asumen competencias legislativas exclusivas en esta materia el Estatuto para Andalucía (art. 13.20), el Estatuto de la Comunidad Valenciana (art. 31.21) y la Ley reguladora del Régimen Foral de Navarra (art. 44.7).

El Tribunal Constitucional, a pesar de que fue impugnada la primera Ley vasca de 1982, y que con ella se puso en entredicho la constitucionalidad de toda la delimitación competencial en materia de cooperativas (aunque posiblemente de forma demasiado cautelosa: Paniagua, 1997, 167 y ss.), no contribuye a modificar la situación previamente creada. El recurso se resuelve en la sentencia 72/83, de 29 de julio. De ella se desprende que «las partes centran el debate de la competencia legislativa del País Vasco (y por tanto de las demás Comunidades que han asumido competencia exclusiva) en la consideración del denominado Derecho cooperativo como una parte o no del Derecho mercantil. La trascendencia que otorgan a esta configuración se explica fácilmente porque la CE establece que el Estado tiene competencia exclusiva en materia de legislación mercantil (art. 149.1.6) y el Estatuto atribuye competencia exclusiva al País Vasco en materia de cooperativas "conforme a la Legislación general en materia mercantil" (art. 10.23), por lo que si la regulación sobre cooperativas hubiera de calificarse de mercantil -como sostiene el Abogado del Estado- la conclusión a la que habríamos de llegar sería la de que la competencia legislativa en materia de cooperativas no corresponde a la Comunidad Autónoma». No obstante, el Tribunal, sin entrar en el fondo del asunto, y sin tener en cuenta que aunque la cooperativa se calificase como sociedad civil la competencia también correspondería al Estado en base al artículo 149.1.8, señala que: «sin pretender ahora sentar afirmaciones de carácter general [...] si podemos afirmar que en principio no es admisible una interpretación que conduzca a variar de contenido la competencia legislativa de la Comunidad en materia de cooperativas, que hay que entender le viene atribuida por el artículo 10.23 del Estatuto». A esta conclusión «conduce la interpretación sistemática de los preceptos de la Constitución y del Estatuto, situado en el marco constitucional, y que prescinde de cualquier posición doctrinal acerca de si las cooperativas han de calificarse o no como sociedades mercantiles, ya que la interpretación ha de situarse en el contexto del ordenamiento vigente» (Fundamento jurídico 3°).

En principio, sólo las cinco Comunidades referidas asumieron competencia legislativa exclusiva, aunque, en la actualidad, todas las CCAA tienen transferida la competencia en la materia. Como resultado de los Acuerdos Autonómicos suscritos por los dos partidos mayoritarios en febrero de 1992, se transfirió la competencia exclusiva sobre cooperativas a las CCAA del art. 143 (art. 2 letra c) LO 9/1992, de 23 de diciembre): Asturias, Cantabria, La Rioja, Murcia, Aragón, Extremadura, Baleares, Madrid, Castilla- La Mancha y Castilla-León. Galicia recibe la transferencia a través de la Ley Orgánica 16/95, de 27 de diciembre, y, finalmente, Canarias asume la competencia en la reforma estatutaria realizada mediante la Ley Orgánica 4/96, de 30 de diciembre.

Como consecuencia de esta delimitación material de competencias en materia de cooperativas, nos encontramos, de un lado, con una Ley 27/1999 de cooperativas (LCoop), que sustituye a la Ley 3/1987 (LGC), que se aplicará en aquellas CCAA que no han aprobado ley de cooperativas y de forma supletoria en las Comunidades con norma propia; y de otro, con las leyes propias de las Comunidades que las han aprobado: Ley 4/93 de cooperativas del País Vasco (LCPV), que deroga la anterior Ley 1/1982; Ley 18/ 2002 de cooperativas de Cataluña (LCCat), que sustituye al Texto Refundido aprobado por Decreto Legislativo 1/1992; Ley 2/1999, modificada en 2002, de sociedades cooperativas andaluzas (LCAnd), que sustituye a la Ley 2/1985; Ley 8/2003 de cooperativas de la Comunidad valenciana (LCCV), que deroga el Texto Refundido aprobado por el Decreto Legislativo 1/1998; Ley Foral 12/2002 de cooperativas de Navarra (LFCN), que sustituye a la derogada Ley 12/1996; Ley 2/1998 de sociedades cooperativas de Extremadura (LCEEx); Ley 9/1998 de sociedades cooperativas de Aragón (LCAr); Ley 5/1998 de cooperativas de Galicia (LCG); Ley 4/1999 de cooperativas de la Comunidad de Madrid (LCCM); Ley 4/2001 de cooperativas de la Rioja (LCLR); Ley 20/2002 de cooperativas de Castilla-

La Mancha (LCCLM); Ley 4/2002 reguladoras de las cooperativas de Castilla y León (LCCL); la Ley 1/2003 de cooperativas de las Islas Baleares (LCIB); la Ley 8/2006 de cooperativas de la Región de Murcia (LCMur); y Ley 4/2010 de cooperativas del Principado de Asturias (LCAstur.)

El origen de la compleja y criticable situación legislativa del Derecho Cooperativo Español, con casi una Ley por cada Comunidad Autónoma, se debe achacar, entre otras circunstancias, a la pasividad del Gobierno central respecto a las cooperativas, frente a la actitud muy activa de ciertas Comunidades Autónomas (especialmente la vasca y catalana con una mayor tradición cooperativa), y a la labor ciertamente permisiva del TC a la hora de enjuiciar la competencia legislativa de las Comunidades Autónomas en esta materia. A todo esto contribuyeron determinados pactos políticos, que alejan el argumento jurídico inicialmente esgrimido de la no mercantilidad de las cooperativas para la atribución de competencias legislativas a las Comunidades Autónomas (Vicent Chuliá, 1979, p. 131). Hay que recordar que el Estado también tiene competencia exclusiva en la legislación civil, sin perjuicio de la conservación, modificación y desarrollo por las Comunidades Autónomas de los Derechos forales o especiales —art. 149.1.8.ª CE—, obstáculo para la legitimación legislativa autonómica que se intentó salvar alegando de modo, en nuestra opinión, poco consistente el carácter autónomo del Derecho cooperativo. A este respecto, nos parece que no se le ha dado toda la importancia que debía al carácter mercantil de la gran mayoría de sociedades cooperativas.

A la hora de valorar esta situación encontramos serios recelos. La doctrina de forma mayoritaria (Arroyo, Borjabad, Divar, Vicent Chuliá, Paniagua, etc.) coincide en que la fragmentación de nuestra Legislación cooperativa es perjudicial para una sociedad que tiene que competir con instituciones capitalistas que tienen una regulación uniforme y difícilmente explicable ante el mandato de fomentar las sociedades cooperativas que impone el artículo 129.2 de la CE. E, igualmente, en que la existencia de tantas leyes de cooperativas en España va en contra de la propia lógica jurídica. Es comúnmente aceptado que las CCAA, en materia de cooperativas, no necesitan regular ex novo y totalmente todo lo relativo a las mismas. Ciertamente, no se ve ninguna necesidad de que materias como el concepto legal de sociedad cooperativa, el régimen de los órganos de gestión y control de la cooperativa y de verificación o censura de cuentas, el régimen del capital, las causas de disolución o el procedimiento de liquidación sean distintas en cada uno de los territorios autónomos. Aún adquiere más consistencia este argumento cuando es opinión comúnmente aceptada que tampoco es conveniente que existan diferencias en relación con los aspectos citados entre la Legislación italiana, alemana o francesa, por lo que sería conveniente que se publicase una Directiva en orden a uniformar el Derecho de cooperativas, como se ha hecho con el Derecho de sociedades de capital en sus aspectos más importantes (Vicent Chuliá, 1976, pp. 81 y s.).

Esta situación legislativa, de difícil marcha atrás, podría haberse evitado si cuando se plantea el tema competencial se hubiese seguido la orientación doctrinal que, convencida del grave perjuicio que el divorcio entre las cooperativas y el Derecho mercantil ha tenido para aquéllas, reclamaba que se les aplicase el régimen jurídico de la organización de la empresa económica: el régimen jurídico mercantil (Polo, 1978, pp. 578 y ss.).

Es indudable que este momento se perdió una gran oportunidad para remediar el deficiente tratamiento anterior y para adoptar una postura más coherente sobre el futuro modelo de la legislación sobre cooperativas (Gadea, 2000, p. 256). Ahora, desde una postura realista, no puede negarse que conseguir la armonización no es fácil, y menos por el cauce del art. 150.3 de la CE, debido al coste político que conlleva (Paniagua, 2005, p. 200).

5.2. Referencia a las Leyes de Cooperativas publicadas después de la Constitución

En nuestro país la etapa inmediatamente posterior a la promulgación de la Constitución no supone un avance en el objetivo de perfeccionar la regulación de las sociedades cooperativas. El Proyecto de Ley general de 1980, la Ley vasca de 1982 y la Ley catalana de 1983, desde este punto de vista, no superan la Legislación que, tras años de espera, consigue confeccionarse en 1978.

La modificación de la normativa anterior era necesaria; la Ley de 1974 partía de presupuestos políticos diferentes y, además, debían publicarse las nuevas Leyes autonómicas. No obstante, resulta difícil entender, no tanto en el caso de las Comunidades Autónomas, pero sí con relación al Proyecto de Ley general, que no se tomasen como punto de partida las disposiciones anteriores que (sin perjuicio de que fuese necesario corregir defectos y recoger las innovaciones inspiradas en los resultados obtenidos de la observación de la evolución cooperativista) supusieron (considerando tanto la Ley como el Reglamento aprobado en 1978) un perfeccionamiento muy importante en la regulación de la sociedad cooperativa.

En relación con las dos primeras Leyes autonómicas debemos señalar que, en su elaboración, renace el clásico prejuicio extramercantilista motivado, no ya por razones de "puridad cooperativista", sino ante el peligro de pérdida de la competencia sobre la base del artículo 149.1.6 de la Constitución. La impugnación de la Ley vasca origina el dictamen del Consejo Consultivo de la Generalidad de Cataluña en relación con el Proyecto de Ley de cooperativas (BOPC de 3 de Mayo de 1982) donde resulta curioso observar como se define el Derecho mercantil en su sentido más estricto, el contenido en el Código de comercio y en sus Leyes complementarias, se intenta delimitar la sociedad cooperativa haciendo especial hincapié en que persigue una finalidad de carácter social (de ayuda mutua y equitativa de todos los miembros, con un criterio esencial de reciprocidad) y se desaconseja la aplicación a las sociedades cooperativas de aquellas soluciones que pueden ser consideradas como materia mercantil. Es significativo en este sentido, el tratamiento que realizan las Leyes citadas sobre la constitución de la sociedad (sobre todo en la Ley vasca) y el tema registral en que se suprime toda alusión al Registro Mercantil (en contra de lo dispuesto por las Legislaciones de la mayoría de los países de nuestro entorno) por las connotaciones que ello implica.

Sin embargo, posteriormente, una vez delimitadas las competencias en la materia y ante la postura flexible del Gobierno central, los legisladores vasco y catalán han actualizado su regulación. En el caso catalán a través de las diferentes reformas que originan el texto actual de 2002 y en el vasco, fundamentalmente, a través de la publicación de la nueva Ley de 1993.

En las demás Leyes autonómicas podemos observar que desaparece, en gran medida, el perjuicio anteriormente señalado. A la hora de valorarlas algunas de ellas señalaremos que la Ley andaluza es, en general, escasamente innovadora a pesar de haber sido impugnada en dos normas concretas; en materia de Seguridad social y en materia de operaciones con terceros en las cooperativas de crédito (artículo 99); de la Ley valenciana debe destacarse su nivel técnico, incluso ha incluido materias discutidas a nivel de competencia constitucional como los principios de publicidad material en el orden registral (que posteriormente han sido incorporados por otras normas) aunque, a nuestro juicio, tiene como defecto el que parte de un enfoque restrictivo y clasista en relación con el Cooperativismo; la primera Ley navarra (publicada con posterioridad a la Ley general) podía ser valorada con mayor flexibilidad si hubiese sido publicada en 1982 pero teniendo en cuenta su fecha de promulgación debe señalarse que en muchos aspectos partía de planteamientos superados y, por tanto, era necesaria su reforma. En la vigente se introducen mejoras técnicas, aunque, a pesar de ello, sigue sin ser una Ley especialmente innovadora ni destacable por su nivel técnico. Por último, en la Ley extremeña se aprecia que se han estudiado a fondo las diferentes normas ya existentes, para, así, intentar implantar un régimen adecuado. Incluso, establece figuras novedosas como las sociedades cooperativas especiales (artículo 69), en las que se flexibiliza el régimen legal ordinario para favorecer la consolidación de proyectos empresariales bajo la fórmula cooperativa. No obstante, es criticable que todavía se permita -artículo 36.2- ampliar los supuestos de competencia de la asamblea a todos los asuntos en que así se disponga en los estatutos cuando es plenamente aceptado en el ámbito cooperativo que el consejo rector debe conformarse como el órgano de gobierno, representación y gestión de la cooperativa con carácter exclusivo y excluyente. Según nuestro criterio, en ese mismo defecto incurre la Ley de la Comunidad de Madrid.

De la primera Ley general publicada después de 1978, la doctrina destaca y critica su dilatada elaboración para la que han sido confeccionados dos Proyectos de Ley (el de 1980 y el de 1985). Este hecho ha invertido el orden lógico del proceso, que debiera haber comenzado con la Ley general. Sin embargo, como consecuencia de ello es una Ley reflexionada tanto por el largo periodo dedicado a su estudio como porque ha podido ponderar las ventajas e inconvenientes de las soluciones incorporadas a las Leyes autonómicas; por ello en aspectos concretos mejora y cubre las lagunas dejadas por las otras normas. La vigente Ley (general) 27/1999, de 16 de julio, de Cooperativas nace con dos objetivos fundamentales:

1º. Para definir el ámbito de aplicación de la normativa estatal, que en la práctica ha sido ampliamente reformulado al asumir las Comunidades Autónomas la competencia exclusiva en materia de cooperativas.

2º. Para incorporar los cambios legislativos que se han producido tanto en el ámbito nacional como en el comunitario. En efecto, como reconoce la propia exposición de motivos: "desde 1989, buena parte del Derecho de sociedades ha sido modificado para adaptarlo a las Directivas europeas sobre la materia. Con ello, se han introducido algunas novedosas regulaciones que parece muy conveniente incorporar también a la legislación cooperativa, como las que afectan, entre otras, a la publicidad societaria, al depósito de cuentas anuales, a las transformaciones y fusiones, a las competencias de los órganos de administración y a los derechos y obligaciones de los socios".

A nuestro juicio, debe ser destacada, por haber sido, además, referencia para las otras normas, la Ley 4/93, de 24 de Junio, de Cooperativas del País Vasco. Esta norma contiene una regulación técnica y adecuada de las sociedades cooperativas, para lo que se ha tenido presente la reforma del Derecho mercantil en general y del Derecho societario en particular, para su adaptación a las Directivas de la CEE. Esta nueva regulación pretende ofrecer los instrumentos necesarios, no sólo para que las sociedades cooperativas puedan superar una etapa de crisis, sino para que la organización cooperativista pueda ocupar un papel relevante dentro de la actividad económica. Para afrontar este reto es necesario que las cooperativas puedan reforzar sus recursos financieros, actuar en cualquier campo económico, contraer las oportunas alianzas y tener acceso a las superestructuras que puedan competir con las otras ya establecidas. Se trata de eliminar las trabas jurídicas existentes para que las cooperativas puedan actuar en el mercado con idénticas posibilidades que el resto de las empresas con las que deben competir. Por ello, la reforma supone la desviación del modelo clásico de sociedad cooperativa y la creación de un tipo societario que, en lo externo, se acerca a una organización tipo sociedad lucrativa. Se ha regulado un modelo de "Cooperativismo remodelado" para que las sociedades cooperativas consigan sus objetivos en un mercado de feroces rivalidades, aunque sin renunciar a la puridad de sus principios y singularmente a la solidaridad y los fines sociales (Divar, 1985, p. 48).

El futuro exige redactar normas que diseñen un modelo de cooperativa abierto, atractivo (desde el punto de vista de sus utilidades) y acorde con los nuevos tiempos. Es básico el desarrollo del cooperativismo de base funcional o economicista. De no optarse decididamente por la apertura, el modelo cooperativo quedará condenado a una condición marginal, en beneficio de las opciones verdaderamente capitalistas.

Recientemente, y con el objeto señalado de establecer un marco normativo mercantil y administrativo capaz de estimular la actividad empresarial y mejorar la posición competitiva de las pequeñas y medianas cooperativas en el mercado, también se ha aprobado la Ley 6/2008, de 25 de junio, de la Sociedad Cooperativa Pequeña del País Vasco (anteriormente, con un objetivo similar, ya se había publicado la Ley 8/2006, de 23 de diciembre, de Sociedades Cooperativas especiales de Extremadura). En esta norma, con la que se pretende dar respuesta a las cooperativas de trabajo asociado que no superen el número de diez personas socias trabajadoras, se contempla la reducción a dos del número mínimo de personas para crear una empresa cooperativa; se simplifican los trámites para la constitución e inscripción de nuevas iniciativas empresariales; y se flexibiliza la contratación de trabajadores por cuenta ajena o socios de duración determinada hasta la consolidación de la nueva empresa.

6. BIBLIOGRAFÍA

BORJABAD, P. (1993): Manual de Derecho Cooperativo General y Catalán, Barcelona, Bosch.

DEL ARCO, J.L (1963): «Ordenación jurídica de la cooperación en España», Anales de Moral social y económica, Vol. 3, pp. 248 y ss.

—— (1972): El nuevo Reglamento de Cooperación, Zaragoza.

DIVAR J., (1985): La alternativa Cooperativa, Barcelona, CEAC.

—— (1987): Régimen jurídico de las sociedades cooperativas, Bilbao, Universidad de Deusto.

—— (1990): La Democracia económica, Bilbao, Universidad de Deusto.

—— (1991): Análisis del poder económico, Bilbao, Universidad de Deusto.

—— (2005): Globalización y democracia, Madrid, Dykinson.

DIVAR, J. y GADEA, E. (2006): «Adaptación de la Ley de Cooperativas del País Vasco a las Normas Internacionales de Contabilidad (Apuntes para una nueva configuración del régimen del capital en las Sociedades Cooperativas)», REVESCO, núm. 89, pp. 7-26.

—— (2007): «Desarrollo territorial, participación y cooperativismo», REVESCO, núm. 92, pp. 132-152.

GADEA SOLER, E. (1994): «Análisis histórico-legislativo en torno a la Sociedad Cooperativa», AEC, pp. 101-198.

—— (1999): Evolución de la Legislación Cooperativa en España, Vitoria, Ed. por el Consejo Superior de Cooperativas del País Vasco.

—— (2000): Derecho de las Cooperativas (Análisis de la Ley 4/1993, de 24 de junio, de Cooperativas del País Vasco), Universidad de Deusto, 2ª Ed.

GARRIDO DE PALMA, M. (1981): "La Cooperativa en el Derecho español a través de sus principios, en Rev. Dere. Not., 1981, pp. 12 y ss.

LLOBREGAT HURTADO, M.ªL. (1990): Mutualidad y empresa cooperativas, Barcelona, Bosch.

LUCAS FERNÁNDEZ, F. (1973): «Nacimiento jurídico de la cooperativa», Tribuna Cooperativa, núm. 14, pp. 9 y ss.

MARTÍNEZ CHARTERINA, A. (1990): Análisis de la integración cooperativa, Bilbao, Universidad de Deusto.

PANIAGUA ZURERA, M. (1997): Mutualidad y lucro en la sociedad cooperativa, Madrid, MacGraw-Hill.

— (2005): La sociedad cooperativa. Las sociedades mutuas de seguros y las mutualidades de previsión social, Vol. 1, Tomo XXII del Tratado de Derecho mercantil, Coord. JIMÉNEZ SÁNCHEZ, Madrid, Marcial Pons.

— (2005 II): «La determinación y la distribución de los resultados del ejercicio económico en la sociedad cooperativa: propuestas de armonización legislativa», RdS, núm. 25, p. 199-229.

— (2007): «El estatuto de la sociedad cooperativa Europea: el problema de su aplicación en España», La Sociedad Cooperativa, núm. 34, pp. 19-23.

POLO, E. (1935): Notas al Tratado de Derecho mercantil de COSACK, (trad. POLO), Madrid, Ed. RDP.

— (1942): Misión y sentido de la nueva Ley de Cooperación, Madrid, Ed. RDP.

— (1950): Leyes mercantiles y económicas, Madrid, Ed. RDP.

— (1978): «Reflexiones sobre la reforma del ordenamiento jurídico mercantil», en Estudios de Derecho mercantil en Homenaje a Rodrigo Uria, Madrid, 1978.

SÁNCHEZ CALERO, F. (1955): La determinación y distribución del beneficio neto en la Sociedad Anónima, Roma-Madrid.

— (1977): «Los conceptos de sociedad y empresa en la Ley de cooperativas», en Libro homenaje a Roca Sastre, T. III, Madrid, pp. 493- 524.

SÁNCHEZ CALERO, F. y OLIVENCIA, M. (1964): «Relaciones del régimen jurídico de las sociedades mercantiles y de las sociedades cooperativas», Anales de Moral social y económica, Vol. 6.

SOLDEVILLA VILLAR, A. (1973): El movimiento cooperativista mundial, Valladolid, Impr. Talleres Gráficos Ceres.

VARGAS VASSEROT, C., (2006): La actividad cooperativizada y las relaciones de la cooperativa con sus socios y con terceros, Monografía asociada a la RdS (núm. 27), Premio Arco Iris del Cooperativismo a la Mejor Investigación Cooperativa (XVI edición), Pamplona, Thomson-Aranzadi.

VÉRGEZ SÁNCHEZ, M.A. (1973): El Derecho de las cooperativas y su reforma, Madrid, Civitas.

VICENT CHULIÁ, F. (1972): «Análisis crítico del nuevo Reglamento de Cooperación (Decreto 2396/1971 de 13 de agosto, B.O.E. de 9 de octubre)», RDM, núm. 20, pp. 429 - 537.

— (1974): «El régimen económico de la cooperativa en la Ley de 19 de diciembre de 1974», REVESCO, núms. 36-38, pp. 162 y ss.

— (1976): «Las empresas mutualísticas y el Derecho mercantil en el Ordenamiento español», RCDI, núm. 21, pp. 68-132.

— (1979): «El accidentado desarrollo de nuestra legislación cooperativa», Revista Jurídica de Cataluña, núm. 4, pp. 107 - 144.

— (1989): Ley General de cooperativas, T. XX, Vol. 1.º (artículos 1 a 28), con PAZ CANALEJO en Comentarios al Código de Comercio y Legislación mercantil especial, Dir. SÁNCHEZ CALERO/ALBALADEJO, Madrid, EDERSA.

—— (1990): Ley General de cooperativas, T. XX, Vol. 2.º (artículos 29 a 66), con Paz Canalejo en Comentarios al Código de Comercio y Legislación mercantil especial, Dir. Sánchez Calero/Albaladejo, Madrid, EDERSA.

—— (1994): Ley General de cooperativas», T. XX, Vol. 3.º (artículos 67 al final), con Paz Canalejo en Comentarios al Código de Comercio y Legislación mercantil especial, Dir. Sánchez Calero/Albaladejo, Madrid, EDERSA.

El cooperativismo mexicano a traves de sus leyes

Martha E. Izquierdo Muciño

Doctora en Derecho (UNAM), Catedrática e Investigadora de la Universidad Autónoma del Estado de México (UAEM), adscrita al Sistema Nacional de Investigadores (SNI), con publicaciones sobre temas de Derechos Humanos, Derecho Social y Derecho Cooperativo

INTRODUCCIÓN

Las empresas cooperativas que surgieron en México, nacen en medio de grandes luchas sociales y agitaciones populares en defensa de sus ideales, identificándose desde sus inicios con los movimientos: campesino y obrero (1800 a 1903), por tanto puede decirse que en nuestro país cada una de las leyes cooperativas que han existido, reflejan su momento histórico.

La Revolución Mexicana de 1910, hizo posible ver al movimiento cooperativo con agrado de tal manera que en la Constitución de 1917 se fomentó el desarrollo y protección al mismo; como consecuencia se pretendió dar a este movimiento un gran impulso, surgiendo posteriormente diversas Leyes de Sociedades Cooperativas en que a diferencia del Código de Comercio de 1889, propiciaba un ambiente legal y adecuado para las sociedades cooperativas.

Sin embargo se observa que en las diversas leyes cooperativas que han existido en México, ha existido una gran confusión respecto a su naturaleza jurídica pues si partimos de la idea de que las empresas cooperativas no son sociedades mercantiles, resulta un error agruparlas en ese rubro ya que a la vez están reconocidas dentro del sector social de la economía como lo menciona el artículo 25 Constitucional desde 1983.

Asimismo se advierte que en las diversas leyes emitidas sobre cooperativas, no obstante los principios constitucionales de 1917 que sentaron las bases para un Proyecto Nacional, así como el artículo 25 Constitucional que reconoce a las cooperativas dentro del sector social de la economía, no se otorgan facultades para legislar en dicha materia, en virtud de que por un lado se les reconocen como sociedades mercantiles (artículo 1° de la Ley General de Sociedades Mercantiles) y por otro como empresas del sector social de la economía (artículo 25 constitucional).

Se ha dicho que si bien el legislador se vio obligado a incorpóralas en la Legislación Mercantil fue por que no existía en aquel entonces disposición alguna que facultara al Congreso Federal para legislar sobre cooperativismo, por tal razón y con la finalidad de crear una ley que las regulara se incluyeron originalmente en el Código de Comercio a pesar de que es reconocido universalmente que dichas empresas no tienen el ánimo de lucro.

Por lo tanto, esta confusión en la ley ha traído como consecuencia la confusión en la naturaleza de las mismas empresas cooperativas en México, que las hace aparecer tanto sujetas al derecho privado como sujetas al derecho social, existiendo un abismo entre ambas disposiciones, en virtud de que la clasificación tradicional del derecho se establece desde el punto de vista dicotómico (derecho público y derecho privado) y el desarrollo social se concibe desde una apreciación tricotómica (derecho público, derecho privado y derecho social), ocasionándose con ello graves problemas.

1. ORIGEN DEL COOPERATIVISMO EN MÉXICO

Los orígenes del cooperativismo en México se ubican en 1839, fecha en que se fundó en Orizaba Veracruz la primera caja de ahorros con las características de una sociedad cooperativa. (Datos históricos, 1972:9).

Sus fundadores fueron empleados y artesanos, inspirados en ideas de cooperación y ayuda mutua, que en un tiempo les fueron transmitidos por los socialistas utópicos franceses.

En efecto estas ideas de cooperación y ayuda mutua tuvieron en nuestro país un efecto muy particular pues al ser defendidas por los socialistas utópicos franceses, así como por ideólogos anarquistas, vinieron a sustituir lo que en nuestra tradición existía en las comunidades indígenas con el trabajo colectivo y la propiedad comunal de las tierras en los famosos: "Calpullis". (Izquierdo,2003:9).

En consecuencia las instituciones de tipo cooperativo que surgieron en México, nacen en medio de grandes luchas sociales y agitaciones populares en defensa de tales ideas identificándose desde sus inicios con los movimientos: campesino y obrero (1800 a 1903), por tanto puede decirse que en nuestro país han existido diversas leyes de cooperativas que reflejan su momento histórico.

Así se observa que el precursor legal de las empresas cooperativas lo fue el Código de Comercio de 1889 - 1890, en virtud de que en su capítulo VII les dedicó 22 preceptos y las consideró como sociedades mercantiles confundiéndolas con la sociedad anónima, la cual podía construirse como empresa de responsabilidad limitada o ilimitada y no se les dio ningún tratamiento especial.

De hecho en el citado Código de Comercio las sociedades cooperativas fueron consideradas como una variante de las sociedades mercantiles y fueron definidas de esa manera, con todas sus características generales como fueron: el número de socios, el capital variable, su responsabilidad solidaria e ilimitada o limitada a una determinada suma menor igual o mayor que el capital social, etc.(Labriega,1985:234)

Posteriormente una de las grandes aportaciones que trajo consigo la Revolución de 1910 fue que se estableció a través de la constitución de 1917 un nuevo "orden social y económico" así como un nuevo "proyecto nacional", consecuentemente al crearse las bases para un sector social de la economía se insertaron automáticamente las empresas cooperativas, delimitadas por los artículos: 28, 27, 31 F. IV; 73 F. VII y X; 123 y 131 Constitucionales.

En efecto, la constitución de 1917 se refirió concretamente a las cooperativas en los artículos 28 párrafo 4o; (actualmente 7; y 123 Apdo. A Frac. XXX) en forma "tangencial y casualmente", según lo menciona Alfonso Labriega dado que e las diversas excepciones que existen en dicho precepto menciona dos que son en favor de las asociaciones de trabajadores y en apoyo a las asociaciones o sociedades cooperativas de productores, ambas acepciones vienen a ser consecuencia de la libertad de asociación que consagra el artículo 9 Constitucional, así como la libertad de sindicalización de que nos habla el artículo 123 Apdo. A. F.XVI. Cabe mencionar que originalmente no existían estas dos fracciones sino que estas surgieron con la intención de fortalecer al mercado del Henequén (en Yucatán) y por iniciativa de la diputación Yucateca. (Labriega, 1985:236).

Mucho se ha discutido ya si el congreso constituyente utilizó simplemente la palabra; "sociedad cooperativa de productores" como sinónimo de "asociación de productores" pero sin la intención de ver en ello más que una asociación.

En contraposición a esta opinión Alfonso Labriega menciona que al entresacar uno de los pasajes de los Diarios de Debates de los constituyentes se observa que efectivamente, se tenía una clara visión del mensaje que como alternativa económica, traían estas empresas al mencionar:

> "Si lo que los agricultores yucatecos han hecho en esta forma cooperativa establecida últimamente, lo hiciesen los productores de otros estados con sus principales productores cuando se trata de exportar estos del extranjero, seguro que se obtendría en toda la nación una utilidad no menor de 80 a 100 millones de pesos al año, este dinero entrando en circulación nos traería desde luego una prosperidad efectiva" *(Diario de debates: 1917).*

En consecuencia sostiene dicho autor que es indudable que el Art. 28 Constitucional encerraba consigo lineamientos fundamentales para la política del país, que conformaba el "Nuevo Derecho Constitucional Económico", pretendiendo con ello abandonar un liberalismo decimonónico, subordinado al interés de la sociedad los privilegios del individuo, confirmando con esto que nuestra economía estaba planteada como una economía mixta en la que debían concurrir los sectores público, social y privado. (Labriega,1985: 243).

2. LEY GENERAL DE SOCIEDADES COOPERATIVAS DE 1927

La Revolución Mexicana hizo posible ver al movimiento cooperativo con agrado de tal manera que se fomentó el desarrollo y protección al mismo; como consecuencia lógica del impulso que se pretendió dar a este movimiento surgió en el año de 1927 la primera Ley General de Sociedades Cooperativas en el Diario Oficial el 23 de febrero de 1927, que a diferencia del Código de Comercio de 1889, propicia un ambiente legal y adecuado para las sociedades cooperativas.

Luis Hinostroza menciona que: "*la primera Ley General de Cooperativas fue promulgada el 10 de febrero de 1927 y estuvo referida a las sociedades cooperativas agrícolas, industriales y de consumo. Esta ley fue muy progresista al autorizar objetivos múltiples a las cooperativas, sin embargo de vigencia breve, dadas las contradicciones existentes entre las disposiciones del texto legal y los fines mismos del cooperativismo"(Hinostroza,1985. 103).*

Se discutía que dicha ley era inconstitucional porque el congreso no tenía facultades para legislar según la constitución de 1917 en materia de cooperativas. También se sostenía que la nueva ley no había derogado las disposiciones que sobre sociedades cooperativas contenía el Código de Comercio de 1889".

Se acogía al sistema Raiffesen para las cooperativas agrícolas y al sistema Shultze - Delitzch para las industrias particularmente en cuanto a la responsabilidad de los socios, que a semejanza de los métodos germanos las características generales fueron:

a) Un voto a cada socio independientemente del No. de acciones suscritos.
b) Las utilidades se repartirían de la siguiente forma: 20% para el fondo de reserva, 10% para los consejos de administración, vigilancia y gerencia, 70% para los accionistas en proporción al capital pagado o en cuanto al monto de las operaciones realizadas.
c) Los periodos se distribuían entre todos los accionistas y conforme al importe del capital suscrito por partes iguales. La vigilancia oficial le fue encargada a la Comisión Nacional Bancaria.
d) Para tener personalidad jurídica se requería el reconocimiento de la Secretaría de Agricultura y Fomento o de Industria Comercio y Trabajo y la inscripción en el Registro Público de Sociedades Cooperativas, dependiente del Registro Público de Comercio.

De los Diarios de Debates se entresacan los siguientes comentarios:

> "Es una institución que defiende, precisamente los intereses tanto de los agricultores en pequeña como en grande escala, es una institución verdaderamente benéfica, aceptada con aplauso en el mundo entero"...

"La Comisión reguladora del mercado del Henequén no es más que una sociedad cooperativa de productores"... *(Diario de Debates, 1917).*

La Suprema Corte por su parte sostuvo que las cooperativas que no se establecieran y funcionaran sujetándose a la ley de 1927 solo se considerarían como sociedades de Derecho común (Suprema Corte: SJFT XLI), así mismo estableció que debía sobreseerse el amparo solicitado por los representantes legítimos de una cooperativa de Industria, Comercio y trabajo. (Suprema Corte: SJFT XXXIV)

Lo cierto es que esta ley no resulto como se esperaba, además de que no fueron derogados del Código de Comercio los artículos que mencionaban a esta figura y que la confundían con la Sociedad Anónima, además de no haber sabido establecer una clara distinción entre las sociedades mercantiles y las organizaciones sin fines de lucro, constituyéndose una especie de hibrido extremadamente complejo que contribuyo muy poco a distinguir a la sociedad anónima de otras formas de organización social para la producción.

Posteriormente a esta Ley y como consecuencia de las deficiencias que existían en su contenido, fue derogada por otra nueva ley; la de 1933 la cual trató de adecuarse más a las necesidades y a la realidad imperante en el momento de su nacimiento.

3. LEY GENERAL DE SOCIEDADES COOPERATIVAS DE 1933

En efecto, con fecha 30 de Mayo de 1933 apareció en el Diario Oficial, un nuevo ordenamiento que intentó enmendar las deficiencias de la ley anterior, tratando de ajustarse a los postulados tradicionales de la ideología cooperativa, adoptando con ello algunos criterios de legislaciones extranjeras que enarbolaban estos principios.

En consecuencia fueron derogadas las disposiciones del Código de Comercio relativas a las sociedades cooperativas (que se encontraban vigentes con la ley anterior) y se les dotó de un reglamento que no se tenía con la antigua ley (Diario Oficial: 1934)

De esta manera le fueron intercalados los postulados fundamentales de la ideología cooperativa, según fue considerado por el Congreso Cooperativo Internacional celebrado en Viena, en agosto de 1930 como fue:

a) La cooperación abierta y adhesión voluntaria.
b) Igualdad de los socios.
c) Reingreso sobre las compras con interés limitado al capital.
d) Neutralidad Política y religiosa.
e) Venta al contado.
f) Constitución de un fondo de propaganda y educación (Congreso: 1930).
g) Así mismo le fue permitida a toda persona la posibilidad de crear empresas cooperativas y no solamente a trabajadores (como anterior-

mente se exigía), con el número de diez personas, los menores de edad con 16 años cumplidos también tenían la posibilidad de ingresar a las sociedades cooperativas de responsabilidad limitada, y se aceptó el ingreso de extranjeros.

Estableciéndose como regla general que las cooperativas fueran de responsabilidad limitada.

h) Se habló de certificados de aportación (y no de acciones) y se exigió la constitución de fondos de reserva y de previsión social y especial, con la características de que el primero era irrepartible.
i) Se siguió conservando el principio de un voto por cada socio y las cooperativas fueron clasificadas de 4 formas: a) de consumidores, b) de productores, c) Mixtos, d) de intervención oficial.
j) Esta ley dedicó mayor atención a las cooperativas de consumo y se admitió a los asalariados en ellas.
k) La constitución de las cooperativas se facilitó por medio de una simple acta que satisficiera los requisitos legales, que estuviera autorizada por la secretaría de economía nacional, habiéndose inscrito en el Registro Público de Comercio.
l) Se aludió por 1ª vez aunque en forma breve a las cooperativas escolares de cuya regulación se encargó la secretaría de Educación Pública, sancionándose el uso indebido de la simulación y la negativa de recibir la inspección.
m) Se respetó a las cooperativas constituidas conforme a la Ley de Crédito Agrícola y se reglamentó la intervención de la Secretaría de Economía Nacional, de Agricultura y Fomento estableciéndose las Federaciones y Confederaciones de cooperativas. (Labriega ,1985.234).

Como se observa esta ley fue elaborada por una comisión de expertos que tomaron en cuenta los principios del cooperativismo Internacional y trataron de ajustarlos a la realidad Mexicana de los años 30. Su vigencia fue de 5 años, habiendo sido derogada en 1938.

4. LEY GENERAL DE SOCIEDADES COOPERATIVAS DE 1938

La ley de 1938 fue considerada a juicio de muchos como una "magnífica ley", la cual fue promulgada en el año de 1938 (Diario Oficial 15 - II - 1938), quedando derogada la ley anterior, así como su respectivo reglamento, al respecto Pedro Labriega comenta:

> "... es conveniente recordar primero la tendencia socializadora del régimen cardenista que seguramente se hizo plasmar en esta nueva ordenanza y segundo la intención de adecuar el nuevo ordenamiento cooperativo con el reciente estatuto cooperativo de la Ley de Sociedades Mercantiles (aún vigente), que considera a la cooperativa como sociedad mercantil..." *(Labriega, 1985:237).*

No obstante lo anterior, se observa que en la exposición de motivos se alude a su naturaleza especial como a continuación se detalla. Asimismo una de las principales características de la ley de 1938 y de su reglamentación fue el hecho de que a diferencia de la ley anterior se estableció que únicamente los trabajadores podían formar parte de las sociedades cooperativas, reiterándose los principios de filosofía cooperativa con algunas modificaciones como fueron:

a) Principio de igualdad en obligaciones y derechos de los cooperadores
b) Un voto por asociado
c) No perseguir fines de lucro
d) Mejoramiento social y económico de c/u de sus miembros
e) Capital variable
f) No ingreso a los menores de edad
g) Régimen de responsabilidad limitada y suplementada
h) Prohibición expresa para los extranjeros para de ocupar puestos de dirección o administración
i) Limitación para su ingreso en las cooperativas de productores
j) Autorización para que estas sociedades se afiliaran
k) Sujeción a las cooperativas escolares a un reglamento especial
l) Constitución de las sociedades cooperativas mediante asamblea general solamente
m) Creación del Registro Cooperativo Nacional a cargo de la Secretaría de Economía Nacional
n) Se suprimieron las cooperativas mixtas
o) Se reglamentaron las cooperativas de intervención oficial y de partición estatal, así mismo como de productores y consumidores
p) Se fijaron montos para el monto de reserva y para el de previsión social
q) Se facultó a los sindicatos de trabajadores para construir cooperativas de consumo.
r) Se indicaron los libros sociales que los cooperativos debían manejar
s) Se introdujo en las cooperativas de productores una comisión de control técnico para organizar y dirigir la producción
t) Su autorizó a los cooperativos (excepcionalmente) para utilizar servicios asalariados
u) Se otorgó una amplia intervención de la Secretaría de Economía Nacional tanto de la ley como del reglamento

Esta facultad le fue heredada a la Secretaría del Trabajo que con el tiempo vino a compartir con Relaciones Exteriores, Hacienda, Trabajo, Educación Pública, Industria y Fomento Industrial, Pesca, Comunicaciones y Transportes, Energía Minas e Industria Paraestatal, Desarrollo Urbano y Ecología, denotándose en esta ley un noble deseo por el desarrollo de las cooperativas de producción. (Izquierdo,2003:79)

De hecho puede decirse que el sexenio del Presidente Lázaro Cárdenas (1934-1940) fue el periodo de ascenso para el movimiento cooperativo mexicano, ya que el gobierno cardenista propició la constitución de cooperativas tanto en el campo como en la ciudad. Este programa respondía a una política de gran apoyo al cooperativismo que tuvo su máxima expresión en el plan sexenal, cuyas ideas iban tendientes a fortalecer el aparato estatal para convertirlo en un promotor del desarrollo económico y social.

El cooperativismo en ese entonces se concibió como un sistema apropiado para organizar empresas productivas y promover socialmente a contingentes de trabajadores bajo la idea de ampliar y fortalecer al movimiento cooperativo aún bajo el entrenamiento del capital extranjero, lo cual motivó al cardenismo para renovar al cooperativismo mexicano sobre bases más firmes, más populares y solidarias con los sectores obreros y campesinos.

Luis Hinostroza menciona: *"Estos planteamientos significaban una clara posición de clase con respecto al cooperativismo, definiéndolo como un instrumento para la cooperación y el trabajo asociado, válido tanto para el campo como para la ciudad" (Hinostroza ,1989:105)*

Por lo anterior podemos afirmar que desde los años 30 el movimiento cooperativo mexicano ha estado ligado directamente a los avances y retrocesos que ha sufrido el movimiento popular, sin embargo una de las críticas que se hacen a esta ley es que no obstante su marcado corte clasista, impuso una estructura centralista y unitaria de representación gremial, de carácter cupular y legitimo el intervencionismo estatal en la vida interna de las cooperativas, quedando el movimiento cooperativo subordinado a los intereses del Estado. (Izquierdo, 2003:68)

Por otra parte puede afirmarse que fue hasta 1982 que se recibieron apoyos del Gobierno Federal, con el último "Plan Nacional de Fomento Cooperativo".

Posteriormente se fueron generando cambios y ajustes en la política económica y social, y bajo el arribo de Carlos Salinas de Gortari, los instrumentos financieros prácticamente desaparecieron, para la mayoría de las sociedades cooperativas.

De hecho se produjo un cambio en el marco jurídico que regula a las empresas cooperativas con la "nueva" Ley General de Sociedades Cooperativas de 1994.

5. LEY GENERAL DE SOCIEDADES COOPERATIVAS DE 1994

La Ley que nos rige actualmente en materia cooperativa es la Ley General de Sociedades Cooperativas publicada el 3 de agosto de 1994; la cual intentó adecuar el contenido de su redacción a las necesidades impuestas por nuestra sociedad, sin olvidar la participación de los otros ordenamientos jurídicos que asimismo regulan la existencia de él cooperativismo tal es el caso de la Constitución Política de los Estados Unidos Mexicanos, Ley General de

Sociedades Mercantiles; Ley Orgánica de la Administración Pública y Código Civil entre otros.(Exposición de Motivos:1994).

En la Exposición de Motivos de ésta nueva ley se menciona la necesidad de actualizar la ley de 1983 atendiendo al sector social de economía, haciéndose realizado 14 foros a nivel nacional, así como diversos estudios de la legislación cooperativa en otros países, que han destacado en su economía en base al sistema cooperativo, como es el caso de España, Francia, Italia, Alemania, Colombia, Israel, Inglaterra, Costa Rica, Panamá, Chile, entre otros. (Diario Oficial,1994).

Entre las demandas de cambio se detectaron como de las más importantes:

a) Eliminación y control de vigilancia por parte del ejecutivo
b) Acceso a los organismos jurisdiccionales a nivel local y regional, que puedan resolver de manera más ágil las controversias que se susciten
c) La desconcentración del registro ejercida en cada Estado incluso a nivel municipal
d) Simplificación administrativa
e) Necesidad imperiosa de capacitación tanto cooperativa como de aquellos aspectos que de alguna manera coincida con la materia
f) Necesidad de facilitar un acuerdo desarrollo económico y comercial acceso al financiamiento
h) preservación de los principios y derechos de previsión social, y sobre todo una sólida organización que permita la integración cooperativa a nivel nacional.

En este orden de ideas la Comisión de Fomento Cooperativo enfatiza sus objetivos de: actualización, regulación, simplificación de administración interna y se otorgaron opciones de crecimiento.

En el título primero se habla por primera vez de acto cooperativo, para diferenciarlo de otros actos jurídicos.

Se define también por 1ª vez lo que debe entender por sistema cooperativo y movimiento cooperativo y se establece la observancia obligatoria de los principios del cooperativismo mundial y como parte de la economía solidaria.

En el título II se dispone que las sociedades cooperativas y sus organismos superiores, puedan constituirse y operar en todos los campos de la economía nacional, adquiriendo su propia personalidad jurídica al momento mismo de su constitución, borrando con esto desventaja frente a las sociedades.

El registro de los organismos del sector social deberá hacerse ante el Registro Público de Comercio; toda vez que no existe una institución similar en exclusiva para estos organismos. (Exposición de Motivos, 1994)

En el título IV se establece un apoyo que el gobierno Federal y los Estados deberán proporcionar a todas las instituciones de vocación cooperativa, así como a los organismos cooperativos.

En base, a lo anterior la comisión de fomento cooperativo consideró que ante esta ley respondía a las necesidades requeridas para el sector cooperativo, adecuándola como lo hizo en algunas de sus partes, como en lo relativo a la organización y administración interna cuyo diseño se dejo como facultad de la Asamblea Constitutiva y para las acciones de fomento y se reconoció el papel que debían adquirir las instituciones de asistencia técnica.

Se contempló la necesidad de crear un tribunal de lo Contencioso Cooperativo para dar más agilidad a la solución de controversias, no obstante ello se utilizaron los órganos del poder judicial con representantes en los Estados y Municipios.

Otro aspecto trascendente de esta ley lo fue al hecho de considerar el ámbito económico de estas empresas, esto : que en lugar de mencionar que las cooperativas no debían ser lucrativas o especulativas, se estimó conveniente que se manejaran sin limitar su participación "de manera discriminatoria" respecto a otras sociedades, pudiendo además participar en todos los campos de la economía, sin limitación alguna y con acceso a financiamientos con respaldos de garantía, lo cual deja entrever el giro que da este tipo de empresas cooperativas, se les abrió el campo dentro de las sociedades cooperativas de ahorro y préstamo para manejo las pequeñas capitales de sus socios, en obras y acciones conjuntos para propiciar el ahorro. (Exposición de motivos,1994)

En efecto, una de las virtudes de esta ley fue que por primera vez se reconoce a las Cajas Populares de ahorro y préstamo como Sociedades Cooperativas, señalando la obligatoriedad por parte de la Administración Pública en sus tres niveles de apoyar a través de políticas públicas de fomento a esta organización social, asumiendo también el compromiso de establecer las bases para la creación y reconocimiento de instituciones de asistencia técnica al sector cooperativo.

Con esta nueva ley no se requería la expedición posterior de un "reglamento" como sucede actualmente con las sociedades civiles y mercantiles, permitiendo que la no previsión por la propia ley lo determine cada sociedad más conveniente para su estructura productiva.

Sin embargo, los comentarios que se han hecho a esta ley es que lejos de contener un auténtico espíritu cooperativista resultó ser una ley reguladora mas que de fomento y promoción al cooperativismo y si bien mostró algunos avances significativos como lo fue: la plena autonomía tanto en su constitución como en su funcionamiento, han existido escasos avances a partir de su promulgación por parte del movimiento cooperativista nacional, pues continúa estancado el crecimiento de estas empresas pese a las facilidades para su creación y registro. (Izquierdo,2007:74).

Asimismo se critica que dicha ley si bien libero al movimiento cooperativo de la tutela del Estado, la realidad es que lo puso a competir sin ningún tipo de salvaguarda en el mercado abierto, pues no vino aparejada con una real libertad asociativa, ni fue producto de un verdadero reconocimiento del cooperativismo como palanca del desarrollo nacional, ni como factor de integración social. De hecho puede decirse que ha vivido sin saber qué rumbo tomar ni como sostenerse en el mercado sin la ayuda del aparato estatal, el cual cada vez más imbuido de una ideología neoliberal ha demostrado una auténtica falta de sensibilidad con este sector, abandonándolo a su suerte.(Izquierdo,2003: 314).

Ruiz de Chávez comenta al respecto que el proyecto de decreto que se presentó no fue de "fomento cooperativo" sino que fue simplemente de "sociedades cooperativas", cambiando con ello la esencia original para convertirlas en sociedades mercantiles, dejando drásticamente al movimiento cooperativo a su suerte sin siquiera una buena política... (Ruíz, 1992:67).

En consecuencia resultaba urgente replantear esta situación ya que para que las cooperativas puedan tener éxito los gobiernos deben crearles un entorno favorable para su crecimiento y desarrollo, siendo importante valorar la labor que realiza la Organización Internacional del Trabajo (OIT) y las Naciones Unidas (ONU) en concierto con la Alianza Cooperativa Internacional (ACI) sobre el establecimiento de los marcos de referencia y de políticas que puedan definir el papel del Estado en materia de cooperativas, en virtud de que las ventajas que ofrecen, puede mejorar la vida de las personas.

6. ALGUNAS CONTRADICCIONES EXISTENTES

En primer lugar se observa que en las leyes cooperativas que han existido en México existe una gran confusión respecto a su naturaleza jurídica pues si partimos de la idea de que las empresas cooperativas no son sociedades mercantiles, resulta un error agruparlas en ese rubro ya que son reconocidas dentro del sector social de la economía como lo menciona el artículo 25 Constitucional desde 1983.

En efecto, como hemos visto en el código de comercio de 1889-1890 apareció por primera vez un capítulo (VII) con 22 preceptos, dedicados a las empresas cooperativas, que las confundió con la Sociedad Anónima.

Posteriormente, con la Constitución de 1917 se sientan las bases para un nuevo proyecto Nacional, a través de los artículos 27, 28, 31 FIV, 73 FVII y X, 123 y 131 Constitucionales.

En 1927 aparece por primera vez la Ley General de Sociedades Cooperativas sin embargo las disposiciones contenidas en el Código de Comercio de 1889 en materia de Cooperativas no fueron derogadas.(Izquierdo,2003:233).

En 1933 aparece la segunda Ley General de Sociedades Cooperativas revocando la Ley anterior (de 1927) y se derogan las disposiciones en materia de cooperativas del Código de Comercio 1889 (D.O.21.V.1934), dotando las demás de un reglamento.

En 1938 aparece la tercera Ley General de Sociedades Cooperativas bajo el régimen de Lázaro Cárdenas, en ella se observa un fortalecimiento de los valores y principios del Cooperativismo, así como al Fomento Cooperativo, se les dota además de un Reglamento para Cooperativas Escolares, pero por otra parte no se observa ninguna modificación constitucional.

En 1983 aparece el artículo 25 Constitucional el cual reconoce a la Sociedad Cooperativa dentro del sector social de la economía.

En 1994 surge la cuarta Ley General de Sociedades Cooperativas la cual fue realizada durante el sexenio de Carlos Salinas de Gortari, bajo la idea de entrar a la "modernidad", sin embargo como se ha mencionado, ésta ley fue más "reglamentaria" que de "fomento" dados los escasos avances que a partir de entonces han existido.

Ahora bien, no obstante lo anterior se advierte que aún con las diversas leyes emitidas sobre cooperativas, con los principios constitucionales de 1917 que sentaron las bases para un Proyecto Nacional, y aun con el artículo 25 Constitucional que reconoce a las cooperativas dentro del sector social de la economía, no se otorgan facultades para legislar en dicha materia, en virtud de que por un lado se les reconocen como sociedades mercantiles en el artículo 1° de la Ley General de Sociedades Mercantiles y por otro como empresas del sector social de la economía. (Izquierdo,2003:236)

En efecto el artículo 1° menciona:

> Art. 1°.- Esta Ley reconoce las siguientes especies de sociedades mercantiles:
> I. Sociedades en nombre colectivo;
> II. Sociedades en comandita simple;
> III. Sociedad de responsabilidad limitada;
> IV. Sociedad anónima;
> V. Sociedad en comandita por acciones y;
> VI. Sociedad cooperativa...

Lo que las ubicaría dentro del sector privado y al mismo tiempo el mencionado articulo 25 constitucional las considera como integrantes del sector social de la economía, identificándolas como una forma de organización de carácter social para la producción, distribución y consumo de bienes y servicios socialmente necesarios.

Se ha dicho que si bien el legislador se vio obligado a incorpóralas en la Legislación Mercantil fue por que no existía en aquel entonces disposición alguna que facultara al Congreso Federal para legislar sobre cooperativismo, por tal razón y con la finalidad de crear una ley que las regulara se incluyeron originalmente en el Código de Comercio a pesar de que es reconocido universalmente que dichas empresas no tienen el animo de lucro.

En efecto, la Carta Magna no otorga facultades al Congreso de la Unión para legislar en forma expresa en materia de cooperativas, a pesar de los artículos, 25, 28 párrafo 31FIV, 27, 73FVII Y X, 123, FI y apartado A FXXX y 131 Constitucionales.

El artículo 25 Constitucional considera a estas unidades como integrantes del sector social de la economía, pero esta sola mención no implica la facultad para legislar sobre ellas.

Por su parte el articulo 28 constitucional Párrafo 7° otorga facultades parea que los legisladores de los Estados intervengan en materia de cooperativas, al efecto resulta interesante el comentario que realiza Alfonso Labriega pues sostiene que dicha intervención fue cuestionada en el debate del constituyente de 1917 por considerarla peligrosa solicitando se consignara en algún otro precepto como Facultad de Congreso de la Unión interpretándose que dicha intervención podía ser en materia administrativa o legislativa.

Producto de esta facultad legislativa por parte de los Estados fueron; la Ley de Sociedades Cooperativas Civiles para el Estado de Yucatán, Decreto No 533 y del Estado de Guanajuato (D. O. 26. IX. 1932) que como comenta dicho autor "Ninguna de las dos leyes se consideraron inconstitucionales". (Labriega,1985.238)

Por su parte el artículo 73 Fracción X menciona:

> El congreso tiene facultad:
> X.- Para legislar en toda la república sobre Hidrocarburos, minería, industria cinematográfica, comercio, juegos con apuestas y sorteos, intermediación y servicios financieros, energía eléctrica y nuclear y para expedir las leyes de trabajo reglamentarias del Art. 123.

Luego entonces, en base, a este artículo y al artículo 28 párrafo 7° Constitucional y 124 Constitucional ¿podría decirse que existe concurrencia de facultades para legislar en materia de cooperativas?

Según un prestigiado autor M. Salinas Puente sostiene que el único fundamento para legislar en esta materia se encuentra en el artículo 73 fracción X Constitucional que faculta al congreso para legislar en materia de comercio y de esa facultad deriva la Ley General de Sociedades Cooperativas, pero cuyos artículos 1° y 212 de la Ley de Sociedades Mercantiles erróneamente asimilan a las cooperativas como sociedades mercantiles esto es:

El Art. 1o. de dicha ley como hemos visto define a las cooperativas como mercantiles; y el artículo 212 expresa que estas unidades económicas se regirán por su legislación especial, en consecuencia sostiene Salinas Puente que: "si nos quitan esas dos normas nos quitan la única base legal del cooperativismo."

La anterior declaración fue hecha ante las reformas propuestas a la ley de cooperativas del 17 de abril del año 2000, las cuales fueron aprobadas por la LVII legislatura. Asimismo sostiene que dichas reformas eran inconstitucionales ya que en el caso de ser avaladas por el senado, dejarían sin fundamento legal al movimiento cooperativista. (Excélsior, 2000)

En dichas reformas se establece la derogación de la fracción VI del artículo 1° y el artículo 212 de la ley de sociedades mercantiles, argumentándose que estas empresas pertenecen al sector social de la economía, disposición que es acorde con lo que establece el artículo 25 Constitucional.

Alfonso labriega citando a Rodríguez y Rodríguez, nos proporciona una aplicación histórica del porqué las cooperativas son comprendidas en una legislación mercantil:

> "No siendo calificada esta forma de organización mercantil, se escapaba a la Legislación Federal, en los términos del artículo 73 fracción X de la Constitución. Ello origina que los diversos Estados dictasen una legislación caótica sobre estas sociedades, que no podrían desarrollarse con tal diversidad legislativa. Por ese motivo y con el propósito de impulsar la difusión de

las cooperativas al dictarse la ley de las sociedades mercantiles se incluyó con ellas a la cooperativa, como una forma mercantil más, a efecto de atraer su reglamentación a la competencia federal". *(Labriega, 1985:237).*

Asimismo citando a Mantilla Molina quien menciona que:

> "Solo porque se trata de materia mercantil puede considerarse válida la Ley General de Sociedades Cooperativas que estableció el régimen de ellas para dar cumplimiento al mencionado artículo 212 de la Ley de Sociedades Mercantiles. De considerar civiles a las sociedades cooperativas habría que declarar inconstitucional la mencionada ley porque el legislador federal no es competente para dictar leyes en materia local, como lo es la materia civil". Y más adelante añade: "calificar a la cooperativa como mercantil ocasiona tener como supletoria a la legislación mercantil, particularmente a la Ley General de Sociedades Mercantiles en lo conducente y considerarla como comerciante"*(Labriega, 1985:238).*

Por su parte la Suprema Corte de Justicia nada ha dicho al respecto, por lo tanto esta confusión en la ley ha traído como consecuencia la confusión en la naturaleza de las mismas empresas cooperativas en México, que las hace aparecer tanto sujetas al derecho privado como sujetas al derecho social, existiendo un abismo entre ambas, en virtud de que la clasificación tradicional del derecho se establece desde el punto de vista dicotómico (derecho público y derecho privado) y el desarrollo social se concibe desde una apreciación tricotómica (derecho público, derecho privado y derecho social), definiendo al derecho social como: "*una ordenación de la sociedad en función de una integración dinámica, teleológicamente dirigida a la obtención del mayor bienestar social de las personas y de los pueblos, mediante la justicia social"(González,1978:51).*

En consecuencia resulta importante definir la naturaleza de estas organizaciones en la propia ley ya que como nos dice Gabriela Vargas Z., no tendría caso hacer empresas sociales que funcionaran como empresas privadas. (Vargas, 2000:164).

7. EL COOPERATIVISMO DENTRO DEL CONSTITUCIONALISMO SOCIAL

Conviene señalar que no obstante las contradicciones que aún persisten en nuestro país en materia de cooperativas, la Constitución de 1917 ha estado a la vanguardia del constitucionalismo contemporáneo, al establecer en la ley fundamental las bases del régimen económico como en otras naciones. A esta tendencia se le ha denominado "CONSTITUCIONALISMO SOCIAL". De ahí mismo ha surgido el concepto de Estado Social del Derecho, como una derivación de la idea del Estado Liberal del Derecho, que se observa en los dictados de la Constitución mexicana a través de diversos artículos, entre ellos el artículo 25 Constitucional que habla sobre la rectoría económica.

En efecto, la rectoría económica obedece a la tradición Constitucional Mexicana de atribuir al Estado la responsabilidad de organizar el desarrollo nacional, varios preceptos constitucionales desde su redacción original dan cuenta de ello, como lo son los artículos.25, 27, 28, 123, 131 entre otros.

La rectoría económica ha servido en nuestro país como guía del desarrollo económico desde 1917, época en la que se le atribuyó al Estado Mexicano la facultad de impulsar el desarrollo nacional como forma indispensable para integrar a la nación dentro de sus valores económicos y sociales.

La tendencia clara y definida del Constitucionalismo moderno fue la de establecer en las leyes fundamentales las bases del régimen económico de cada nación, proporcionando el marco jurídico adecuado para la estructura y funcionamiento de la actividad económica a seguir, de tal forma que fue ampliando progresivamente sus responsabilidades en el campo de la política económica y social, por ello se ha sostenido que la política del Estado deberá tener cada vez mayor apertura política, económica y social (De La Madrid ,2004: 439).

El párrafo VII del artículo 25 constitucional de nuestra Carta Magna menciona el impulso al desarrollo de la actividad económica del sector social. De esa manera quedaba claro que nuestra Constitución plasmó dentro de su texto los ideales de una nación preocupada por el mejoramiento de vida de los integrantes de la clase social más desprotegida, de grupos de personas económicamente débiles y que con el fortalecimiento de la economía se podría dar impulso a las actividades sociales, ya fuese mediante la difusión de técnicas de mejoramiento en la producción en los ejidos, ó con el establecimiento de cualquier otro mecanismo que facilitara la expansión y organización de la actividad económica que realizara dicho sector social. Así los grupos integrantes contribuirían junto con los sectores público y privado al desarrollo económico de la nación.

El Estado Mexicano encontraba así en esta disposición Constitucional la responsabilidad ineludible de ser el rector del desarrollo nacional garantizando que fuese integral, que protegiera la Soberanía de la Nación, aplicando la democracia, no sin la intención de fortalecer el empleo, el crecimiento económico y como consecuencia con una más una justa distribución del ingreso y riqueza de tal suerte que efectivamente se protegiera a los grupos y clases sociales desvalidas, dado que la Constitución Mexicana fue la primera Constitución Política Social en el mundo que se preocupó por reconocer los Derechos Sociales. Sin embargo la realidad hoy día, es que ante la fuerza incontrolable de las leyes del mercado por la que atraviesan nuestros países, este artículo ha venido quedando poco a poco como letra muerta.

En base a lo anterior y dado que la propia Constitución reconoce al cooperativismo como un mecanismo para facilitar la organización y expansión de la actividad económica del sector social, consideramos que es nuestro deber transcribir dicha disposición íntegramente:

Artículo 25 constitucional.

"Artículo 25: Corresponde al Estado la rectoría del desarrollo nacional para garantizar que éste sea integral, que fortalezca la Soberanía de la Nación y su régimen democrático y que, mediante el fomento del crecimiento económico y el empleo y una más justa distribución del ingreso, y la riqueza, permita el pleno ejercicio de la libertad y la dignidad de los individuos, grupos y clases sociales, cuya seguridad protege esta Constitución.
El Estado planeará, conducirá, coordinará y orientará la actividad económica nacional, y llevará a cabo la regulación y fomento de las actividades que demande el interés general en el marco de libertades que otorga esta Constitución
Al desarrollo económico nacional concurrirán, con responsabilidad social, el sector público, el sector social y el sector privado, sin menoscabo de otras formas de actividad económica que contribuyan al desarrollo de la Nación.
El sector público tendrá a su cargo, de manera exclusiva, las áreas estratégicas que se señalan en el artículo 28, párrafo cuarto de la Constitución, manteniendo siempre el Gobierno Federal la propiedad y el control sobre los organismos que en su caso se establezcan.
Así mismo, podrá participar por sí o en los sectores social y privado, de acuerdo con la ley, para impulsar y organizar las áreas prioritarias del desarrollo.
Bajo criterios de equidad social y productividad se apoyará en impulsará a las empresas de los sectores social y privado de la economía, sujetándolos a las modalidades que dicte el interés público y al uso, en beneficio general de los recursos productivos, cuidando su conservación y el medio ambiente.
La ley establecerá los mecanismos que faciliten la organización y la expansión de la actividad económica del sector social: de los ejidos, organizaciones de trabajadores, Cooperativas, comunidades, empresas que pertenezcan mayoritariamente o exclusivamente a los trabajadores y, en general, de todas las formas de organizaciones social para la producción, distribución y consumo de bienes y servicios socialmente necesarios.
La ley alentará y protegerá la actividad económica que realicen los particulares y proveerá las condiciones para que el desenvolvimiento del sector privado contribuya al desarrollo económico nacional en los términos que establece ésta Constitución"

Un análisis imparcial conduce a reconocer que los creadores de este artículo se propusieron llevar a cabo, no una simple inserción exitosa en la economía , sobre la base de mejorar la producción y elevar la productividad— sino también, y con la misma fuerza, establecer un orden económico no ideal, sino concreto que, conjuntando los mecanismos del mercado, así como el apoyo a funciones e instituciones del sector social de la economía y de regulaciones estatales, pudiese favorecer la coordinación de los intereses de los diversos sectores de esa sociedad. Luego este artículo procuraba estudiar y resolver los problemas y procesos económicos en su conjunto, tomando en cuenta los intereses legítimos de todos los agentes participantes y no solamente la operación del mecanismo del mercado (Uribe, 2012:103).

Así la economía social en México, se convertía en un estilo de vida que practicaba una amplia coordinación entre el mercado, el poder público y los grupos sociales participantes en la producción, instaurando diversos mecanismos de concertación social y de solución pacífica de conflictos.

Era importante es importante contar con un programa democrático que generara desde la sociedad las condiciones para el surgimiento de modelos de mercado alternativo, toda vez que las políticas neoliberales y sus efectos excluyentes, han hecho emerger respuestas espontáneas de la propia población afectada, que con menos nivel de teorización y con mayor carga empírica ha debido generar mecanismos para resolver las necesidades de empleo e ingreso, como es la economía informal, a lo que Oswald menciona que dadas sus características se pueden definir como estrategias de supervivencia y de resistencia (Oswald, 199:65).

En efecto, los cambios en la estructura laboral, el cierre de fuentes de empleo, la desregulación y la violación constante de la legislación social y la agresión hacia las iniciativas de los sindicatos justifican al calificar este modelo globalizador como excluyente, mas no se trata solo de un debate ideológico, los datos en torno a sus efectos prueban la incapacidad del actual modelo neoliberal.

Personajes como Joseph Stiglitz (1998) Premio Nobel de Economía y el ex presidente William Clinton así como otros funcionarios del Fondo Monetario Internacional y del Banco Internacional de Desarrollo que en un momento fueron impulsores del Consenso de Washington, reconocen que las recetas que aplicaron con el auspicio de las élites políticas y financieras nacionales, tuvieron efectos negativos y que es necesario cambiar por otras estrategias y volver los ojos hacia el desarrollo de los mercados internos.

Stiglitz menciona que la globalización no ha funcionado, así como tampoco para buena parte del medio ambiente ni para la estabilidad de la economía global. Que la transición del comunismo a la economía de mercado ha sido gestionada tan mal que con excepción de China, Vietnam y unos pocos países del este de Europa la pobreza ha crecido y por tanto los ingresos se han hundido. (Stiglitz, 2000: 269).

No obstante lo anterior , no debemos olvidar que la Constitución Mexicana fue la primera Constitución Política Social en el mundo que se preocupó por reconocer los Derechos Sociales , aun cuando la realidad hoy día sea una fuerza incontrolable de las leyes del mercado por la que atraviesan nuestros países.

8. COOPERATIVISMO EN LA ACTUALIDAD

Mediante datos recabados por la Secretaria de Relaciones Exteriores (S.R.E.), para el año 2000, se tenían registradas a más 20 mil cooperativas, de las cuales según el Instituto Nacional de Estadística y Geografía (INEGI), para el mismo año tan solo se encontraban activas 10,156 repartidas de la siguiente forma: 6925 de producción y 3231 de consumo, abarcando todas ellas un total de 464,206 socios sin considerar las cajas populares de ahorro que para 1995 mantenían una membrecía de más de 1.5 de socios con la constitución de la Caja Popular Mexicana, integrada por más de 60 cajas populares. (Mujeres,2010)

Actualmente se estima que en México existen más de 7 millones de personas relacionadas directamente con actividades cooperativas, de las cuales 5 millones aproximadamente participan en el sector de ahorro y préstamo popular, siendo las restantes las que se ocupan de la producción y el consumo, los cuales representan aproximadamente el 7% de la población total.

Sin embargo y pese a los datos aportados una de las razones por las que resulta difícil la identificación confiable de las cooperativas es por que con la Ley de 1994 se "desclaso" a las cooperativas del sector obrero, normándolas en una ley especial pero contradictoriamente sujeta a la legislación comercial lo cual va en contra de su propia naturaleza.

La ley actual considero a dichas empresas del sector obrero como sociedades mercantiles con ánimo de lucro, considerándolas además para efectos económicos en la categoría de micro, pequeñas y medianas empresas, las cuales conforman un basto universo de más de 4 millones de unidades en el país.

Otro de los problemas que actualmente padece el sector cooperativo en México, se debe principalmente al modelo económico que prevalece. Esto es que el capitalismo mexicano bajo el modelo neoliberal excluye al cooperativismo, descartándolo en los esquemas de desarrollo nacional, aun cuando la ley lo reconozca, proyectándolo como sinónimo de retroceso, subversión y fracaso, por lo tanto el cooperativismo en México no se respeta ni se ejerce por el gobierno federal ni por la mayoría de los gobiernos de las entidades estatales con algunas excepciones (Mujeres, 2010).

Como consecuencia se desconoce al cooperativismo y no se aplican sus principios universales y compromisos con la comunidad pues carece de una educación, capacitación y cultura cooperativa, que sea capaz de estimular la creación y desarrollo de nuevas empresas.

Tampoco existen apoyos y financiamientos y los que llegan a existir son escasos y caros, tampoco existen instancias públicas de asistencia técnica especializada en el tema de cooperativas como es la administración, contabilidad, finanzas, mercados, etc. (Domínguez, 2005:67).

La falta de programas oficiales así como de una banca de desarrollo social de apoyo a las cooperativas con créditos flexibles, dificulta aun más su desarrollo, aunado todo esto a la gran estructura política y económica del país, determinada por relaciones capitalistas de exportación y subordinación del trabajo asalariado, saqueo de recursos naturales, prevalencia de monopolios, bancos extranjerizados y empresas transnacionales que poseen y contratan absolutamente todo, pero lo más lacerante es la ignorancia y falta de compromiso de nuestros dirigentes sobre la naturaleza del cooperativismo que lejos de apoyar a este sector lo han agobiado hasta su extinción, bajo la idea de que las cooperativas van en contra del sistema capitalista (Mujeres, 2010).

Otras veces son considerados como elementos que gradualmente conducen al socialismo, cuando en realidad lo que se persigue es una correlación de fuerzas y una alternativa económica en el modo de producción prevaleciente en el país, toda vez que este modelo económico nos ha empobrecido dejando cerca del 50% del total de la población del país en la pobreza patrimonial, 6 millones más que al inicio del actual gobierno del presidente Calderón, mientras que casi 20 millones de personas están en la pobreza alimentaria, esto es 5 millones más que en 2006, y la respuesta no se ha hecho esperar pues actualmente contamos con problemas como la migración, la economía informal, el crimen organizado, narcotráfico, levantamientos sociales etc.

La trayectoria de la economía mexicana y sus múltiples consecuencias en materia social desde la entrada en vigor del Tratado de Libre Comercio (TLC) hasta nuestros días, sugiere que las metas a lograr como el mayor crecimiento, mejores empleos, mejores ingresos para la población etc. es una tarea aún pendiente, pues lejos de ello lo que se observa es que el país depende cada vez más de las importaciones para satisfacer su demanda de alimentos y la agricultura al perder a los agricultores se incrementa la informalidad urbana o la emigración hacia los Estados Unidos, esta tarea es tanto asistencialista como preventiva de inconformidades mayores que podrían agudizar el clima de frustración y de descontento social y no obstante que contamos con diversos artículos constitucionales que garantizan un mejor modelo de vida para los mexicanos lo hasta aquí expuesto expresa una realidad diferente.

9. CONCLUSIONES

1. Las empresas cooperativas que surgieron en México, nacen en medio de grandes luchas sociales y agitaciones populares en defensa de sus ideales, identificándose desde sus inicios con los movimientos: campesino y obrero (1800 a 1903), por tanto puede decirse que en nuestro país cada una de las leyes cooperativas que han existido, reflejan su momento histórico.

2. La Revolución Mexicana de 1910, hizo posible ver al movimiento cooperativo con agrado de tal manera que en la Constitución de 1917 se fomentó el desarrollo y protección al mismo; como consecuencia se pretendió dar a este movimiento un gran impulso, surgiendo posteriormente diversas Leyes de Sociedades Cooperativas.

3. En las diversas leyes cooperativas que han existido en México, ha existido una gran confusión respecto a su naturaleza jurídica pues si partimos de la idea de que las empresas cooperativas no son sociedades mercantiles, resulta un error agruparlas en ese rubro ya que a la vez están reconocidas dentro del sector social de la economía como lo menciona el artículo 25 Constitucional desde 1983.

4. De hecho puede decirse que el sexenio del Presidente Lázaro Cárdenas (1934-1940) fue el periodo de ascenso para el movimiento cooperativo mexicano, ya que el gobierno cardenista propició la constitución de cooperativas tanto en el campo como en la ciudad. Este programa respondía a una política de gran apoyo al cooperativismo que tuvo su máxima expresión en el plan sexenal, cuyas ideas iban tendientes a fortalecer el aparato estatal para convertirlo en un promotor del desarrollo económico y social.

5. La crítica que se hace a la Ley General de Sociedades Cooperativas de 1994 es que dicha ley si bien libero al movimiento cooperativo de la tutela del Estado, la realidad es que lo puso a competir sin ningún tipo de salvaguarda en el mercado abierto, pues no vino aparejada con una real libertad asociativa, ni fue producto de un verdadero reconocimiento del cooperativismo como palanca del desarrollo nacional, ni como factor de integración social. De hecho puede decirse que ha vivido sin saber qué rumbo tomar ni como sostenerse en el mercado sin la ayuda del aparato estatal, el cual cada vez más imbuido de una ideología neoliberal ha demostrado una auténtica falta de sensibilidad con este sector, abandonándolo a su suerte.

6. No obstante las contradicciones que aún persisten en nuestro país en materia de cooperativas, la Constitución de 1917 ha estado a la vanguardia del constitucionalismo contemporáneo, al establecer en la ley fundamental las bases del régimen económico como en otras naciones. A esta tendencia se le ha denominado "CONSTITUCIONALISMO SOCIAL".

7. Actualmente se estima que en México existen más de 7 millones de personas relacionadas directamente con actividades cooperativas, de las cuales 5 millones aproximadamente participan en el sector de ahorro y préstamo popular, siendo las restantes las que se ocupan de la producción y el consumo, los cuales representan aproximadamente el 7% de la población total.

8. Uno de los grandes problemas que actualmente padece el sector cooperativo en México, se debe principalmente al modelo económico que prevalece. Esto es que el capitalismo mexicano bajo el modelo neoliberal excluye al cooperativismo, descartándolo en los esquemas de desarrollo nacional, aun cuando la propia ley lo reconozca, proyectándolo como sinónimo de retroceso, subversión y fracaso.

9. Resulta urgente replantear el papel de las cooperativas en México, ya que para que las cooperativas puedan tener éxito los gobiernos deben crearles un entorno favorable para su crecimiento y desarrollo, siendo importante valorar la labor que realiza la Organización Internacional del Trabajo (OIT) y las Naciones Unidas (ONU) en concierto con la Alianza Cooperativa Internacional (ACI) sobre el establecimiento de los marcos de referencia y de políticas que puedan definir el papel del Estado en materia de cooperativas, en virtud de que las ventajas que ofrecen, puede mejorar la vida de las personas.

10. BIBLIOGRAFÍA

De la Madrid Hurtado, Miguel. (2004) Constitución comentada. México. Decimoctava edición UNAM Y PORRUA.

Díaz González, Francisco Lombardo,(1978) *El derecho social y la seguridad social integral,* 2a. ed., México. UNAM.

Domínguez, Juan Gerardo, (2005) "Reticulación entre empresas autogestivas. El fin del dinero y restauración del crédito social", en *De la economía popular a la economía de la solidaridad,* México. FOMIX, ECOSOL.

Gómez Hermosillo, Rogelio, (2002) "Desarrollo de la economía social y solidaria: necesidades y oportunidades", *Memoria del Foro Internacional de Economía Social y Solidaria,* Secretaría de Economía, Comisión de Fomento Cooperativo y Economía Social, México. FONAES,

González Díaz, Francisco Lombardo, (1978) *El derecho social y la seguridad social integral,* 2a. ed. ,México. UNAM.

Hinostroza Fernández, Luis, (1989) *Movimiento Cooperativo Internacional. Cooperativismo y sector social en México. México.* Universidad Autónoma Metropolitana.

Izquierdo, Martha, (2003) *Naturaleza de la empresas cooperativas en México,* Tesis Doctoral, México. UNAM.

Izquierdo, Martha (2007) *Garantías Individuales* (2ª.ediciòn) Editorial México. OXFORD,

Labriega Villanueva, Pedro (1985) *La Reforma de Legislación Mercantil* (Recopilación), México. Porrúa.

Oswald Ursula, (2003) Soberanía y desarrollo, el México que todos queremos. México. UNAM, Gobierno de Tlaxcala, CANACINTRA y COLTLAX.

Ruiz de Chavez, Mario, (1992) *La cooperativa,* México.Editorial PAC.

Stiglitz, Joseph. (2000) El malestar en la globalización. México. Fondo de Cultura Económica.

Uribe Arzate, Enrique.(2012) *Estado, Sociedad y Derecho.* México. Editorial PORRUA y UAEM.

Vargas Zetina, Gabriela. (2000) *Globalización una cuestión antropológica, México.* Ciesas y Porrúa.

Fuentes

Congreso Cooperativo Internacional. Viena 1930.

Constitución Política de los Estados Unidos Mexicanos. Editorial Porrúa 2006.

Diario de debates (Intervención de C. Espinoza. 46ª sesión ordinaria. 17. 01. 1917) (Intervención del C. Alfonso Romero).

Diario Oficial de la Federación de 21 de V.1934 y de 1994.

Exposición de motivos Ley General de Sociedades Cooperativas 1934.

Exposición de motivos Ley General de Sociedades Cooperativas 1994.

"Datos Históricos sobre el cooperativismo en México", *Revista Mexicana del Trabajo,* Quinta Época, tomo IX, 1, México, 1972.

Exposición de motivos del Constituyente de 1917.

Diario de Debates (Dictamen, 39 Serie ordinaria, 12. 01. 1917).

Mujeresporlademocracia.blogspot.com/2010/07/formación-de-cooperativas-y.html
Resolución de la Suprema Corte de Justicia de la Nación: S. J. F. T. XLI - Pág. 3572 longoria Agapito
Resolución de la Suprema Corte de la justicia de la Nación.J.F.T S. XXXIV - P. 163 Gremio unido de alijadores de Veracruz.
Periódico Excélsior .20 de abril de 2000. Página Principal.

TEMA 4

LA FISCALIDAD DE LAS COOPERATIVAS

La fiscalidad de las cooperativas en el País Vasco

Dr. Alberto Atxabal Rada

(alberto.atxabal@deusto.es)
Universidad de Deusto

I. INTRODUCCIÓN

Este estudio tiene por objeto realizar un análisis descriptivo de la normativa tributaria aplicable a las sociedades cooperativas que tengan su residencia habitual en el País Vasco[1].

---

[1] Una sociedad será residente habitual en el País Vasco si su domicilio social está situado en alguno de los tres Territorios Históricos que componen el País Vasco o Euskadi, a saber, Álava, Bizkaia o Gipuzkoa, siempre que en el mismo se encuentre la dirección efectiva de la actividad económica; en caso contrario, será este último lugar, donde se encuentre la dirección efectiva del negocio, el domicilio a efectos fiscales. Por último, si no se pudiera determinar el domicilio fiscal

A la sociedad cooperativa se le aplican las reglas fiscales propias de cualquier clase de sociedad de capital o mercantil, con algunas especialidades. La especificidad de la fiscalidad de las cooperativas responde a dos razones (Alonso, 2001: 79): por un lado, se fijan una serie de reglas que pretenden la adecuación de las normas tributarias a las características de una sociedad cooperativa que le diferencian de las sociedades capitalistas y que, por este motivo, estas reglas fiscales especiales resultan de aplicación a todas las sociedades cooperativas; y por otro lado, se establecen una serie de beneficios fiscales para aquellas sociedades cooperativas que cumplan determinados requisitos, estableciendo una clasificación de las cooperativas a efectos fiscales que tiene su reflejo en la protección que les otorga el ordenamiento jurídico-tributario.

Con carácter previo al estudio de esta especialidad de la normativa fiscal aplicable a las sociedades cooperativas, debemos siquiera comentar de manera somera la justificación de un tratamiento fiscal diferenciado para las sociedades cooperativas, punto de encuentro de la mayoría de autores de la doctrina (Cracogna, 2013: 125-126). Es más, un tratamiento fiscal más favorable para las sociedades cooperativas no se justifica por razones meramente formales como la inclusión de una previsión constitucional en cada ordenamiento jurídico sino que se deriva de la peculiar naturaleza de la sociedad cooperativa y de sus valores[2], y su encaje con otras perspectivas ajenas al mundo jurídico como la economía del bien común[3].

II. RAZONES DE UNA FISCALIDAD ESPECIAL PARA LAS COOPERATIVAS

La articulación de una legislación fiscal más favorable para las sociedades cooperativas tiene su fundamento jurídico en el artículo 129.2 de la Constitución Española, dentro del Título VII de economía y hacienda. Este artículo establece lo siguiente:

> "Los poderes públicos promoverán eficazmente las diversas formas de participación en la empresa, y fomentarán, mediante una legislación adecuada, las sociedades cooperativas. También establecerán los medios que faciliten el acceso de los trabajadores a la propiedad de los medios de producción".

---

de la sociedad con arreglo a los criterios anteriores, se entenderá que el domicilio fiscal está situado donde se encuentre la mayor parte del inmovilizado de la sociedad.

2 Larrazabal (2012: 179-180 y 183) exige un tratamiento fiscal favorable también para las formas de cooperativa de carácter supranacional como la Sociedad Cooperativa Europea. Mientras que Rodríguez Musa (2012: 100) lo propugna en cualquier régimen político.

3 Así, Martínez Charterina afirma que "el enlace de la cooperativa, poseedora de una identidad de valores y principios de comportamiento en los que la propiedad conjunta y la gestión democrática forman parte esencial de la misma, con la economía del bien común es absoluto" lo que le hace acreedora de un tratamiento fiscal más favorable (Martínez Charterina, 2013: 196).

Evidentemente la dicción literal del artículo 129.2 de la Constitución Española no habla de una regulación fiscal específica para las sociedades cooperativas o de un régimen tributario especial. Únicamente el artículo nos dice que los poderes públicos fomentarán las sociedades cooperativas. Sin embargo, es a partir de esta expresión que la doctrina entiende con carácter general que el verbo "fomentarán…" da pie para una regulación fiscal más favorable para las cooperativas (De Luis Esteban, 1985: 92-93; Gadea, 2011: 289; Larrazabal, 2009: 184).

Asimismo, la función de fomentar las cooperativas compete a todos los poderes públicos sin excepción[4], y también a la Administración Tributaria, como parte de dichos poderes públicos. En otras palabras, se prohíbe una legislación neutra para la cooperativa, también en el ámbito de su fiscalidad.

No obstante, la necesidad de dotar de un régimen fiscal especial a las sociedades cooperativas se puso de manifiesto en España mucho antes de la promulgación de la Constitución Española de 1978. Desde principios del siglo XX, se han aprobado distintas normas que dibujaban unas reglas especiales para las sociedades cooperativas y establecían beneficios fiscales de diversa índole para estas sociedades. Podíamos remontarnos a la Ley de sindicatos agrícolas de 1906, la Orden Ministerial de 27 de enero de 1948, el Decreto de 9 de abril de 1954, que estableció el llamado primer estatuto fiscal de las Cooperativas, y por último el Estatuto Fiscal de las Cooperativas de 9 de mayo de 1969.

La normativa fiscal actualmente en vigor en España también recoge un régimen especial para las sociedades cooperativas. Sin embargo, la articulación territorial del Estado conlleva que en materia tributaria no exista un único órgano del que emane toda la normativa tributaria sino que las competencias para la creación de las normas fiscales, por lo que se refiere a los impuestos reguladores del régimen especial de las cooperativas, se reparten entre el Estado y los llamados territorios forales: la Comunidad Foral de Navarra y los Territorios Históricos que conforman el País Vasco (Álava, Bizkaia y Gipuzkoa).

Este trabajo se centra en la normativa fiscal del País Vasco por lo que las demás regulaciones no serán objeto de análisis aunque sí las mencionaremos someramente.

Así, en el Estado, con aplicación en todo su territorio salvo en Navarra, Álava, Bizkaia y Gipuzkoa, se aprobó la Ley 20/1990, de 19 de diciembre, sobre Régimen Fiscal de las Cooperativas[5], actualmente en vigor. Esta ley establece un régimen fiscal que otorga un tratamiento fiscal diferenciado para las operaciones mutualistas entre la cooperativa y sus socios respecto a las operaciones con terceros, que no gozan de especialidad tributaria alguna.

---

[4] Se debe matizar que la expresión de "mediante una legislación adecuada" invita a pensar en los poderes ejecutivo y legislativo (estatal y autonómico o foral en el caso vasco), como órganos principales de creación normativa (Alonso, 2001: 51).

[5] Puede consultarse el texto en vigor en la página web del Ministerio de Hacienda: http://www.minhap.gob.es/Documentacion/Publico/NormativaDoctrina/Tributaria/Impuesto%20sobre%20Sociedades/LEY%2020-90%20REGIMEN%20FISCAL%20COOPERATIVASactualizada.pdf. (última consulta, 15 de noviembre de 2013).

En la Comunidad Foral de Navarra, está en vigor la Ley Foral 9/1994, de 21 de junio, reguladora del régimen fiscal de las cooperativas[6].

Y por lo que se refiere a la Comunidad Autónoma del País Vasco, cada uno de sus Territorios Históricos tiene su propia normativa, si bien estas diferencias son de orden formal puesto que el contenido material de las mismas no difiere en nada de un territorio a otro[7]. Se trata de la Norma Foral 9/1997, de 14 de octubre, de Bizkaia[8], la Norma Foral 16/1997, de 9 de junio, de Álava[9] y la Norma Foral 2/1997, de 22 de mayo, de Gipuzkoa[10].

Como decíamos, la normativa tributaria de las cooperativas fija un régimen tributario especial en todos los territorios, y su fundamento jurídico se encuentra en el artículo 129.2 de la Constitución española. Sin embargo, existen unas razones que explican el establecimiento de una fiscalidad especial para las cooperativas.

En primer lugar, se suele alegar la función social que cumple la cooperativa y su incidencia directa en el empleo, cuestión crítica en estos momentos en España. La cooperativa es una sociedad mercantil que crea y mantiene los puestos de trabajo mucho mejor que las sociedades capitalistas (Divar, 2013: 264). Se observa, por consiguiente, una confluencia de fines entre el Estado y las cooperativas, puesto que ambos persiguen un interés general (Calvo Ortega, 2005: 33-64 yAlonso, 2001: 53-69). En este sentido, destaca la función educativa que cumple la sociedad cooperativa (Alonso, 2001: 74-75), y la influencia en el desarrollo social y regional, allí donde están implantadas las cooperativas (Alonso, 2001: 75-78).

Un segundo bloque argumental a favor del establecimiento de reglas fiscales favorables para la cooperativa deriva de sus reglas especiales de funcionamiento. Como todos sabemos, las cooperativas se caracterizan por una retribución limitada del capital, por la doble condición de socio y trabajador en una misma persona y por la dotación de reservas obligatorias específicas (que no tiene la sociedad capitalista).

Por último, y sin perjuicio de otra serie de argumentos que también abogan por un tratamiento fiscal más favorable para las cooperativas pero que no

---

6 Se puede consultar en la página web: http://www.navarra.es/NR/rdonlyres/FD4B6C93-8F39-43AB-BC1B-3EDD96858DF1/0/VigorCooprfis120110.pdf (última consulta, 15 de noviembre de 2013).

7 Como afirmábamos, se puede observar la similitud de la normas en un pequeño detalle, sin entrar a analizar su contenido. Me refiero a su aprobación simultánea el mismo año de 1997, sin que con posterioridad se hayan derogado en ninguno de los territorios, cuestión sorprendente si tenemos en cuenta que han transcurrido más de quince años desde su aprobación.

8 Se puede consultar en la página web: http://web.bizkaia.net/Ogasuna/Zerga_Arautegia/Indarreko_arautegia/pdf/ca_9_1997.pdf?idioma=CA (última consulta, 15 de noviembre de 2013).

9 Se puede consultar en la página web: http://www.alava.net/Fiscal/nforales/vernorma.asp (última consulta, 15 de noviembre de 2013).

10 Se puede consultar en la página web: http://www2.gipuzkoa.net/wps/portal/gipuzkoa/ogasuna (última consulta, 15 de noviembre de 2013).

abordaré por entender que su defensa o explicación tiene una base más débil, se aduce la menor capacidad económica de las sociedades cooperativas desde el momento que asocian a personas con escasos recursos en muchas ocasiones, lo que les haría acreedoras de un tratamiento más beneficioso (Alonso, 2001: 96). Este argumento, sin embargo, no sería extrapolable a todas las cooperativas y me refiero al mayor grupo industrial del País Vasco que está compuesto por cooperativas, el grupo Mondragón Corporación Cooperativa (MCC), donde no se puede afirmar que se trate de cooperativas con escasos recursos.

III. CLASIFICACIÓN DE LAS COOPERATIVAS A EFECTOS FISCALES

Las normas tributarias regulan tres clases de cooperativas a efectos fiscales, sin que dicha clasificación conlleve consecuencia alguna fuera de dicho ámbito, es decir, en el ámbito mercantil, laboral o civil esta clasificación carece de relevancia jurídica. Las cooperativas, según las normas tributarias, pueden ser protegidas y no protegidas[11]. Y entre las cooperativas fiscalmente protegidas hay dos niveles de protección que nos permite distinguir entre cooperativas protegidas y especialmente protegidas. Así, las clases de cooperativas, a efectos fiscales, son:

a) La cooperativa no protegida
b) La cooperativa protegida
c) La cooperativa especialmente protegida

Esta clasificación condiciona la normativa fiscal aplicable a cada clase de cooperativa. El régimen tributario especial de las cooperativas supone la aplicación de la regulación general del Impuesto sobre Sociedades, con unas reglas especiales. Por un lado, existen las llamadas normas de ajuste que se aplican por igual a todas las cooperativas, independientemente de su clasificación a efectos fiscales. Y por otro lado, se establece una serie de beneficios fiscales específicos para las cooperativas protegidas y las especialmente protegidas.

La clasificación fiscal de las cooperativas, y principalmente, las dos clases de cooperativa que gozan de beneficios fiscales, responde a unos criterios fundados, no exentos de críticas[12]. Así, podemos afirmar que no es discrecional

---

[11] Alonso (2001: 92) entiende conforme al mandato de fomento del artículo 129.2 de la Constitución "la existencia de cooperativas protegidas y no protegidas, siempre que la distinción entre ellas se encuentre fundamentada y no constituya una distinción arbitraria, siendo los únicos criterios válidos para concluir la no protección de ciertas cooperativas, el hecho de que las mismas no cumplan con las notas esenciales del funcionamiento cooperativo, y por tanto, no haya que cumplir frente a ellas la obligación de fomento".

[12] La distinción entre cooperativas protegidas y especialmente protegidas, a efectos fiscales, también ha sido muy criticada por la doctrina (Alonso, 2001: 93-95) debido principalmente a la arbitrariedad de la norma fiscal a la hora de elegir los criterios para realizar la clasificación de las cooperativas.

la consideración de una cooperativa como protegida a efectos fiscales sino que esta calificación se establece en atención a la función social que cumple la cooperativa.

En el caso de las cooperativas especialmente protegidas, que gozan como su propio nombre indica de la máxima protección fiscal, se trata de cooperativas de de primer grado en las que sus socios tienen escasa capacidad económica, por lo que a los ojos del legislador tributario parecen cooperativas pequeñas y vulnerables.

3.1. Cooperativas protegidas

Cooperativas protegidas serán las que cumplan con las reglas de funcionamiento establecidas en la ley cooperativa que les resulte de aplicación, por tanto, deben ser entidades que se ajusten a los principios y disposiciones legales de la Ley de Cooperativas de Euskadi o, en su caso, de la Ley de Cooperativas aplicable. Sin embargo, no es suficiente con cumplir este requisito. Se exige, además, que las cooperativas protegidas no incurran en ninguna de las causas de pérdida de la protección enumeradas en la normativa tributaria y que supondría la exclusión de la cooperativa de la categoría susceptible de protección fiscal. Veremos más adelante los beneficios fiscales previstos para las cooperativas protegidas.

3.2. Cooperativas especialmente protegidas

Cooperativas especialmente protegidas serán las cooperativas protegidas de primer grado que cumplan una serie de requisitos como la búsqueda de un mayor acercamiento al principio mutualista (Rodrigo Ruiz, 2010: 20) y, a su vez, se encuentren entre las clases de cooperativa que enumera la norma fiscal. Por consiguiente, para que una cooperativa sea calificada de especialmente protegida debe cumplir unos requisitos que fija la norma fiscal y que consisten en ciertas limitaciones en las operaciones con terceros, una escasa capacidad económica de sus socios, y a su vez, su pertenencia a alguna de las siguientes clases de cooperativa:

a) Cooperativas de trabajo asociado[13].

Incluso se aboga por la supresión de la distinción entre cooperativas protegidas y especialmente protegidas para acabar en un único grado de protección fiscal (Rodrigo Ruiz, 2010: 22).

[13] Para que la cooperativa se califique como especialmente protegida se exige que cumpla los siguientes requisitos:

a) Que asocien principalmente a personas físicas que presten su trabajo personal en la cooperativa para producir en común bienes y servicios para terceros.

b) Que el importe medio de sus retribuciones totales efectivamente devengadas, incluidos los anticipos y las cantidades exigibles en concepto de retornos cooperativos, no excedan del 200% de la media de las retribuciones normales en el mismo sector de actividad, que hubieran debido percibir si su situación respecto a la cooperativa hubiera sido la de trabajadores por cuenta ajena.

b) Cooperativas agrarias[14].
c) Cooperativas de explotación comunitaria[15].

---

c) Que el número de horas/año realizadas por trabajadores con contrato de trabajo por cuenta ajena no supere los límites establecidos en la Ley de Cooperativas de Euskadi o, en su caso, de la Ley de Cooperativas aplicable.

[14] En este caso, se exigen los siguientes requisitos:

a) Que asocien a personas físicas titulares de explotaciones agrícolas, forestales, ganaderas o mixtas, situadas dentro del ámbito geográfico al que se extienda estatutariamente la actividad de la cooperativa.

   a. También podrán ser socios otras cooperativas agrarias y de explotación comunitaria protegidas, sociedades agrarias de transformación, entes públicos, sociedades en cuyo capital social participen mayoritariamente entes públicos y comunidades de bienes y derechos de explotaciones agropecuarias integradas, exclusivamente, por personas físicas.

b) Que en la realización de sus actividades agrarias respeten los siguientes límites:

   a. Que las materias, productos o servicios, adquiridos, arrendados, elaborados, producidos, realizados o fabricados por cualquier procedimiento, por la cooperativa, con destino exclusivo para sus propias explotaciones o para las explotaciones de sus socios, no sean cedidos a terceros no socios, salvo que se trate de los remanentes ordinarios de la actividad cooperativa o cuando la cesión sea consecuencia de circunstancias no imputables a la cooperativa.

      i. Las cooperativas agrarias podrán distribuir al por menor productos petrolíferos a terceros no socios en la proporción de la letra siguiente.

   b. Que no se conserven, tipifiquen, manipulen, transformen, transporten, distribuyan o comercialicen productos procedentes de otras explotaciones, similares a los de las explotaciones de la cooperativa o de sus socios, en cuantía superior, por cada ejercicio económico, al 5% del precio de mercado obtenido por los productos propios, o al 40% del mismo precio, si así lo prevén sus estatutos.

c) Que las bases imponibles del Impuesto sobre Bienes Inmuebles correspondientes a los bienes de naturaleza rústica de cada socio no excedan de 60.101,21 euros.

   a. Tratándose de cooperativas dedicadas a la comercialización y transformación de productos ganaderos, en las que se integren socios titulares de explotaciones de ganadería independiente, que el volumen de las ventas o entregas realizadas en cada ejercicio económico, dentro o fuera de la cooperativa, por cada uno de estos socios, exceptuados los entes públicos y las sociedades en cuyo capital social participen éstos mayoritariamente, no supere el límite de 300.506,05 euros.

      i. Cuando figuren como socios otras cooperativas o sociedades o comunidades de bienes, las bases imponibles o el volumen de ventas de éstas se imputarán a cada uno de sus socios en la proporción que estatutariamente les corresponda.

   b. Por excepción se admitirá la concurrencia de socios cuyas bases imponibles o volumen de ventas sean superiores a los indicados, siempre que dichas magnitudes no excedan, en su conjunto, del 30% de las que correspondan al resto de los socios.

[15] Para las cooperativas de explotación comunitaria se exige:

a) Que sus socios sean personas físicas titulares de derechos de uso y aprovechamiento de tierras u otros bienes inmuebles, susceptibles de explotación agraria, que cedan dichos derechos a la cooperativa independientemente de que presten o no su trabajo en la misma

   a. También podrán ser socios otras personas físicas que, sin ceder a la cooperativa derechos de disfrute sobre bienes, presten su trabajo en la misma para la explotación en común de los bienes cedidos por los socios y de los demás que posea la cooperativa por cualquier título.

d) Cooperativas de consumo[16].
e) Cooperativas de enseñanza[17].

---

b. En calidad de cedentes de derechos de uso y aprovechamiento podrán, también, asociarse a la cooperativa, los entes públicos, las sociedades en cuyo capital social participen mayoritariamente los entes públicos, las comunidades de bienes y derechos, integradas por personas físicas, los aprovechamientos agrícolas y forestales, los montes en mano común y demás instituciones de naturaleza análoga, regidas por el Derecho Civil.

b) Que el número de trabajadores con contrato laboral no sea superior al 30% del total de socios de trabajo de la cooperativa.

c) Que el total importe de las bases imponibles del Impuesto sobre Bienes Inmuebles correspondientes a los bienes de naturaleza rústica de la cooperativa, dividido por el número de sus socios, tanto trabajadores como cedentes de derechos de explotación, no exceda de 60.101,21 euros.

d) Que ningún socio ceda a la cooperativa tierras u otros bienes inmuebles que excedan del tercio del valor total de los integrados en la explotación, salvo que se trate de entes públicos o sociedades en cuyo capital los entes públicos participen mayoritariamente.

[16] En este caso, los requisitos son los siguientes:

a) Que asocien a personas físicas y, en su caso, entidades u organizaciones que tengan el carácter de destinatarios finales, con el objeto de procurarles bienes o servicios, así como la defensa y promoción de los derechos e intereses legítimos de los consumidores y usuarios.

b) Que la media de las retribuciones totales de los socios de trabajo, incluidos, en su caso, los retornos cooperativos a que tuvieran derecho, no supere el límite del 200% de la media de las retribuciones normales en el mismo sector de actividad, que hubieran debido percibir si su situación respecto a la cooperativa hubiera sido la de trabajadores por cuenta ajena.

c) Que las ventas efectuadas a personas no socias, dentro de su ámbito territorial, no excedan del 10% del total de las realizadas por la cooperativa en cada ejercicio económico o del 50%, si así lo prevén sus estatutos.

a. No serán de aplicación las limitaciones del apartado anterior, ni las establecidas en el número 10 de las causas de pérdida de la condición de cooperativa protegida, a aquellas cooperativas que tengan un mínimo de 30 socios de trabajo y al menos 25 socios de consumo por cada socio de trabajo.

   i. Siempre que el número de horas/año realizadas por trabajadores con contrato de trabajo por cuenta ajena no supere los límites establecidos en la Ley de Cooperativas de Euskadi o, en su caso, de la Ley de Cooperativas aplicable.

[17] Para las cooperativas de enseñanza se exige:

a) Que desarrollen actividades docentes en sus distintos niveles, etapas, ciclos, grados y modalidades, en cualesquiera ramas del saber o de la formación, pudiendo realizar también actividades extraescolares y conexas, así como prestar servicios extraescolares complementarios y cuantos faciliten las actividades docentes.

b) Si la cooperativa de enseñanza asocia a los padres de los alumnos, a representantes legales de éstos o a los propios alumnos, deberá cumplir los siguientes requisitos de las cooperativas de consumo:

a. Que la media de las retribuciones totales de los socios de trabajo, incluidos, en su caso, los retornos cooperativos a que tuvieran derecho, no supere el límite del 200% de la media de las retribuciones normales en el mismo sector de actividad, que hubieran debido percibir si su situación respecto a la cooperativa hubiera sido la de trabajadores por cuenta ajena.

b. Que las ventas efectuadas a personas no socias, dentro de su ámbito territorial, no excedan del 10% del total de las realizadas por la cooperativa en cada ejercicio económico o del 50%, si así lo prevén sus estatutos.

f) Cooperativas de viviendas[18].

Las cooperativas mixtas[19], es decir, aquellas que tienen socios capitalistas minoritarios, junto a los socios cooperativistas mayoritarios, en ningún caso podrán ser cooperativas especialmente protegidas, con independencia de que cumplan todos los requisitos para ser calificadas como especialmente protegidas.

3.3. Cooperativa no protegida

Por último, están las cooperativas no protegidas que serán aquellas que estén constituidas regularmente e inscritas en el Registro de Cooperativas co-

---

c) Si la cooperativa de enseñanza asocia a profesores y a personal no docente y de servicios, deberá cumplir los requisitos siguientes de las cooperativas de trabajo asociado:

a. Que el importe medio de sus retribuciones totales efectivamente devengadas, incluidos los anticipos y las cantidades exigibles en concepto de retornos cooperativos, no excedan del 200% de la media de las retribuciones normales en el mismo sector de actividad, que hubieran debido percibir si su situación respecto a la cooperativa hubiera sido la de trabajadores por cuenta ajena.

b. Que el número de horas/año realizadas por trabajadores con contrato de trabajo por cuenta ajena no supere los límites establecidos en la Ley de Cooperativas de Euskadi o, en su caso, de la Ley de Cooperativas aplicable.

d) Si la cooperativa de enseñanza tiene el carácter de integral o intersectorial, deberá cumplir todos los requisitos anteriores.

[18] En este caso, los requisitos para su calificación como cooperativa especialmente protegida son los siguientes:

a) Que tengan por objeto procurar a sus socios viviendas de carácter económico

a. Viviendas cuya superficie sea igual o inferior a 120 m2 y cuyo precio de adjudicación no exceda de la cantidad que resulte de multiplicar el coeficiente 1,8 por los precios máximos establecidos para las viviendas de protección pública en el ámbito de la Comunidad Autónoma del País Vasco.

b) No perderán la condición de protegidas cuando construyan, asimismo, locales de negocio, servicios complementarios y obras de urbanización dentro de los límites autorizados por la legislación de viviendas de protección pública, aunque no tengan esta condición las construidas por las Cooperativas.

c) Que las viviendas que constituyen su objeto tengan la finalidad de servir de vivienda habitual de los socios de las mismas.

a. Los socios deberán manifestar dicha circunstancia en el documento en que se plasme su adquisición.

d) Que la disolución de la Cooperativa no tenga lugar durante los cinco años siguientes a la fecha de la adjudicación o transmisión de las viviendas construidas.

e) Que los Estatutos de la Cooperativa dispongan, de forma expresa, que el socio adjudicatario de una vivienda asuma la obligación de que vaya a ser su vivienda habitual.

a. El incumplimiento por parte del socio de dicha obligación determinará la obligación de abonar a la Cooperativa una indemnización no inferior al 10% del valor de la vivienda.

[19] Artículo 136.1 de la Ley 4/1993, de 24 de junio, de Cooperativas de Euskadi: "Son cooperativas mixtas aquéllas en las que existen socios minoritarios cuyo derecho de voto en la Asamblea General se podrá determinar, de modo exclusivo o preferente, en función del capital aportado, que estará representado por medio de títulos o anotaciones en cuenta, sometidos a la legislación reguladora del mercado de valores".

rrespondiente. Pero, al mismo tiempo, incurrirán en alguna de las causas de pérdida de la condición de cooperativa fiscalmente protegida. Es decir, como afirma Alonso Rodrigo (2001: 91), puede darse la circunstancia de que una cooperativa cumpla las reglas de funcionamiento que le impone su ley sustantiva, y a la vez sea no protegida, porque incurre en alguna de las causas de pérdida de la protección fiscal, si bien en el caso vasco, la normativa fiscal procura que no se dé esta circunstancia.

Por otro lado, a las cooperativas protegidas que pierdan su condición fiscal como protegidas, se les aplicará el régimen tributario general, es decir, se les privará de los beneficios disfrutados en el ejercicio económico en que se produzca la exclusión de la categoría protegida, y en su caso, se les impondrán las infracciones y sanciones tributarias e intereses de demora correspondientes.

3.4. Causas de pérdida de la protección fiscal

Las normas fiscales acogen distintas causas cuya realización provoca la pérdida de la consideración como cooperativa protegida, pasando a ser cooperativas no protegidas. Estas causas en la normativa estatal vienen a coincidir con las reglas básicas de funcionamiento que establecía la legislación mercantil de cooperativas del Estado anterior a la legislación en vigor, y divergen de las reglas que establecen algunas normas sustantivas autonómicas e incluso la vigente Ley estatal de cooperativas de 1999. La normativa fiscal del País Vasco, por el contrario, salva esta contradicción remitiéndose para la calificación de las cooperativas como protegidas exclusivamente a las reglas de actuación establecidas por la legislación sustantiva vasca (Alonso, 2001: 91). Las causas de pérdida de la condición de cooperativa protegida que recogen las normas fiscales son las siguientes:

1. No efectuar las dotaciones al Fondo de Reserva Obligatorio y a la contribución obligatoria para la educación y promoción cooperativa y otros fines de interés público, en los supuestos, condiciones y por la cuantía exigida en la legislación cooperativa que le sea de aplicación.
2. Repartir entre los socios los Fondos de Reserva que tengan carácter de irrepartibles durante la vida de la sociedad o el activo sobrante en el momento de su liquidación.
3. Aplicar cantidades del fondo de promoción y educación o similar a finalidades distintas.
4. Incumplir las normas reguladoras del destino del resultado de la regularización del balance de la cooperativa o de la actualización de las aportaciones de los socios al capital social.
5. Retribuir las aportaciones de los socios al capital social con intereses superiores a los máximos autorizados en las normas legales o superar tales límites en el abono de intereses por demora en el supuesto de reembolso de dichas aportaciones o por los retornos cooperativos de-

vengados y no repartidos por incorporarse a un Fondo Especial constituido por acuerdo de la Asamblea General.

6. Cuando los retornos sociales fueran acreditados a los socios en proporción distinta a la establecida en la Ley, los Estatutos o los acuerdos de la Asamblea General.
7. No imputar las pérdidas del ejercicio económico o imputarlas vulnerando las normas establecidas en la Ley, los Estatutos o los acuerdos de la Asamblea General.
8. Cuando las aportaciones al capital social de los socios excedan los límites legales autorizados.
9. Participar la cooperativa, en cuantía superior al 25%, en el capital social de entidades no cooperativas.

   No obstante, dicha participación podrá alcanzar el 50% cuando se trate de entidades que realicen actividades preparatorias, complementarias o subordinadas a las de la propia cooperativa.

   El conjunto de estas participaciones no podrá superar el 50% de los recursos propios de la cooperativa.

   El Director General de Hacienda podrá autorizar, mediante resolución escrita y motivada y previa solicitud, participaciones superiores, sin pérdida de la condición de cooperativa fiscalmente protegida, en aquellos casos en los que se justifique que tal participación coadyuva al mejor cumplimiento de los fines sociales cooperativos y no supone una vulneración de los principios fundamentales de actuación de estas entidades.

   Transcurridos tres meses desde la presentación de la solicitud sin que se haya notificado la resolución expresamente a la cooperativa, se entenderá otorgada la autorización.
10. La realización de operaciones cooperativizadas con terceros no socios, fuera de los casos permitidos en las Leyes.
11. Emplear trabajadores asalariados en número superior al autorizado en las normas legales por aquellas cooperativas respecto de las cuales exista tal limitación.
12. La existencia de un número de socios inferior al previsto en las normas legales, sin que se restablezca en el plazo de doce meses.
13. La reducción del capital social a una cantidad inferior a la cifra mínima establecida estatutariamente, sin que se restablezca en el plazo de doce meses.
14. La paralización de la actividad cooperativizada o la inactividad de los órganos sociales durante dos años, sin causa justificada.
15. La conclusión de la empresa que constituye su objeto o la imposibilidad manifiesta de desarrollar la actividad cooperativizada.
16. La falta de auditoría externa en los casos señalados en las normas legales.

VI. NORMAS DE AJUSTE APLICABLES A TODAS LAS COOPERATIVAS

La legislación fiscal de cooperativas concienciada con la especialidad del funcionamiento cooperativo, trata de dar respuesta a la exigencia de una normativa fiscal coherente con la especialidad cooperativa, mediante la elaboración de unas reglas fiscales especiales aplicables en el ámbito del Impuesto sobre Sociedades a cualquier cooperativa. Son las denominadas normas de ajuste que no siempre cumplen su objetivo (Alonso, 2001: 81), sino que, a menudo, equiparan a efectos fiscales los mecanismos propios de las cooperativas a los existentes en el resto de sociedades. Se trata de reglas que afectan a la determinación de la base imponible, el tipo de gravamen aplicable y la aplicación de ciertas deducciones de la cuota propias del ámbito cooperativo.

4.1. La base imponible

La normativa fiscal vasca regula dos bases imponibles, pero el reparto de los resultados económicos entre las dos bases no responde a los mismos criterios que utiliza el legislador fiscal estatal donde también existen dos bases, una para los resultados mutuales entre la sociedad y los socios, y otra para los rendimientos obtenidos de las operaciones con terceros. En la regulación fiscal vasca se distingue la base imponible general y la base imponible especial. Veamos en qué consiste cada una de ellas.

4.1.1. La base imponible general

La base imponible general estará constituida por todas las rentas de la sociedad cooperativa, excepto las rentas que componen la base imponible especial.

Como regla general, resultarán de aplicación las normas generales del Impuesto sobre Sociedades con algunas especialidades (ajustes), que iremos desgranando en sucesivos epígrafes.

Curiosamente, los gastos asociados a los ingresos que componen la base imponible especial se deducen de la base imponible general.

Por último, se pueden compensar las bases imponibles negativas de ejercicios anteriores con bases generales positivas de años sucesivos, sin límite de plazo.

4.1.2. La base imponible especial

Componen la base imponible especial los rendimientos íntegros procedentes del capital mobiliario (intereses, dividendos, seguros y capitalización...), siempre que el pagador de los mismos sea una persona o entidad vinculada con la cooperativa, excepto los siguientes:

a) Los retornos cooperativos no sujetos a retención.

b) Los rendimientos obtenidos por la cesión a terceros de capitales propios que, de acuerdo con lo dispuesto en los correspondientes convenios para evitar la doble imposición, no estén sometidos a retención o ingreso a cuenta.
c) Los dividendos que den derecho a la aplicación de la deducción para evitar la doble imposición. Para ello, se exige la participación directa o indirecta en, al menos, un 5% del capital y la posesión ininterrumpida de la participación durante un año.

No se admite la deducibilidad de ningún gasto, esté asociado o no con los ingresos. Ahora bien, los gastos asociados a los ingresos se deducirán de la base imponible general.

Tampoco se pueden compensar bases imponibles negativas en años sucesivos, si bien la naturaleza de los rendimientos que se declaran en esta base hace difícil que el saldo anual pueda ser negativo. En todo caso, si se produjera dicho saldo negativo, no se podría compensar nunca.

Se aplica la exención por doble imposición internacional de dividendos, siempre que la participación sea del 5% del capital social y la posesión ininterrumpida de la participación supere el año.

No hay reducciones de base ni bonificaciones ni deducciones de cuota correspondiente a la base imponible especial, salvo la deducción por doble imposición internacional que hemos mencionado, y las retenciones y demás pagos a cuenta.

4.1.3. La valoración de las actividades con los socios

Se valoran a valor de mercado[20] las operaciones realizadas por las cooperativas con sus socios, en el desarrollo de sus fines sociales. Se considera valor de mercado, a estos efectos, el precio normal de los bienes, servicios y prestaciones que hubiera sido concertado entre partes independientes en dichas operaciones, es decir, sería el resultado de minorar del precio de venta el margen bruto habitual para las actividades de comercialización o transformación.

En el caso de los anticipos laborales de los socios trabajadores y de trabajo, se valorarán en función de las retribuciones normales en el mismo sector de actividad para un trabajador por cuenta ajena.

[20] Como regla especial para las cooperativas de explotación comunitaria, la cesión de derechos de uso y aprovechamiento de tierras u otros bienes inmuebles se valora en función de la renta usual de la zona para dichas cesiones. Y para las cooperativas de consumo, viviendas, agrarias o de aquellas que conforme a sus estatutos, realicen servicios o suministros a sus socios, se utilizará el precio que efectivamente se hubiera realizado, siempre que no resulte inferior al coste de tales servicios y suministros, incluida la parte correspondiente de los gastos generales de la entidad. En caso contrario se aplicará este último. En las cooperativas agrarias se aplicará este sistema tanto para los servicios y suministros que la cooperativa realice a sus socios como para los que los socios realicen o entreguen a la cooperativa.

4.1.4. Los gastos deducibles

Son gastos deducibles de los ingresos de las sociedades cooperativas para el cálculo de la base imponible los siguientes:

a) El importe de las entregas de bienes, servicios o suministros realizados por los socios, las prestaciones de trabajo de los socios y las rentas de los bienes cuyo goce haya sido cedido por los socios a la cooperativa, estimados por su valor de mercado, como acabamos de ver, aunque figuren en contabilidad por un valor inferior.
b) El 50% del importe que se destine, por obligación legal o estatutaria, al Fondo de Reserva Obligatorio. Se justifica este gasto en la irrepartibilidad del fondo y su destino al cumplimiento de un interés general. La distribución posterior del Fondo entre los socios dará lugar a la consideración como ingreso del ejercicio[21] en que aquélla se produzca del importe indebidamente aplicado. Y por otro lado, la cooperativa perderá la protección fiscal, si la tuviera.
c) Las cantidades que las cooperativas destinen, con carácter obligatorio para la educación y promoción cooperativa y a otros fines de interés público, que analizaremos con más detalle en el epígrafe siguiente.
d) Los intereses devengados por los socios por sus aportaciones obligatorias o voluntarias al capital social, siempre que el tipo de interés no exceda del legal del dinero, incrementado en dos puntos para los socios y cuatro puntos para los socios colaboradores o inactivos.
No tendrán la consideración de deducibles las cantidades destinadas a retribuir participaciones especiales en la cooperativa, cuyos titulares no sean socios o asociados de la cooperativa cuando éstas tengan la consideración de capital social.
e) Las cantidades que las cooperativas aporten a las instituciones de cooperación intercooperativa destinadas al saneamiento financiero o a la promoción y desarrollo de cooperativas o de nuevas actividades.

4.1.5. El Fondo de promoción y educación

La dotación a la contribución obligatoria para la educación y promoción cooperativa y otros fines de interés público es gasto deducible, con el límite del 30% de los excedentes netos en cada ejercicio económico. Las dotaciones, así como las aplicaciones que requiera el plan, ya se trate de gastos corrientes o de inversiones para el inmovilizado, se reflejarán separadamente en la contabilidad social.

El importe no destinado a las finalidades de interés público deberá entregarse a entidades sin ánimo de lucro para su destino a las finalidades de interés

---

[21] Fundando la deducibilidad en la naturaleza irrepartible del fondo, si éste se reparte, desaparece el fundamento para la deducción y es lógico que la distribución del fondo se considere ingreso del ejercicio (Alonso, 2001: 222).

público, dentro del ejercicio económico siguiente a aquél en el que se aprobó la distribución del excedente. La aplicación de la contribución a finalidades distintas de las aprobadas dará lugar a la consideración como ingreso del ejercicio en que aquélla se produzca del importe indebidamente aplicado. Y además la cooperativa perderá la protección fiscal, si la tuviera.

Este régimen fiscal será aplicable igualmente a cualquier contribución o Fondo de naturaleza y finalidades similares, aunque reciba distinta denominación en virtud de la normativa aplicable al mismo.

4.1.6. Los gastos no deducibles e ingresos no computables

No se consideran gastos deducibles:

a) Las cantidades distribuidas entre los socios de la cooperativa a cuenta de sus excedentes. Como excepción, los retornos cooperativos no se considerarán rendimientos del capital mobiliario, y por tanto, no estarán sujetos a retención:
   i. Cuando se incorporen al capital social, incrementando las aportaciones del socio al mismo.
   ii. Cuando se apliquen a compensar las pérdidas sociales de ejercicios anteriores.
   iii. Cuando se incorporen a un Fondo Especial, regulado por la Asamblea General, hasta tanto no transcurra el plazo de devolución al socio, se produzca la baja de éste o los destine a satisfacer pérdidas o a realizar aportaciones al capital social. Se debe retener el primer día señalado para la disposición de dicho retorno.

b) El exceso de valor asignado en cuentas a las entregas de bienes, servicios, suministros, prestaciones de trabajo de los socios y rentas de los bienes cuyo goce haya sido cedido por los socios a la cooperativa, sobre su valor de mercado.

Y por otro lado, no son ingresos computables para las instituciones reconocidas por la Administración tributaria dedicadas al fomento de la cooperación intercooperativa las cantidades recibidas de las cooperativas asociadas, si se justifica que el destino de las mismas ha sido el previsto en el objeto social de la institución.

4.2. Tipo de gravamen

Debemos distinguir entre el tipo de gravamen aplicable a la base imponible general que varía en función del grado de protección que la norma fiscal otorgue a la cooperativa, y el tipo de gravamen de la base imponible especial que es un porcentaje fijo en todo caso.

Así, el tipo de gravamen aplicable a la base imponible general de las cooperativas no protegidas es del 28% con carácter general, y del 24%, si cumple los requisitos para tener la consideración fiscal de pequeña empresa[22]. Es decir, se aplican los tipos generales del impuesto, previstos para cualquier sociedad.

En el caso de las cooperativas protegidas, el tipo de gravamen será del 20% con carácter general, y del 18%, si cumple los requisitos para ser considerada pequeña empresa. Este tipo puede ser bonificado en el caso de las cooperativas de trabajo asociado protegidas que integren, al menos, un 50% de socios minusválidos y que acrediten que, en el momento de constituirse la cooperativa, dichos socios se hallaban en situación de desempleo. En este supuesto, se fija una bonificación del 90% de la cuota íntegra durante los cinco primeros años de actividad social, en tanto se mantenga el referido porcentaje de socios.

Por último, el tipo de gravamen de la base imponible general de las cooperativas especialmente protegidas está bonificado en el 50% de la cuota por lo que el tipo nominal se convierte en un 9%.

Por otro lado, la base imponible especial tributará al tipo fijo del 19%, para todas las cooperativas.

Gráficamente, los tipos de gravamen aplicables se podrían expresar mediante la siguiente tabla:

	Base imponible general		Base imponible especial
	Tipo general	Pequeña empresa	
Cooperativa no protegida	28%	24%	19%
Cooperativa protegida	20%	18%	
Cooperativa especialmente protegida	9%		

4.3. Deducciones de la cuota

En materia de deducciones de la cuota se introducen dos reglas especiales respecto a las usuales en el resto de sociedades de capital.

4.3.1. Deducción para evitar la doble imposición

Existe una deducción para evitar la doble imposición de retornos procedentes de cooperativas protegidas y especialmente protegidas. En concreto, se minora el 10% de los retornos percibidos de una cooperativa protegida y el 5% de los retornos percibidos de una cooperativa especialmente protegida. Sin embargo, esta deducción no se aplicará respecto a los retornos cooperativos que se integren en la base imponible especial de la sociedad cooperativa.

[22] Se considera pequeña empresa a efectos fiscales aquella que realice una actividad económica, cuya facturación o activo sea inferior a 10 millones de euros, tenga menos de 50 trabajadores y no esté participada en un 25% o más por otra empresa.

4.3.2. Deducción por creación de empleo

La admisión definitiva, una vez superado el período de prueba, de nuevos socios trabajadores en las cooperativas de trabajo asociado o, en general, de socios de trabajo en cualquier cooperativa, al igual que sucede con la contratación de un trabajador por cuenta ajena. La deducción será de 4.900 euros por trabajador contratado, y 4.300 euros adicionales para colectivos con especial dificultad de inserción en el mercado laboral.

V. BENEFICIOS FISCALES DE LAS COOPERATIVAS PROTEGIDAS

Como adelantamos, las cooperativas protegidas gozan de una serie de beneficios fiscales por el mero hecho de ostentar esta calificación fiscal. No obstante, el régimen fiscal beneficioso no es tan generoso como la enumeración de los beneficios pudiera dar a entender (Tejerizo López, 2010: 58-60), porque buena parte de los beneficios fiscales que se conceden a las cooperativas protegidas se han extendido a otros contribuyentes de esos mismos impuestos, que aplican beneficios similares sin siquiera ser cooperativa o porque la sujeción al IVA de las operaciones deja sin contenido la exención del ITPAJD para la adquisición de bienes (Rodrigo Ruiz, 2010: 15).

En cualquier caso, veamos cuáles son estas medidas más favorables para las cooperativas protegidas. Se trata de beneficios fiscales de aplicación automática, sin que sea necesaria una autorización administrativa para su goce. Estos beneficios fiscales los podrán utilizar asimismo las cooperativas de segundo o ulterior grado de cooperativas protegidas.

En el Impuesto sobre Transmisiones Patrimoniales y Actos Jurídicos Documentados, se establece la exención respecto de los actos de constitución, ampliación de capital, fusión y escisión, así como respecto de la constitución y cancelación de préstamos, incluso los representados por obligaciones. Por último, también están exentas las adquisiciones de bienes y derechos a que se destine la contribución al fondo de promoción y educación o similar.

En el Impuesto sobre Sociedades, se regulan dos medidas. Por un lado, ya hemos visto que el tipo de gravamen de la base imponible general será del 20% y si la cooperativa se califica como pequeña empresa, del 18%.

Por otro lado, se establece una libertad de amortización de los elementos nuevos amortizables integrantes del inmovilizado material, intangible y de inversiones inmobiliarias, adquiridos en el plazo de tres años a partir de la fecha de su inscripción en el Registro de Cooperativas. La cantidad fiscalmente deducible en concepto de libertad de amortización, una vez practicada la amortización mínima, no podrá exceder del importe del saldo de la cuenta de resultados disminuido en las aplicaciones obligatorias al Fondo de Reserva Obligatorio y participaciones del personal asalariado. Este beneficio es compatible con las deducciones por inversiones previstas en la normativa del Impuesto sobre Sociedades.

Para terminar, en el Impuesto sobre Bienes Inmuebles, las cooperativas agrarias y de explotación comunitaria gozarán de una bonificación del 95% de la cuota y, en su caso, de los recargos correspondiente a los bienes de naturaleza rústica.

VI. BENEFICIOS FISCALES DE LAS COOPERATIVAS ESPECIALMENTE PROTEGIDAS

Las cooperativas especialmente protegidas también gozan de beneficios fiscales de aplicación automática, sin necesidad de autorización administrativa previa. Su régimen fiscal parte de los beneficios fiscales concedidos a las cooperativas protegidas y lo incrementa con nuevos beneficios fiscales.

Además de los beneficios de las cooperativas protegidas, las cooperativas especialmente protegidas gozarán en el Impuesto sobre Transmisiones Patrimoniales y Actos Jurídicos Documentados de una exención para las operaciones de adquisición de bienes y derechos destinados directamente al cumplimiento de sus fines sociales y estatutarios.

En el Impuesto sobre Sociedades, tienen derecho a la bonificación del 50% de la cuota íntegra, bonificación que se incrementa hasta el 75% para las explotaciones asociativas prioritarias que sean cooperativas agrarias especialmente protegidas. Estas reglas resultan también aplicables a las cooperativas de segundo o ulterior grado de cooperativas especialmente protegidas[23].

VII. OTROS REGÍMENES TRIBUTARIOS ESPECIALES

Junto al régimen fiscal de las cooperativas que hemos analizado con carácter general, se establecen beneficios fiscales específicos o reglas fiscales especiales para ciertas clases de cooperativas o para cooperativas de segundo y ulterior grado. El análisis de estas medidas desborda el objetivo de este trabajo por lo que simplemente dejamos apuntada la cuestión. En concreto, se establecen reglas especiales para las uniones, federaciones y confederaciones de cooperativas, para las cooperativas de crédito protegidas y para las cooperativas de utilidad pública y de iniciativa social (Arnáez Arce y Atxabal Rada, 2013: 199-228).

VIII. TRIBUTACIÓN DE LOS SOCIOS DE TRABAJO O SOCIOS TRABAJADORES

Por último, vamos a comentar someramente como tributa el socio cooperativista de trabajo o el socio trabajador en su imposición personal sobre la renta (en nuestro caso, el Impuesto sobre la Renta de las Personas Físicas). El socio

---

[23] Cuando las cooperativas socias sean protegidas y especialmente protegidas disfrutarán de la bonificación de la cuota sobre la parte correspondiente a los resultados procedentes de las operaciones realizadas con las cooperativas especialmente protegidas.

puede percibir distintas cuantías procedentes de la cooperativa por motivos diferentes y cada una de ellas tiene un tratamiento fiscal específico.

La cantidad que percibe el socio como anticipo laboral se considera un rendimiento de trabajo en el IRPF, siempre que su retribución sea la normal en el mismo sector de actividad para un trabajador por cuenta ajena. Por otro lado, no son rendimiento de trabajo en especie las aportaciones a entidades de previsión social voluntaria (mutualidades de previsión social) que realicen las cooperativas a beneficio de sus socios trabajadores y de trabajo adscritos al régimen especial de la Seguridad Social de los trabajadores por cuenta propia o autónomos, para financiar las prestaciones de auxilio a discapacitados, asistencia sanitaria, incapacidad temporal, riesgo durante el embarazo, maternidad, ayuda al empleo o auxilio por defunción.

En segundo lugar, el interés por las aportaciones obligatorias o voluntarias de los socios al capital social se considera un rendimiento de capital mobiliario en el IRPF como cesión de capital a terceros.

En tercer lugar, los retornos cooperativos se califican como rendimiento de capital mobiliario en el IRPF por la participación en fondos propios de estas entidades. En la práctica supone su equiparación fiscal a los dividendos por lo que dará derecho a una exención de 1.500 euros por autoliquidación.

Para finalizar, el socio también tributa en su impuesto personal cuando transmite su participación social, que generará una ganancia y pérdida de patrimonio en el IRPF por la diferencia entre el valor de enajenación y el valor de adquisición de la participación. A estos efectos, se considera valor de adquisición la suma del coste de adquisición, las cuotas de ingreso del socio y las pérdidas atribuidas al socio reintegradas en metálico o compensadas con retornos. Como excepción, no tributa el traslado de las aportaciones de una cooperativa a otra, siempre que suponga el desplazamiento del socio a la cooperativa de acogida, el socio no adquiera poder de disposición sobre la aportación social, los Estatutos de la cooperativa de origen obligue al traspaso de la participación sin reembolso y quede constancia de un registro histórico de la aportación.

IX. A MODO DE CONCLUSIÓN

Las cooperativas están dotadas de un régimen fiscal especial que les permite aplicar unas reglas específicas en la determinación del impuesto que grava sus beneficios y, con carácter general, supone un régimen fiscal menos gravoso que el que soportan las sociedades de capital.

Este trato más favorable se fundamenta en el artículo 129.2 de la Constitución Española y supone la toma en consideración de las características propias de las sociedades cooperativas como la deducibilidad de las dotaciones al fondo de reserva obligatorio o al fondo de promoción y educación, o la eliminación del régimen fiscal previsto para las operaciones vinculadas cuando éstas se realizan entre la cooperativa y sus socios.

Asimismo, se establecen unos beneficios fiscales especiales para las cooperativas protegidas, donde el elemento más llamativo es la aplicación de un menor tipo de gravamen ya que el resto de beneficios fiscales hoy día son aplicables con carácter general, o bien son de carácter temporal en los momentos iniciales de la andadura de la cooperativa desapareciendo cuando transcurra el plazo previsto, o bien han perdido aplicación práctica al quedar las operaciones exentas sometidas a otros impuestos donde no se da la exención (IVA).

X. BIBLIOGRAFÍA

ALONSO RODRIGO, Eva, (2001) **"Fiscalidad de cooperativas y sociedades laborales"**, España, Institut per a la Promoció y la Formació Cooperatives, Generalitat de Catalunya.

ARNÁEZ ARCE, Vega y ATXABAL RADA, Alberto (2013), "Las cooperativas de utilidad pública e iniciativa social. Aspectos administrativos y fiscales", en: BOLETIN DE LA ASOCIACIÓN INTERNACIONAL DE DERECHO COOPERATIVO, núm. 47, España, pp. 199-228.

CALVO ORTEGA, Ramón, (2005) *"Entidades de economía social: razones de una fiscalidad específica"*, en: CALVO ORTEGA, Ramón (director), **"Fiscalidad de las entidades de economía social"**, España, Thomson-Civitas, pp. 33-64.

CRACOGNA, Dante (2013) *"Estado, cooperativas y legislación cooperativa en la hora actual"*, en: BOLETIN DE LA ASOCIACIÓN INTERNACIONAL DE DERECHO COOPERATIVO, núm. 47, España, pp. 111-127.

DE LUIS ESTEBAN, José Manuel, (1985) *"Presente y futuro de la fiscalidad de las cooperativas"*, en: HACIENDA PÚBLICA ESPAÑOLA, núm. 93, España, pp. 91-107.

DE LUIS ESTEBAN, José Manuel, (1996) *"El Impuesto de Sociedades y la fiscalidad de las cooperativas"*, en: CIRIEC-ESPAÑA, núm. 23, España, pp. 33-46.

DIVAR, Javier (2013), *"Las cooperativas: una alternativa económica y social frente a la crisis"*, en BOLETÍN DE LA ASOCIACIÓN INTERNACIONAL DE DERECHO COOPERATIVO, núm. 47, España, pp. 257-264.

GADEA, Enrique (2011), "La función económica de la cooperativa y la necesidad de una legislación adecuada", en: BOLETÍN DE LA ASOCIACIÓN INTERNACIONAL DE DERECHO COOPERATIVO, núm. 45, España, pp. 285-299.

LARRAZABAL, Santiago (2012), *"Integración europea y cooperativismo: una reflexión sobre la sociedad cooperativa europea con motivo del año internacional del cooperativismo"*, en: BOLETÍN DE LA ASOCIACIÓN INTERNACIONAL DE DERECHO COOPERATIVO, núm. 46, España, pp. 161-183.

LARRAZABAL, Santiago (2009), *"Constitución Económica, Democracia Social, Innovación y Cultura Económica del Cooperativismo Vasco"*, en: BOLETÍN DE LA ASOCIACIÓN INTERNACIONAL DE DERECHO COOPERATIVO, núm. 43, España, pp. 179-191.

MARTÍNEZ CHARTERINA, Alejandro (2013), *"Cooperativismo y economía del bien común"*, en: BOLETIN DE LA ASOCIACIÓN INTERNACIONAL DE DERECHO COOPERATIVO, núm. 47, España, pp. 185-198.

RODRIGO RUIZ, Marco Antonio (2010), "Consideraciones sobre el régimen fiscal de las cooperativas. Problemas actuales y líneas de reforma", en: CIRIEC REVISTA DE ECONOMÍA PÚBLICA, SOCIAL Y COOPERATIVA, núm. 69, España, pp. 9-25.

RODRIGUEZ MUSA, Orestes (2012), *"Socialismo, Cooperativismo y Derecho. Dialéctica necesaria para la actualización del modelo económico cubano"*, en: BOLETIN DE LA ASOCIACIÓN INTERNACIONAL DE DERECHO COOPERATIVO, núm. 46, España, pp. 79-105.

TEJERIZO LÓPEZ, José Manuel (2010), "Algunas reflexiones sobre el régimen fiscal de las cooperativas", en: CIRIEC REVISTA DE ECONOMÍA PÚBLICA, SOCIAL Y COOPERATIVA, núm. 69, España, pp. 53-72.

La fiscalidad de las cooperativas en México

M. en D. María Dolores Mejía Zarza

M. en D. Maestra titular de la materia de Derecho Fiscal en la Facultad de Derecho de la Universidad Autónoma del Estado de México (UAEM)

Sumario: 1. Disposiciones Generales. 2. Régimen fiscal de las cooperativas de producción a la luz del Impuesto sobre la Renta. 3. Tratamiento fiscal de las cooperativas de producción.4. Tratamiento fiscal para los socios que integran las cooperativas de producción. 5. Régimen económico de las sociedades cooperativas. 6. Funcionamiento y administración de las sociedades cooperativas en México. 7. Conclusiones. 8. Bibliografía.

1. DISPOSICIONES GENERALES

De acuerdo con la Ley General de Sociedades Cooperativas[1], en México encontramos tres clases de sociedades:

- ✓ De consumidores de bienes y/o servicios,
- ✓ De productores de bienes y/o servicios, y
- ✓ De ahorro y préstamo.

Son sociedades cooperativas de consumidores, aquéllas cuyos miembros se asocien con el objeto de obtener en común artículos, bienes y/o servicios para ellos, sus hogares o sus actividades de producción[2], y podrán dedicarse a actividades de abastecimiento y distribución, así como a la prestación de servicios relacionados con la educación o la obtención de vivienda.

Son sociedades cooperativas de productores, aquéllas cuyos miembros se asocien para trabajar en común en la producción de bienes y/o servicios, aportando su trabajo personal, físico o intelectual. Independientemente del tipo de producción a la que estén dedicadas, estas sociedades podrán almacenar, con-

1 Artículo 21 LGSC

2 Artículo 22 LGSC

servar, transportar y comercializar sus productos, de acuerdo con lo establecido en la propia Ley[3] General de Sociedades Cooperativas.

Se consideran dos clases de categorías de sociedades cooperativas de producción[4]:

- Ordinarias, y
- De participación estatal. Para tal efecto, el Estado podrá dar en concesión o administración bienes o servicios a las sociedades cooperativas, en los términos que señalen las leyes respectivas.

Son sociedades cooperativas ordinarias, las que para funcionar requieren únicamente de su constitución legal; en tanto que las sociedades cooperativas de participación estatal, son aquellas que se asocian con autoridades federales, estatales, municipales o los órganos político-administrativos del Distrito Federal, para la explotación de unidades productoras o de servicios públicos, dados en administración, o para financiar proyectos de desarrollo económico a niveles local, regional o nacional.

Son sociedades cooperativas de ahorro y préstamo[5], aquellas que de acuerdo con la Ley tengan por objeto la realización de estas actividades. Entendiéndose como ahorro la captación de recursos a través de depósitos de ahorro de dinero de sus Socios; y como préstamo, la colocación y entrega de los recursos captados entre sus mismos Socios.

2. RÉGIMEN FISCAL DE LAS SOCIEDADES COOPERATIVAS DE PRODUCCIÓN A LA LUZ DEL IMPUESTO SOBRE LA RENTA

A partir del 1°. De enero del año dos mil seis, se establece en nuestro país un nuevo régimen fiscal aplicable a las Sociedades Cooperativas de Producción, el cual me permito citar de manera textual, con el propósito de explicar de forma correcta como se encuentra reglamentado el régimen fiscal de estas sociedades, no sin antes hacer mención que este régimen de personas morales lo contempla y reconoce la Ley General de Sociedades Mercantiles en su Artículo 1°.

> Artículo 1o.- Esta Ley reconoce las siguientes especies de sociedades mercantiles:
> I.- Sociedad en nombre colectivo;
> II.- Sociedad en comandita simple;
> III.- Sociedad de responsabilidad limitada;
> IV.- Sociedad anónima;
> V.- Sociedad en comandita por acciones, y
> VI.- Sociedad cooperativa.

---

[3] Artículo 27 LGSC
[4] Artículo 30 LGSC
[5] Artículo 33 LGSC

De igual forma en su Artículo 212 la Ley General de Sociedades Mercantiles, señala que estas Sociedades Cooperativas se regirán por su propia Ley, esto es por la Ley General de Sociedades Cooperativas.

SECRETARIA DE HACIENDA Y CREDITO PÚBLICO
DECRETO por el que se adiciona un Capítulo VII-A al Título II de la Ley del Impuesto Sobre la Renta.
Al margen un sello con el Escudo Nacional, que dice: Estados Unidos Mexicanos.- Presidencia de la República.
VICENTE FOX QUESADA, Presidente de los Estados Unidos Mexicanos, a sus habitantes sabed:
Que el Honorable Congreso de la Unión, se ha servido dirigirme el siguiente

DECRETO

"EL CONGRESO GENERAL DE LOS ESTADOS UNIDOS MEXICANOS, DECRETA:
SE ADICIONA UN CAPÍTULO VII-A AL TÍTULO II DE LA LEY DEL IMPUESTO SOBRE LA RENTA.
Artículo Único.- Se adiciona un Capítulo VII-A "De las Sociedades Cooperativas de Producción", que comprende los artículos 85-A y 85-B, al Título II de la Ley del Impuesto Sobre la Renta, para quedar como sigue:
CAPÍTULO VII-A
De las Sociedades Cooperativas de Producción
Artículo 85-A.- Las sociedades cooperativas de producción que únicamente se encuentren constituidas por socios personas físicas, para calcular el impuesto sobre la renta que les corresponda por las actividades que realicen, en lugar de aplicar lo dispuesto en el Título II de esta Ley, podrán aplicar lo dispuesto en la Sección I del Capítulo II del Título IV de la misma, considerando lo siguiente:
I. Calcularán el impuesto del ejercicio de cada uno de sus socios, determinando la parte de la utilidad gravable del ejercicio que le corresponda a cada socio por su participación en la sociedad cooperativa de que se trate, aplicando al efecto lo dispuesto en el artículo 130 de esta Ley.
Las sociedades cooperativas de producción a que se refiere este Capítulo, podrán diferir la totalidad del impuesto a que se refiere esta fracción, hasta el ejercicio fiscal en el que distribuyan a sus socios la utilidad gravable que les corresponda.
Cuando la sociedad cooperativa de que se trate distribuya a sus socios utilidades provenientes de la cuenta de utilidad gravable, pagará el impuesto diferido aplicando al monto de la utilidad distribuida al socio de que se trate la tarifa a que se refiere el artículo 177 de esta Ley.
Para los efectos del párrafo anterior, se considerará que las primeras utilidades que se distribuyan son las primeras utilidades que se generaron.

El impuesto que en los términos de esta fracción corresponda a cada uno de sus socios, se pagará mediante declaración que se presentará ante las oficinas autorizadas, a más tardar el 17 del mes inmediato siguiente a aquél en el que se pagaron las utilidades gravables, el socio de la cooperativa de que se trate podrá acreditar en su declaración anual del ejercicio que corresponda el impuesto que se pague en los términos de este párrafo.
Para los efectos de este Capítulo, se considerará que la sociedad cooperativa de producción distribuye utilidades a sus socios, cuando la utilidad gravable a que se refiere esta fracción se invierta en activos financieros diferentes a las cuentas por cobrar a clientes o en recursos necesarios para la operación normal de la sociedad de que se trate.
Para los efectos de este capítulo las sociedades cooperativas de producción que no distribuyan rendimientos a sus socios, solo podrán invertir dichos recursos en bienes que a su vez generan más empleos o socios cooperativistas;
II. Las sociedades cooperativas de producción llevarán una cuenta de utilidad gravable. Esta cuenta se adicionará con la utilidad gravable del ejercicio y se disminuirá con el importe de la utilidad gravable pagada.
El saldo de la cuenta prevista en esta fracción, que se tenga al último día de cada ejercicio, sin incluir la utilidad gravable del mismo, se actualizará por el periodo comprendido desde el mes en el que se efectuó la última actualización y hasta el último mes del ejercicio de que se trate. Cuando se distribuyan utilidades provenientes de esta cuenta con posterioridad a la actualización prevista en este párrafo, el saldo de la cuenta que se tenga a la fecha de la distribución, se actualizará por el periodo comprendido desde el mes en el que se efectuó la última actualización y hasta el mes en el que se distribuyan dichas utilidades.
El saldo de la cuenta de utilidad gravable deberá transmitirse a otra u otras sociedades en los casos de fusión o escisión. En este último caso, dicho saldo se dividirá entre la sociedad escindente y las sociedades escindidas, en la proporción en la que se efectúe la partición del capital contable del estado de posición financiera aprobado por la asamblea general extraordinaria y que haya servido de base para realizar la escisión.
La utilidad gravable a que se refiere esta fracción, será la que determine la sociedad cooperativa de que se trate, en los términos del artículo 130 de esta Ley, correspondiente a la totalidad de los socios que integran dicha sociedad;
III. Por los ingresos que obtenga la sociedad cooperativa no se efectuarán pagos provisionales del impuesto sobre la renta, y
IV. Los rendimientos y los anticipos que otorguen las sociedades cooperativas a sus socios, se considerarán como ingresos asimilados a los ingresos por la prestación de un servicio personal subordinado y se aplicará lo dispuesto en los artículos 110 y 113 de esta Ley.
Artículo 85-B.- Las sociedades cooperativas de producción que opten por aplicar lo dispuesto en el presente Capítulo, no podrán variar su opción en

ejercicios posteriores, salvo cuando se cumplan con los requisitos que se establezcan en el Reglamento de esta Ley. Cuando los contribuyentes dejen de pagar el impuesto en los términos de este Capítulo, en ningún caso podrán volver a tributar en los términos del mismo.
Transitorios
Artículo Primero.- El presente Decreto entrará en vigor el 1o. de enero de 2006.
Artículo Segundo.- Para los efectos del tercero y cuarto párrafos de la fracción I, del artículo 85-A de la Ley del Impuesto Sobre la Renta, se pagará el impuesto sobre la renta conforme a la tarifa del artículo 177 de la citada Ley vigente al momento en el que se generaron las utilidades que se distribuyan.
Artículo Tercero.- Las sociedades cooperativas de producción que distribuyan anticipos o rendimientos a sus miembros en los términos de la fracción XI del artículo 29 de la Ley del Impuesto Sobre la Renta, para los efectos del artículo 9o. de la Ley del Impuesto al Activo, podrán considerar el impuesto sobre la renta que hubieren retenido por dichos conceptos conforme a lo dispuesto en el Capítulo I del Título IV de la Ley mencionada, como impuesto sobre la renta correspondiente a la sociedad cooperativa de que se trate.
Asimismo, las sociedades cooperativas de producción, para los efectos del acreditamiento a que se refiere el artículo 9o. de la Ley del Impuesto al Activo, será el que se determine conforme a lo dispuesto en la fracción I, del artículo 85-A de la Ley del Impuesto Sobre la Renta.
México, D.F., a 12 de septiembre de 2005.- Dip. Heliodoro Díaz Escárraga, Presidente.- Sen. Enrique Jackson Ramírez, Presidente.- Dip. Marcos Morales Torres, Secretario.- Sen. Micaela Aguilar González, Secretaria.- Rúbricas."
En cumplimiento de lo dispuesto por la fracción I del Artículo 89 de la Constitución Política de los Estados Unidos Mexicanos, y para su debida publicación y observancia, expido el presente Decreto en la Residencia del Poder Ejccutivo Federal, en la Ciudad de México, Distrito Federal, a los primer día del mes de diciembre de dos mil cinco.- Vicente Fox Quesada.- Rúbrica.- El Secretario de Gobernación, Carlos María Abascal Carranza.- Rúbrica.

El primer párrafo del Artículo 85-A establece la opción para el pago del Impuesto Sobre la Renta para las Sociedades Cooperativas de Producción constituidas únicamente por socios personas físicas, por su parte la fracción I, hace mención al cálculo del impuesto de cada socio en términos del Artículo 130 de la propia Ley, esto es el impuesto se calculará por ejercicios fiscales de acuerdo con el Artículo 177 de la misma Ley del Impuesto Sobre la Renta; en la fracción II se hace referencia la cuenta de utilidad gravable que deben de llevar las sociedades cooperativas de producción, la cual será adicionada a la utilidad gravable del ejercicio; las fracciones III y IV, refieren que las sociedades cooperativas no están obligadas a realizar pagos provisionales del impuesto.

Por su parte el Artículo 85-B señala de manera estricta la prohibición de variar la opción de aplicar lo dispuesto en el **capítulo VII-A** para las sociedades cooperativas de producción, en ejercicios posteriores.

3. TRATAMIENTO FISCAL DE LAS SOCIEDADES COOPERATIVAS DE PRODUCCIÓN

Sección I del Capítulo II del Título IV Artículo 130 de la Ley del Impuesto Sobre la Renta Sociedad Cooperativa X

Estado de Rendimientos al 31 de diciembre

	Ventas			$1'000,000.00
(-)	Costo de producción			$ 750,000.00
(=)	Rendimiento bruto			$ 250,000.00
(-)	Gastos de operación			$ 44,500.00
	Gastos de administración		$23,000.00	
	Gastos de ventas		21,500.00	
(=)	Rendimiento de operación			$ 205,500.00
(x)		Reserva de educación cooperativa 5%		$ 10,275.00
(=)	Rendimiento antes de ISR			$ 195,225.00
		ISR Artículo 177[1]		$ 27,882.09
(=)	Rendimiento neto			$ 167,342.91

Procedimiento de cálculo del ISR Artículo 177

Sociedad Cooperativa X	Rendimiento antes de ISR	$ 195,225.00
(-)	Límite inferior	$ 123,580.21
(=)	Excedente del límite inferior	$ 71,644.79
(x)	Porcentaje de excedente	20.65%
(=)	Impuesto marginal	$ 14,794.65
(+)	Cuota fija	$ 13,087.44
(=)	Impuesto determinado	$ 27,882.09

Factor de distribución	:	$167,342.91 / $750,000.00	0.2231239

SOCIO	% DE VENTAS	VENTAS REALIZADAS	FACTOR	RENDIMIENTO PROPORCIONAL
Socio A	32%	$ 240,000.00	22.31239%	$ 53,549.74
Socio B	20%	$ 150,000.00	22.31239%	$ 33,468.58
Socio C	18%	$ 135,000.00	22.31239%	$ 30,121.72
Socio D	12%	$ 90,000.00	22.31239%	$ 20,081.15
Socio E	18%	$ 135,000.00	22.31239%	$ 30,121.72
		$ 750,000.00		$ 167,342.91

1.Tratamiento fiscal para los socios que integran una sociedad cooperativa de producción

Capítulo I del Título IV Artículo 110 de la Ley del Impuesto Sobre la Renta Sociedad Cooperativa X

SOCIO	*BASE GRAVABLE*	*ISR*	*IMPUESTO DETERMINADO*
Socio A	$ 53,549.74	Artículo 113	$ 12,008.80
Socio B	$ 33,468.58	Artículo 113	$ 6,185.26
Socio C	$ 30,121.72	Artículo 113	$ 5,378.64
Socio D	$ 20,081.15	Artículo 113	$ 3,110.77
Socio E	$ 30,121.72	Artículo 113	$ 5,378.64

Procedimiento de cálculo del ISR Artículo 113[6]

Socio A	Ingresos asimilados	$ 53,549.74
(-)	Límite inferior	$ 32,736.84
(=)	Excedente del límite inferior	$ 20,812.90
(x)	Porcentaje de excedente	29%
(=)	Impuesto marginal	$ 6,035.74
(+)	Cuota fija	$ 5,973.06
(=)	Impuesto determinado	$ 12,008.80
Socio B	Ingresos asimilados	$ 33,468.58
(-)	Límite inferior	$ 32,736.84
(=)	Excedente del límite inferior	$ 731.74
(x)	Porcentaje de excedente	29%
(=)	Impuesto marginal	$ 212.20
(+)	Cuota fija	$ 5,973.06
(=)	Impuesto determinado	$ 6,185.26
Socio C	Ingresos asimilados	$ 30,121.72
(-)	Límite inferior	$ 20,770.30
(=)	Excedente del límite inferior	$ 9,351.42
(x)	Porcentaje de excedente	22.73%
(=)	Impuesto marginal	$ 2,125.57
(+)	Cuota fija	$ 3,253.07
(=)	Impuesto determinado	$ 5,378.64
Socio D	Ingresos asimilados	$ 20,081.15
(-)	Límite inferior	$ 10,298.36
(=)	Excedente del límite inferior	$ 9,782.79
(x)	Porcentaje de excedente	20.65%
(=)	Impuesto marginal	$ 2,020.15
(+)	Cuota fija	$ 1,090.62

[6] DOF Disposiciones transitorias para el ejercicio fiscal 2013

(=)	Impuesto determinado	$ 3,110.77
Socio E	Ingresos asimilados	$ 30,121.72
(-)	Límite inferior	$ 20,770.30
(=)	Excedente del límite inferior	$ 9,351.42
(x)	Porcentaje de excedente	22.73%
(=)	Impuesto marginal	$ 2,125.57
(+)	Cuota fija	$ 3,253.07
(=)	Impuesto determinado	$ 5,378.64

5. RÉGIMEN ECONÓMICO DE LAS SOCIEDADES COOPERATIVAS

Me permito citar de manera textual el apartado correspondiente a este tema, y que se encuentra contenido en la ley General de Sociedades Cooperativas; por considerarlo importante para el efecto de justificar la forma en que se explico en el punto número 2 (dos), el tratamiento fiscal de las Sociedades Cooperativas en México; referente a la determinación de los rendimientos obtenidos y al porcentaje que se señalo como fondo de reserva de educación.

> **Artículo 49.-** El capital de las sociedades cooperativas se integrará con las aportaciones de los socios y con los rendimientos que la Asamblea General acuerde se destinen para incrementarlo, además de considerar lo establecido en el artículo 63 de esta Ley.
>
> **Artículo 50.-** Las aportaciones podrán hacerse en efectivo, bienes derechos o trabajo; estarán representadas por certificados que serán nominativos, indivisibles y de igual valor, las cuales deberán actualizarse anualmente.
>
> La valorización de las aportaciones que no sean en efectivo, se hará en las bases constitutivas o al tiempo de ingresar el socio por acuerdo entre éste y el Consejo de Administración, con la aprobación de la Asamblea General en su momento.
>
> El socio podrá transmitir los derechos patrimoniales que amparan sus certificados de aportación, en favor del beneficiario que designe para el caso de su muerte. Las bases constitutivas de la sociedad cooperativa, determinarán los requisitos para que también se le puedan conferir derechos cooperativos al beneficiario.
>
> **Artículo 51.-** Cada socio deberá aportar por lo menos el valor de un certificado. Se podrá pactar la suscripción de certificados excedentes o voluntarios por los cuales se percibirá el interés que fije el Consejo de Administración de acuerdo con las posibilidades económicas de la sociedad cooperativa, to-

mando como referencia las tasas que determinen los bancos para depósitos a plazo fijo.

Al constituirse la sociedad cooperativa o al ingresar el socio a ella, será obligatoria la exhibición del 10% cuando menos, del valor de los certificados de aportación.

Artículo 52.- Cuando la Asamblea General acuerde reducir el capital que se juzgue excedente, se hará la devolución a los socios que posean mayor número de certificados de aportación o a prorrata si todos son poseedores de un número igual de certificados. Cuando el acuerdo sea en el sentido de aumentar el capital, todos los socios quedarán obligados a suscribir el aumento en la forma y términos que acuerde la Asamblea General.

Artículo 53.- Las sociedades cooperativas podrán constituir los siguientes fondos sociales:

I.- De Reserva;

II.- De Previsión Social, y

III.- De Educación Cooperativa.

Artículo 54.- El Fondo de Reserva se constituirá con el 10 al 20% de los rendimientos que obtengan las sociedades cooperativas en cada ejercicio social.

Artículo 55.- El Fondo de Reserva podrá ser delimitado en las bases constitutivas, pero no será menor del 25% del capital social en las sociedades cooperativas de productores y del 10% en las de consumidores. Este fondo podrá ser afectado cuando lo requiera la sociedad para afrontar las pérdidas o restituir el capital de trabajo, debiendo de ser reintegrado al final del ejercicio social, con cargo a los rendimientos.

Artículo 55 Bis.- En las Sociedades Cooperativas de Ahorro y Préstamo, el fondo de reserva deberá constituirse por lo menos con el diez por ciento de los excedentes, que se obtengan en cada ejercicio social, hasta alcanzar un monto equivalente a, por lo menos, el diez por ciento de los activos totales de la Sociedad. Este fondo podrá ser afectado, previa decisión de la Asamblea General, cuando lo requiera la Sociedad para afrontar las pérdidas o restituir el capital de trabajo, debiendo de ser reintegrado en ejercicios subsecuentes, con cargo a los excedentes. Se entenderá por capital de trabajo a la diferencia entre activos y pasivos a plazo menor de un año.

Artículo adicionado DOF 13-08-2009

Artículo 56.- El Fondo de Reserva de las sociedades cooperativas será manejado por el Consejo de Administración con la aprobación del Consejo de Vigilancia y podrá disponer de él, para los fines que se consignan en el artículo anterior.

Artículo 57.- El Fondo de Previsión Social no podrá ser limitado; deberá destinarse a reservas para cubrir los riesgos y enfermedades profesionales y formar fondos de pensiones y haberes de retiro de socios, primas de antigüedad y para fines diversos que cubrirán: gastos médicos y de funeral, subsidios por incapacidad, becas educacionales para los socios o sus hijos, guarderías infantiles, actividades culturales y deportivas y otras prestaciones de previsión social de naturaleza análoga. Al inicio de cada ejercicio, la Asamblea General fijará las prioridades para la aplicación de este Fondo de conformidad con las perspectivas económicas de la sociedad cooperativa.

Las prestaciones derivadas del Fondo de Previsión Social, serán independientes de las prestaciones a que tengan derecho los socios por su afiliación a los sistemas de seguridad social.

Las sociedades cooperativas en general, deberán de afiliar obligatoriamente a sus trabajadores, y socios que aporten su trabajo personal, a los sistemas de seguridad social, e instrumentar las medidas de seguridad e higiene en el trabajo, así como de capacitación y adiestramiento, gozando del beneficio expresado en los artículos 116 y 179 de la Ley del Seguro Social.

Artículo 58.- El Fondo de Previsión Social se constituirá con la aportación anual del porcentaje, que sobre los ingresos netos, sea determinado por la Asamblea General y se aplicará en los términos del artículo anterior. Este porcentaje podrá aumentarse según los riesgos probables y la capacidad económica de la sociedad cooperativa.

Artículo 59.- El Fondo de Educación Cooperativa será constituido con el porcentaje que acuerde la Asamblea General, pero en todo caso dicho porcentaje no será inferior al 1% de los excedentes netos del mes.

Artículo reformado DOF 04-06-2001

Artículo 60.- Las sociedades cooperativas, podrán recibir de personas físicas y morales, públicas o privadas, nacionales o internacionales, donaciones, subsidios, herencias y legados para aumentar su patrimonio.

Artículo 61.- Los excedentes de cada ejercicio social anual son la diferencia entre activo y pasivo menos la suma del capital social, las reservas y los rendimientos acumulados de años anteriores, los cuales se consignarán en el balance anual que presentará el Consejo de Administración a la Asamblea General. Igual procedimiento se observará si el balance mencionado reporta pérdidas.

Artículo 62.- Cada año las sociedades cooperativas podrán revaluar sus activos, en los términos legales correspondientes. La Asamblea General determinará con relación a los incrementos, el porcentaje que se destinará al incremento al capital social y el que se aplicará a las reservas sociales.

Artículo 63.- Las sociedades cooperativas podrán emitir certificados de aportación para capital de riesgo por tiempo determinado.

6. FUNCIONAMIENTO Y ADMINISTRACIÓN DE LAS SOCIEDADES COOPERATIVAS EN MÉXICO

De acuerdo con la ley General de Sociedades Cooperativas; la dirección, administración y vigilancia interna de las Sociedades Cooperativas, en general, estará a cargo de los órganos siguientes[7]:

---

7 Artículo 34 LGSC

- La Asamblea General;
- El Consejo de Administración;
- El Consejo de Vigilancia;
- Las comisiones y comités que esta Ley establece y las demás que designe la Asamblea General, y
- Tratándose de las Sociedades Cooperativas de Ahorro y Préstamo, además de los citados órganos, en las fracciones I a IV anteriores, deberán contar, cuando menos con:
    - Comité de Crédito o su equivalente;
    - Comité de Riesgos;
    - Un director o gerente general, y
    - Un auditor Interno.

Cada uno de los órganos que llevan a cabo la dirección, administración y vigilancia interna de las sociedades cooperativas deben de cumplir con las funciones que al efecto señale la propia Ley General de Sociedades Cooperativas, y en lo no contemplado por esta se estarán a lo dispuesto por la ley General de Sociedades Mercantiles que se encuentre vigente al momento de llevar a cabo el desempeño de sus funciones.

Para ser consejero la Ley exige como requisitos los siguientes[8]:

- ✓ Acreditar la experiencia y los conocimientos mínimos que en materia financiera y administrativa, establezca la propia Cooperativa en sus bases constitutivas;
- ✓ No desempeñar simultáneamente otro cargo como dirigente, funcionario o empleado en la Cooperativa de que se trate, así como en otras Cooperativas distintas a los Organismos de Integración;
- ✓ No estar inhabilitado para ejercer el comercio;
- ✓ No estar sentenciado por delitos intencionales patrimoniales;
- ✓ No tener litigio pendiente con la Cooperativa;
- ✓ No haber celebrado con la Cooperativa, directa o indirectamente, contratos de obras, servicios, suministros o cualquier otro de naturaleza análoga, o participar en empresas con las que la Cooperativa celebre cualquiera de los actos antes señalados;
- ✓ No desempeñar un cargo público de elección popular o de dirigencia partidista;
- ✓ No estar inhabilitado para ejercer cualquier cargo, comisión o empleo en el servicio público federal, estatal o municipal, o en el Sistema Financiero Mexicano;
- ✓ No tener parentesco por consanguinidad hasta el primer grado, afinidad hasta el segundo grado, o civil con el director o gerente general, o con alguno de los miembros del Consejo de Administración o de vigilancia de la Cooperativa, y

---

[8] Artículo 43 Bis. LGSC

✓ Los demás que esta Ley, la asamblea o las bases constitutivas de la Cooperativa determinen.

La Asamblea General deberá conocer el perfil de los candidatos a desempeñarse como consejeros, y se someterá a su consideración la documentación e información que al efecto determine la misma Asamblea en las bases constitutivas, para evaluar la honorabilidad, historial crediticio y experiencia de negocios de los candidatos.

De acuerdo con la propuesta de reformas para el ejerció fiscal dos mil catorce (2014), que se señala a continuación, se pretende la eliminación de este régimen de personas morales que si bien de acuerdo con el Título II de la Ley del ISR, se encuentran dentro del grupo de personas morales, no tributan como tal, como ha quedado explicado de manera detallada en los apartados dos y tres del presente estudio, por lo que a manera de conclusión considero una reforma acertada por parte del Ejecutivo, al señalar que desaparecerá este régimen preferencial de las Sociedades Cooperativas de Producción, para incorporarse como realmente se constituyen dentro de la ley del Impuesto Sobre la Renta; y su régimen fiscal sea el que aplica a las personas morales de régimen general con todo el tratamiento fiscal que ello conlleva.

Régimen de Sociedades Cooperativas de Producción.[9]

A través de los tratamientos preferenciales se busca alentar y promover determinados sectores o actividades económicas. No obstante, la evidencia indica claramente que éstos pueden resultar ineficientes en el logro de sus objetivos, debido a que la pérdida en bienestar social generalmente supera ampliamente el beneficio otorgado. Así, las pérdidas recaudatorias que causan estos regímenes se dan sin que los fines extrafiscales para los que fueron diseñados se alcancen.

Además, dichos regímenes generan distorsiones en las decisiones de los agentes económicos, reducen la base gravable y la recaudación, hacen compleja la fiscalización, provocan inequidad entre los contribuyentes y crean espacios para la evasión y elusión fiscales.

El régimen aplicable a las sociedades cooperativas de producción constituidas únicamente por socios personas físicas y cuya vigencia inició desde 2006, permite que la sociedad cooperativa no pague el ISR como una persona moral sino que calcula el ISR de cada uno de sus socios, determinando la parte de la utilidad gravable del ejercicio que le corresponda a cada cooperativista por su participación en la sociedad cooperativa, difiriendo el pago del ISR hasta el ejercicio fiscal en que se distribuye la utilidad. Esta situación provoca inequidad respecto de otras empresas que por el hecho de tener una organización jurídica diferente, deben pagar el ISR cuando se generan las utilidades y no cuando se distribuyen.

Asimismo, las sociedades cooperativas de producción tienen la ventaja de efectuar anticipos a sus miembros personas físicas, los cuales son gravados

---

9 Proyecto de Reformas Fiscales a la Ley de ISR, 08-09-2013

como salarios con la tarifa progresiva. Dichos anticipos se disminuyen de la utilidad fiscal que determina la sociedad cooperativa permitiendo que ésta sea manipulable.

El régimen preferencial aplicable a las sociedades cooperativas de producción, dificulta las tareas de fiscalización, al impedir realizar un cruce adecuado de información con los proveedores y clientes de la misma, dado los diferentes momentos de determinación y entero del impuesto a lo largo de ejercicios fiscales distintos a aquél en que se realizaron las operaciones. De esta manera, se generan espacios para la evasión y elusión fiscales.

Por las razones expuestas, se propone eliminar el tratamiento preferencial para este sector de contribuyentes, con lo cual se pretende simplificar el ISR, evitar la inequidad existente respecto de los diversos sectores económicos y la distorsión, así como para ampliar la base del impuesto. De esta manera, estos contribuyentes se incorporarían a tributar en el régimen general de personas morales, con lo que se garantizará una contribución equitativa de todos los sectores de la economía al financiamiento de los programas públicos.

7. CONCLUSIONES

Unas vez realizado el presente estudio sobre la Fiscalidad de las Cooperativas en México, se concluye que con la reforma que se presenta y que entrara en vigor a partir del próximo ejercicio fiscal, estas Sociedades Cooperativas van a tener un verdadero régimen fiscal que las regule, debido a que sus actividades son propias del régimen general de personas morales y que las mismas deben de aplicar para el pago del impuesto del ejercicio que corresponda, lo estipulado por el Artículo 10 de la propia Ley del Impuesto Sobre la Renta que se encuentra en vigor, y no así por lo dispuesto en el Artículo 177 que regula la forma de realizar el pago del impuesto como si se tratare del régimen de personas físicas que regula el Capítulo II del Título IV de la Ley de referencia; debiendo ser el cálculo del impuesto a pagar el siguiente:

Sociedad Cooperativa X

Estado de Rendimientos al 31 de diciembre

	Ventas		$1'000,000.00
(-)	Costo de producción		$ 750,000.00
(=)	Rendimiento bruto		$ 250,000.00
(-)	Gastos de operación		$ 44,500.00
	Gastos de administración	$23,000.00	

	Gastos de ventas		21,500.00	
(=)	Rendimiento de operación			$ 205,500.00
(x)		Reserva de educación cooperativa 5%		$ 10,275.00
(=)	Rendimiento antes de ISR			$ 195,225.00
		ISR Artículo 10[2]	29%	$ 56,615.25
(=)	Rendimiento neto			$ 138,609.75

8. BIBLIOGRAFÍA

Glosario:

DOF Diario Oficial de la Federación
LGSC Ley General de Sociedades Cooperativas
ISR Impuesto Sobre la Renta

Bibliografía:

Código Fiscal de la Federación, Editorial ISEF, 2013.
Ley del Impuesto Sobre la Renta, Editorial ISEF, 2013.
Ley General de Sociedades Cooperativas, Última reforma DOF 13-08-09
Ley General de Sociedades Mercantiles, Editorial ISEF, 2013.
Proyecto de Reformas Fiscales para el Ejercicio Fiscal 2014.

Páginas web:

www.diputados.gob.mx
www.dof.gob.mx
www.sat.gob.mx

TEMA 5

ASPECTOS LABORALES DE LAS SOCIEDADES COOPERATIVAS

Naturaleza de la relación del socio trabajador y del socio de trabajo en las cooperativas: Especial referencia a su régimen de seguridad social

Dr. D. Francisco Javier Arrieta Idiakez

Universidad de Deusto

1. LA NATURALEZA DE LA RELACIÓN DEL SOCIO TRABAJADOR Y DEL SOCIO DE TRABAJO EN LAS COOPERATIVAS

A partir de la Ley 27/1999, de 16 de julio, de Cooperativas[1], no se discute la naturaleza de la relación del socio trabajador y del socio de trabajo en las cooperativas[2], al reconocerse expresamente que «la relación de los socios trabaja-

[1] BOE de 17 de julio de 1999, núm. 170.

[2] Sin embargo, con anterioridad esta cuestión fue objeto de amplia discusión en la doctrina. Más concretamente, Luján Alcaraz, respecto a las cooperativas de trabajo asociado, llegó a identificar tres grandes corrientes. Así, para la primera, el socio trabajador de las cooperativas de trabajo asociado en nada se diferenciaría del trabajador asalariado, toda vez que su trabajo también se presta por cuenta ajena y bajo dependencia de la cooperativa. Por su parte, la segunda, apoyándose en la jurisprudencia mayoritaria, defendía que el socio trabajador únicamente se vin-

dores con la cooperativa es societaria»[3], o al referirse, también expresamente, a la «relación societaria y autogestionada de los socios trabajadores que les vincula con su cooperativa»[4]. Otro tanto sucede en la normativa propia de las comunidades autónomas, que, resulta de aplicación preferente a la Ley 27/1999, por haber asumido éstas competencia exclusiva en materia de legislación de cooperativas. Así, en las normas autonómicas se reconoce expresamente la naturaleza societaria del vínculo existente entre el socio trabajador y la cooperativa[5], o se deduce dicha naturaleza del concepto general de cooperativa[6].

Además, en la Ley 27/1999 se matiza que, como regla general, «serán de aplicación a los socios de trabajo las normas establecidas... para los socios tra-

---

cula con la cooperativa a través de una relación societaria incompatible, en cuanto tal, con las notas de ajenidad y dependencia que definen el contrato de trabajo. Por último, la tercera corriente veía en la relación de trabajo del socio trabajador un *tertium genus*, a saber, una relación de naturaleza mixta en virtud del cual el socio, vinculado jurídicamente a la sociedad cooperativa mediante una única relación societaria, se obliga a realizar para la misma una prestación laboral dependiente y por cuenta ajena en nada distinguible de la que lleva a cabo el trabajador asalariado stricto sensu [LUJÁN ALCARÁZ, J., (1999) "*El socio trabajador de las cooperativas de trabajo asociado en la Ley 27/1999, de 16 de julio, de Cooperativas*", en: ARANZADI SOCIAL, 1999, vol. V, España, pp. 129-130]. Reduciendo a dos las posibilidades existentes, LÓPEZ GANDÍA se pronunció de manera más tajante, al señalar que «o se defiende el carácter societario o el laboral, sin que quepan construcciones mixtas o negocios jurídicos complejos que tienen un valor más descriptivo que caracterizador» [LÓPEZ GANDÍA, J., (2006) **"Las cooperativas de trabajo asociado y la aplicación del Derecho del Trabajo"**, España, Tirant lo Blanch, p. 35].

3 Cfr. artículo 80.1.

4 Cfr. artículo 80.5, *in fine*.

5 Así ocurre con la normativa de las Comunidades Autónomas de Andalucía (artículo 84.1, Ley 14/2011, de 23 de diciembre); Aragón (artículo 72.1, Ley 9/1998, de 22 de diciembre); Asturias (artículo 142.1, Ley 4/2010, de 29 de junio); Cantabria (artículo 103.1, Ley 6/2013, de 6 de noviembre); Castilla y León (artículo 99.1, Ley 4/2002); Euskadi (Ley 4/1993, de 24 de junio: en su Exposición de Motivos, al referirse a las cooperativas de trabajo asociado, se hace referencia expresa a «la peculiar relación, societaria autogestionada y no laboral, del socio trabajador con su cooperativa...»); Galicia (artículo 104.2, Ley 5/1998, de 18 de diciembre); Murcia (artículo 104.3, Ley 8/2006, de 16 de noviembre); La Rioja (artículo 103.1, Ley 4/2001, de 2 de julio); Valencia (artículo 89.3, de la Ley 8/2003, de 24 de marzo).

6 Así ocurre con la normativa de las Comunidades Autónomas de Castilla La Mancha (artículo 1.1, Ley 20/2002, de 14 de noviembre; además, en la Disposición Transitoria quinta, se establece que «las cooperativas se regirán por las normas contenidas en la presente Ley, por los Reglamentos de desarrollo de la misma, por sus Estatutos y, supletoriamente, por la legislación de cooperativas del Estado y sus normas de desarrollo»); Cataluña (artículo 1, Ley 18/2002, de 5 de julio); Extremadura (artículo 2, Ley 2/1998, de 26 de marzo; además, en la Disposición Final segunda se establece que «Las sociedades cooperativas se regirán por sus estatutos, por la Ley de Sociedades Cooperativas de Extremadura, por los reglamentos de desarrollo de la misma y, supletoriamente, por la legislación de sociedades cooperativas del Estado y sus normas de desarrollo»); Illes Balears (artículo 2, Ley 1/2003); Madrid (artículo 1, Ley 4/1999, de 30 de marzo; además, en la Disposición Final cuarta, se establece que «para todos aquellos temas no regulados en la presente Ley o remitidos específicamente a desarrollo reglamentario posterior, se estará a lo dispuesto en la legislación cooperativa estatal»); Navarra (artículo 2, Ley Foral 14/2006, de 11 de diciembre).

bajadores de las cooperativas de trabajo asociado...»[7], y otro tanto sucede en la normativa autonómica. Y ello porque, conforme a la Ley 27/1999, «en las sociedades cooperativas de primer grado, que no sean de trabajo asociado o de explotación comunitaria de la tierra y en las de segundo grado, los Estatutos podrán prever la admisión de socios de trabajo, personas físicas cuya actividad cooperativa consistirá en la prestación de su trabajo personal en la cooperativa»[8]. En concreto, respecto a los socios trabajadores de las cooperativas de explotación comunitaria de la tierra, la norma estatal es clara cuando señala que, como norma general, a los mismos les serán de aplicación las normas establecidas para los socios trabajadores de las cooperativas de trabajo asociado[9]. Y otro tanto sucede en el caso de las cooperativas sanitarias cuando se señala que, si procede, podrán ser de aplicación las normas establecidas para las de trabajo asociado, siempre y cuando los socios sean profesionales de la medicina[10], y también en el caso de las cooperativas de enseñanza, al indicarse que cuando la cooperativa de enseñanza asocie a profesores y a personal no docente y de servicios, le serán de aplicación las normas reguladoras de las cooperativas de trabajo asociado[11].

En ese sentido, y también de acuerdo con la Ley 27/1999, no cabe olvidar que conforme al concepto válido para cualquier clase de cooperativa, la cooperativa es una sociedad constituida por personas que se asocian para la realización de actividades empresariales, encaminadas a satisfacer sus necesidades y aspiraciones económicas y sociales[12]. De donde se deduce la inexistencia de una de las notas típicas de laboralidad, a saber, la ajenidad, entendida como «ajenidad en el mercado», pues no existe intermediario entre el último consumidor y usuario y los sujetos que producen u ofrecen los bienes y servicios, sino que los socios adquieren la condición de empresarios de sí mismos. Por idénticos motivos tampoco cabría hablar de «ajenidad en los frutos», pues los resultados de la prestación de servicios de los socios pertenecen *ab initio* a la sociedad cooperativa de la que son titulares; titularidad de la que deriva un título preexistente a la ejecución del trabajo por parte de los socios[13]. Y otro tanto cabe

---

7 Cfr. artículo 13.4.

8 Ibidem.

9 Cfr. artículo 95.2.

10 Cfr. artículo 102.2.

11 Cfr. artículo 103.3.

12 Cfr. artículo 1.1.

13 Especialmente acertadas resultan las conclusiones de De Nieves Nieto, cuando señala que «el valor que añade el trabajo realizado por los socios trabajadores [y los socios de trabajo] a la producción les beneficia directamente por ostentar ellos la doble condición de prestadores de servicios y titulares de la sociedad. En fin, los socios trabajadores [y socios de trabajo] no ceden los frutos de su trabajo a un extraño, sino a la comunidad en la cual se encuentran integrados» [De Nieves Nieto, N., (2005) **"Cooperativas de Trabajo Asociado: Aspectos Jurídico-Laborales"**, España, Consejo Económico y Social, p. 95]. En parecidos términos, se pronunció hace ya tiempo Valdés Dal-Ré, al señalar que «la obligación de trabajar que pesa sobre el socio nace del vínculo asociativo, se asume en el momento constitutivo de la relación social, quedando integrada en ella»

señalar sobre la «ajenidad en los riesgos», ya que el socio, por el mero hecho de prestar sus servicios, no tendrá derecho a ser retribuido, independientemente de las pérdidas o ganancias que tenga la cooperativa. Muy al contrario, los «riesgos de la cooperativa» afectan de lleno a los socios de la misma, por el régimen de responsabilidad social e imputación de pérdidas que se les aplica.

Poniendo el centro de atención en la notas de laboralidad de «trabajo dependiente o en régimen de dependencia jurídica» también puede apreciarse su no concurrencia en la prestación de servicios de los socios trabajadores y de los socios de trabajo.

En efecto, no existe «dependencia jurídica» en la prestación de servicios de los socios trabajadores y de los socios de trabajo porque en el trabajo asociado, si bien también existe dependencia, la legitimación de la sujeción a la cooperativa deriva del contrato de sociedad. Con otras palabras, en el caso de las cooperativas, la subordinación de los socios para con la misma se da en un contrato asociativo que conlleva la incorporación del socio a una organización propia, organizada de manera colectiva. En ese sentido, son el contrato de sociedad y los estatutos sociales los que constituyen y dan vida a la cooperativa, sin que ella sea ajena a los propios socios, sin que tenga un espacio propio, libre, no contractualizable, pese al origen asociativo de la aportación de trabajo y la funcionalización del mismo a las exigencias de la cooperativa[14].

Y es la ausencia de las notas de ajenidad y dependencia la que impide reconocer el derecho al salario de los socios trabajadores y de los socios de trabajo, dado que para que exista salario es necesario que el carácter remunerado de la prestación se circunscriba a una relación que presente las notas de ajenidad y dependencia[15]. Precisamente ese es el motivo, conforme a la Ley 27/1999, por el que los socios trabajadores y los socios de trabajo tienen derecho a percibir periódicamente, en plazo no superior a un mes, percepciones a cuenta de los excedentes de la cooperativa denominados anticipos societarios que no tienen la consideración de salario, según su participación en la actividad cooperativizada[16].

Cosa distinta es que la Ley 27/1999, así como la normativa autonómica, al regular la prestación de trabajo de los socios trabajadores, extrapole a su campo de actuación multitud de aspectos de índole laboral[17]. Por consiguiente, puede concluirse que, con frecuencia, resulta aplicable el Derecho del Trabajo en una

---

[Valdés Dal-Ré, F., (1975) **"Las cooperativas de producción: un estudio sobre el trabajo asociado"**, España, Montecorvo, p. 267].

14 López Gandía, J., (2006) *ob. cit.*, pp. 218-219.

15 STSJ de Asturias 4ª, de 8 de febrero de 2008 (nº rec. 3614/2007).

16 Cfr. artículo 80.4. También la doctrina se ha pronunciado en ese sentido, al señalar que los «anticipos societarios son «percepciones a cuenta de los excedentes de la cooperativa, cuya cuantía dependerá de la participación en la actividad cooperativizada» [por todos, Hierro Hierro, F.J., (2004) *"Las relaciones laborales en las cooperativas de trabajo asoaciado"*, en: Aranzadi Social, núm. 20, España, p. 61].

17 Véase al respecto De Nieves Nieto, N., (2005), *ob. cit.*, p. 78.

esfera que no es la suya. Con otras palabras, resulta de aplicación no porque se amplíe su ámbito de aplicación, sino porque así se ha asumido en una norma del Derecho de sociedades y, por ende, de Derecho mercantil, como resultan ser la Ley 27/1999 y el resto de normas autonómicas[18]. Obviamente, a pesar de

---

[18] En la *Ley 27/1999* resulta evidente la influencia del Derecho del Trabajo, y, en ocasiones, incluso la necesidad de recurrir al mismo, al regularse las siguientes materias: capacidad contractual, duración de la prestación de servicios, jornada, descanso semanal, fiestas, vacaciones, permisos, suspensiones y excedencias, baja obligatoria, sucesión de empresas y período de prueba. Por su parte, la normativa autonómica resulta más variopinta. La *Ley 14/2011, de 23 de diciembre, de Sociedades Cooperativas andaluzas*, señala que «cualquier materia vinculada a los derechos y obligaciones del socio o socia como persona trabajadora será regulada por los estatutos, por el reglamento de régimen interior o por acuerdo de la Asamblea General, respetando las disposiciones que determinen los derechos y garantías legalmente establecidos en el derecho laboral común con las especificidades que se establezcan reglamentariamente» (artículo 87.1). La *Ley 9/1998, de 22 de diciembre, de Cooperativas de Aragón*, establece que «los Estatutos, el Reglamento de régimen interno o, en su defecto, la Asamblea General regularán la duración de la jornada de trabajo, el descanso mínimo semanal, las fiestas, las vacaciones anuales, los permisos, las suspensiones de trabajo y las excedencias, respetando, en todo caso, los mínimos establecidos en la Ley general de Cooperativas. Serán de plena aplicación las normas sobre suspensiones por maternidad y adopción establecidas en la legislación vigente» (artículo 73). No obstante, en la práctica los reglamentos de régimen interno se inspiran en el Derecho del Trabajo. La *Ley 4/2010, de 29 de junio, de Cooperativas del Principado de Asturias*, en principio, señala que «la relación de los socios trabajadores con la cooperativa tendrá exclusivamente carácter societario, siendo su estatuto profesional, en consecuencia, el establecido en la presente ley y en los estatutos sociales o, en su caso mediante un reglamento de régimen interno...» (artículo 142.1). Ahora bien, tras especificar las materias que, como mínimo, deben regularse, y matizar que «en cualquier caso, la regulación que se haga de la jornada, descanso semanal, fiestas, vacaciones y permisos respetará los mínimos establecidos en la legislación estatal de cooperativas» (artículo 142.2), establece que «en ausencia de regulación cooperativa, se aplicará, supletoriamente, lo establecido en la normativa laboral común» (artículo 142.4). La *Ley 6/2013, de 6 de noviembre, de Cooperativas de Cantabria*, establece que «los estatutos sociales o, en su caso, un reglamento de régimen interno... establecerán el marco básico de régimen de trabajo de los socios trabajadores... [debiendo] regularse, al menos, la jornada de trabajo, los anticipos societarios, el descanso semanal, las vacaciones, los permisos, la clasificación profesional, la movilidad funcional y geográfica, las excedencias o cualquier causa de suspensión o extinción de la relación de trabajo cooperativo, y, en general, cualquier otra materia directamente vinculada a la prestación de trabajo de los socios trabajadores que suponga derechos y obligaciones» (artículo 103). Por ende, en la práctica, los reglamentos internos también se inspirarán en el Derecho del Trabajo para regular todas estas cuestiones. La *Ley 20/2002, de 14 de noviembre, de Cooperativas de Castilla La Mancha*, señala que «la organización del trabajo, la jornada, el descanso semanal, las fiestas, vacaciones y permisos, la clasificación profesional, la movilidad funcional y geográfica, las excedencias o cualquier otra causa de suspensión o extinción de la relación laboral en régimen cooperativo, y en general cualquier otra materia relacionada con los derechos y obligaciones del socio como trabajador, serán regulados por los Estatutos o, en su defecto, por acuerdo de la Asamblea General, respetando las disposiciones de esta Ley y, subsidiariamente, los derechos y garantías legalmente establecidos en el derecho laboral común» (artículo 105.1). La *Ley 4/2002, de 11 de abril, de Cooperativas de Castilla y León*, establece que «los Estatutos, el reglamento de régimen interno o, en su defecto, la Asamblea General, regularán la duración de la jornada de trabajo, el descanso mínimo semanal, las fiestas y las vacaciones anuales además de los permisos, de conformidad con la legislación laboral vigente» (artículo 103). Por su parte, las suspensiones y las excedencias se regulan en la propia ley pero con ciertas remisiones a la legislación laboral

(cfr. artículo 104). La *Ley 18/2002, de 5 de julio, de Cooperativas de Cataluña*, establece, en primer lugar, que «los criterios básicos del régimen de la prestación del trabajo han de ser determinados o bien en los estatutos o bien en un reglamento de régimen interior...» (artículo 116.1). Además, especifica que «pueden regularse, como materia de régimen de trabajo, la organización del trabajo, las jornadas, el descanso semanal, las fiestas laborales, las vacaciones, los permisos, la clasificación profesional, los criterios retributivos –en especial los anticipos laborales–, la movilidad funcional y geográfica, las excedencias o cualquier otra causa de suspensión o extinción de la relación de trabajo cooperativo, y, en general, cualquier otra materia vinculada directamente con los derechos y obligaciones derivados de la prestación de trabajo por los socios trabajadores» (artículo 116.2). Y, por último, aclara que «a falta de regulación cooperativa, ha de aplicarse lo que disponen las fuentes de derecho cooperativo catalán y, supletoriamente, el ordenamiento jurídico cooperativo en general, y, en último término, la normativa laboral» (artículo 116.3). La *Ley 4/1993, de 24 de junio, de Cooperativas de Euskadi*, establece, primero, que «los Estatutos o, en su defecto, la Asamblea General establecerán el marco básico de régimen de trabajo de los socios trabajadores» (artículo 101.1), para, concretar, después, que «podrán regularse como materias de dicho régimen la organización del trabajo, las jornadas, el descanso semanal, las fiestas, las vacaciones, los permisos, la clasificación profesional, la movilidad funcional y geográfica, las excedencias o cualquier otra causa de suspensión o extinción de la relación de trabajo cooperativo, y, en general, cualquier otra materia directamente vinculada con los derechos y obligaciones derivados de la prestación del trabajo por el socio trabajador» (artículo 101.2). La *Ley 2/1998, de 26 de marzo, de Sociedades Cooperativas de Extremadura*, establece una remisión directa y en bloque a la legislación laboral al señalar que «el régimen jurídico del trabajo de los socios trabajadores será el establecido en las normas legales y reglamentarias del Estado reguladoras de la relación laboral nacida del contrato de trabajo» (artículo 115.1). Pero resulta obvio su objetivo de mejorar los mínimos contenidos en dicha normativa, al disponer que «los estatutos sociales o la Asamblea General podrán mejorar las condiciones establecidas en las precitadas normas, en materias tales como la organización del trabajo, las jornadas, el descanso semanal, las fiestas, las vacaciones, los permisos, la clasificación profesional, la movilidad funcional y geográfica, las excedencias o cualquier otra causa de suspensión o extinción de la relación de trabajo cooperativo, y, en general, cualquier otra materia directamente vinculada con los derechos y obligaciones derivados de la prestación del trabajo por el socio trabajador» (artículo 115.2). La *Ley 5/1998, de 18 de diciembre, de Cooperativas de Galicia*, establece que «los estatutos regularán o podrán remitir al reglamento de régimen interno la organización básica del trabajo, que hará referencia como mínimo a la estructura de la empresa, clasificación profesional, movilidad funcional y geográfica, licencias retribuidas y excedencias» (artículo 107.1). Además, la propia norma también regula directamente ciertas cuestiones, pero, acto seguido, dispone que «en todo lo no previsto en este artículo será de aplicación la normativa laboral de personal trabajador por cuenta ajena» (artículo 107.6). La *Ley 1/2003, de 20 de marzo, de Cooperativas de Illes Balears*, establece, en primer lugar, que «los estatutos regularán o podrán remitir al reglamento de régimen interno, la organización básica del trabajo. Harán referencia como mínimo a: estructura de la empresa, clasificación profesional, movilidad funcional o geográfica, permisos retribuidos, excedencias o cualquier otra causa de suspensión o extinción de la relación de trabajo en el régimen cooperativo y, en general, cualquier otra materia vinculada a los derechos y las obligaciones del socio como trabajador» (artículo 104.1). Y, después, matiza que «en todo lo no previsto en este artículo, serán de aplicación los derechos y las garantías legalmente establecidos en el derecho laboral común» (artículo 104.4). La *Ley 4/1999, de 30 de marzo, de Cooperativas de Madrid*, señala, de una forma un tanto confusa, que «serán aplicables a esas Cooperativas y a sus socios trabajadores, con carácter inderogable y con el alcance establecido en cada caso por la respectiva normativa, las disposiciones estatales sobre: a) Requisitos y límites al trabajo de menores y de extranjeros; b) Capacidad para ser socio trabajador; c) Definición y garantía de los anticipos societarios cuya cuantía no será inferior al salario mínimo interprofesional, en cómputo anual, salvo para los socios trabajadores a tiempo parcial que verán reducido este deque se asuma el estatus societario de las personas que integran las cooperativas de trabajo asociado, existe la necesidad de regular su prestación de servicios,

---

recho en proporción a la jornada que desarrollen; en el supuesto de que la Cooperativa tuviera concentrada más del ochenta por ciento de su facturación con un único cliente o con un único grupo de empresas, el anticipo societario deberá ser equivalente a los salarios medios de la zona, sector y categoría profesional; d) Prevención de riesgos laborales y restante normativa sobre salud laboral y seguridad e higiene en el trabajo; e) Permisos y excedencias por maternidad, paternidad, adopción de menores e igualdad de trato para la mujer; f) Seguridad Social aplicable a los socios trabajadores; g) Prestaciones de desempleo en favor de los mismos; h) Competencia jurisdiccional diferenciada, según la naturaleza de las cuestiones contenciosas entre el socio trabajador y la Cooperativa, así como el procedimiento especial establecido para los supuestos litigiosos de los que deba conocer el Orden Social de la Jurisdicción; i) Sucesión empresarial; cuando una Cooperativa de Trabajadores Asociados cese en una contrata o subcontrato o concesión administrativa y una nueva empresa se hiciera cargo de las mismas, los socios trabajadores serán incorporados por la nueva empresa con los mismos derechos y obligaciones que les hubieran correspondido de haber sido trabajadores por cuenta ajena» (artículo 105.4). La *Ley 8/2006, de 16 de noviembre, de Sociedades Cooperativas de la Región de Murcia*, establece que «los Estatutos sociales, el Reglamento de Régimen interior o, en su defecto, la Asamblea General... establecerán... el marco básico de régimen de trabajo de los socios trabajadores, con respeto a las condiciones establecidas en la legislación laboral» (artículo 106.1). Ahora bien, matiza que «deberán regularse, en los términos del apartado anterior, al menos, la jornada de trabajo, los anticipos societarios, el descanso semanal, las vacaciones, los permisos, la clasificación profesional, la movilidad funcional y geográfica, las excedencias, sanciones y primas, y en general, cualquier otra materia directamente vinculada a la actividad laboral de los socios trabajadores que suponga derechos y obligaciones» (artículo 106.2). La *Ley 14/2006, de 11 de diciembre, de Cooperativas de Navarra*, señala que «la organización laboral, la jornada, el descanso semanal, las fiestas, vacaciones y permisos, la clasificación profesional, la movilidad funcional y geográfica, las excedencias o cualquier otra causa de suspensión o extinción de la relación de trabajo en régimen cooperativo y, en general, cualquier otra materia vinculada a los derechos y obligaciones del socio trabajador, deberá ser regulada en los estatutos o, en su defecto, por acuerdo de la Asamblea General, a los efectos del establecimiento del marco básico del régimen del trabajo de los mismos» (artículo 67.7). Pero en la práctica son los reglamentos de régimen interno quienes regulan estas cuestiones, inspirándose en el Derecho del Trabajo. La *Ley 4/2001, de 2 de julio, de Cooperativas de La Rioja*, establece, en principio, que «los Estatutos regularán o podrán remitir al reglamento de régimen interno la organización básica del trabajo, que hará referencia como mínimo a la estructura de la empresa, clasificación profesional, movilidad funcional o geográfica, permisos retribuidos, excedencias o cualquier otra causa de suspensión o extinción de la relación de trabajo en el régimen cooperativo, y en general cualquier otra materia vinculada a los derechos y obligaciones del socio como trabajador» (artículo 106.1). No obstante, regula directamente algunos aspectos y, finalmente, acaba señalando que «en todo lo no previsto en este artículo, serán de aplicación los derechos y garantías legalmente establecidos en el derecho laboral común» (artículo 106.11). La *Ley 8/2003, de 24 de marzo, de Cooperativas de la Comunidad Valenciana*, establece, en primer lugar, que «... los estatutos sociales, el reglamento de régimen interior o la propia asamblea general, deberán establecer el estatuto profesional del socio...», concretándose, asimismo, las materias que han de regularse como mínimo. Pero se matiza que «en cualquier caso, la regulación que los estatutos sociales hagan de la jornada, descanso semanal, fiestas, vacaciones, permisos y causas de suspensión o extinción de la prestación laboral, respetará los mínimos que se regulan en la legislación estatal de cooperativas». Y, finalmente, dispone que «en lo no regulado de forma expresa por esta Ley en materia de cooperativas de trabajo asociado, será de aplicación supletoria a la relación cooperativa lo dispuesto para ella en la Ley Estatal de Cooperativas» (artículo 89.3).

respetando el mandato constitucional de establecer por ley un estatuto de los trabajadores[19]; estatuto que, como la práctica ha demostrado, no es único.

Ciertamente, los moldes y las conquistas sociales del Derecho del Trabajo son más o menos aprovechables en otros contextos[20], tal y como lo demuestra el hecho de haberse aprobado, en poco tiempo, el Estatuto Marco del personal estatutario de los servicios de salud (Ley 55/2003, de 16 de diciembre), el Estatuto del Personal Investigador en Formación (Real Decreto 63/2006, de 27 de enero), el Estatuto Básico del Empleado Público (Ley 7/2007, de 12 de abril) y el Estatuto del Trabajo Autónomo (Ley 20/2007, de 11 de julio). Y lo mismo cabe señalar respecto a la regulación de la prestación de trabajo de los socios trabajadores de las cooperativas de trabajo asociado.

Con ello, se supera el centralismo evidenciado durante décadas por el Estatuto de los Trabajadores[21]; demostración de la arraigada tradición existente respecto a los trabajadores asalariados, como consecuencia del devenir histórico tras la cuestión social, y de haberse erigido aquéllos en principal capa social. Como ya ha destacado la doctrina, la idea de «Estatuto» tiende a anudarse en nuestro sistema jurídico al garantismo de los derechos del trabajador-ciudadano en el marco del ejercicio de una determinada profesión o desarrollo de una actividad profesional, con regulaciones distintas y tutelas diversificadas, pero también con continuas interrelaciones sistemáticas entre las mismas[22]. Con otras palabras, el trabajo en cualquiera de sus formas tiende en nuestros días a la «estatutarización»[23], aunque en el particular caso de los socios trabajadores de las cooperativas de trabajo asociado, dicho estatuto se incorpore en la normativa de cooperativas y asumiendo muchas de las instituciones propias del Derecho del Trabajo. Es más, el estatus particular de los socios trabajadores y socios de trabajo se refuerza al no poder considerarlos trabajadores autónomos, en los términos de la Ley 20/2007. Y ello porque conforme a los requisitos que establece dicha norma el trabajador autónomo debe ser una persona física. Así, la cualidad de persona física del autónomo imposibilita que las personas jurídicas o las comunidades de bienes puedan ser consideradas trabajadores autónomos. Igualmente, el carácter personal de la actividad económica o profesional imposibilita que se puedan constituir personas jurídicas para la realización de la misma. Por tanto, cualquier actividad desempeñada por una per-

---

19 Arroyo Sánchez, P., (2003) "*La Constitución Española y las Cooperativas de Trabajo Asociado*", en: CIRIEC-España. Revista de economía pública, social y cooperativa, núm. 47, p. 73.

20 García Murcia, J., (2007) "*El Estatuto del Trabajo Autónomo: algunos puntos críticos*", en: Actualidad Laboral, núm. 18, España, p. 2168.

21 TRLET: texto refundido de la Ley del Estatuto de los Trabajadores, aprobado por el Real Decreto Legislativo 1/1995, de 24 de marzo.

22 Monereo Pérez, J.L., (2009) **"El Estatuto del Trabajador Autónomo. Comentario a la Ley 20/2007, de 11 de julio, del Estatuto del Trabajo Autónomo"**, España, Comares, p. 2.

23 Rivas Vallejo, P., (2007) "*Aspectos estructurales y primeras reflexiones sobre el Estatuto del Trabajo Autónomo*", en Civitas: Revista Española de Derecho del Trabajo, núm. 136, España, p. 768.

sona jurídica debe considerarse como una actividad empresarial, no como un trabajo. Por este motivo, no se consideran autónomos a los socios trabajadores de las cooperativas de trabajo asociado y de las cooperativas de explotación comunitaria de la tierra, ni a los socios de trabajo del resto de cooperativas, pues su condición jurídica es de índole societaria, es decir, se trata de «autónomos colectivos asociados»: en cuanto cooperativistas, trabajan para su propia empresa y contribuyen a su gobierno y dirección.

2. EL RÉGIMEN DE SEGURIDAD SOCIAL DEL SOCIO TRABAJADOR Y DEL SOCIO DE TRABAJO EN LAS COOPERATIVAS

Las reglas generales a tener en cuenta para el correcto encuadramiento de las sociedades cooperativas en el Sistema de Seguridad Social se regulan expresamente en el Real Decreto 1/1994, de 20 de junio, por el que se aprueba el Texto Refundido de la Ley General de la Seguridad Social (TRLGSS)[24].

De acuerdo con dichas reglas, deben distinguirse los distintos tipos de cooperativas, en razón de la actividad y las diversas relaciones que se puedan dar entre los socios, como persona física, y la sociedad cooperativa, como persona jurídica: socios trabajadores en las de trabajo asociado, socios de explotación comunitaria de la tierra y socios de trabajo en las demás[25].

Así, en primer lugar, el artículo 7 del TRLGSS se limita a señalar que los socios trabajadores de cooperativas de trabajo asociado se encuentran comprendidos en el Sistema de Seguridad Social.

En segundo lugar, la Disposición Adicional cuarta del TRLGSS, bajo la rúbrica «modalidades de integración de los socios trabajadores y de los socios de trabajo de las cooperativas» aporta algo más de claridad a la situación.

Respecto a los socios trabajadores de las cooperativas de trabajo asociado, el TRLGSS viene a reproducir la clásica posibilidad de elección concedida a las sociedades cooperativas, según las cual éstas, en sus estatutos, podrán optar entre las modalidades siguientes[26]:

(a) Como asimilados a trabajadores por cuenta ajena. Dichas cooperativas quedarán integradas en el Régimen General o en alguno de los Regímenes Especiales de la Seguridad Social, según proceda, de acuerdo con su actividad.

(b) Como trabajadores autónomos en el Régimen Especial correspondiente.

---

[24] BOE de 29 de junio de 1994, núm. 154.

[25] Al respecto véase LÓPEZ GANDÍA, J., (2002) "*Las prestaciones de desempleo en las empresas de economía social. Especial referencia al pago único*", en: ARANZADI SOCIAL, vol. V, España, p. 1074.

[26] Igualmente, cfr. artículo 8 del Real Decreto 84/1996, de 26 de enero, por el que se aprueba el Reglamento General sobre inscripción de empresas y afiliación, altas, bajas y variaciones de datos de trabajadores en la Seguridad Social (BOE de 27 de febrero de 1996, núm. 50).

En cambio, el TRLGSS considera a los socios trabajadores de las cooperativas de explotación comunitaria de la tierra, así como a los socios de trabajo del resto de las cooperativas, asimilados a trabajadores por cuenta ajena[27].

Al fin y a la postre, esta disparidad de encuadramientos de las sociedades cooperativas en el Sistema de Seguridad Social no es baladí. Ello supone que tanto en el caso de que las cooperativas de trabajo asociado opten en sus estatutos por el encuadramiento de sus socios en el Sistema como asimilados a trabajadores por cuenta ajena, como en el caso del resto de cooperativas, que por imperativo legal deben encuadrar a sus socios en el Sistema como asimilados a trabajadores por cuenta ajena, se proteja la contingencia de desempleo en los términos establecidos por el Real Decreto 1043/1985, de 19 de junio, por el que se amplía la protección por desempleo a los socios trabajadores de cooperativas de trabajo asociado[28]. En cambio, la opción de las cooperativas de trabajo asociado por encuadrar a sus socios como trabajadores autónomos en el Régimen Especial correspondiente ha supuesto históricamente su desprotección frente a la contingencia de desempleo, dado que todos los trabajadores autónomos o por cuenta propia, cualesquiera que fueran los Regímenes en que hubieran quedado encuadrados, han permanecido excluidos de la protección de dicha contingencia[29].

Con todo, la aprobación de la Ley 32/2010, de 5 de agosto, por la que se establece un sistema específico de protección por cese de actividad de los trabajadores autónomos[30], supone poner fin a la desprotección que sufrían en el Sistema público de Seguridad Social los trabajadores autónomos y, por ende, los socios trabajadores de las cooperativas de trabajo asociado, cuando sus cooperativas optaban en los estatutos por encuadrarlos como trabajadores autónomos en el Régimen Especial correspondiente[31].

---

[27] Cfr. apartado 2 de la Disposición Adicional 4 del TRLGSS. Ahora bien, debe tenerse en cuenta que las cooperativas que, al amparo de la Disposición Transitoria 7 de la Ley 3/1987, de 2 de abril, General de Cooperativas, optaron por mantener la asimilación de sus socios de trabajo a trabajadores autónomos, a efectos de Seguridad Social, conservarán el derecho de opción mencionado anteriormente. No obstante, si con posterioridad a la fecha de entrada en vigor del TRLGSS, la cooperativa modificara el régimen de encuadramiento de sus socios de trabajo, para su incorporación como trabajadores por cuenta ajena, en el régimen que corresponda, no podrá volver a ejercitar el derecho de opción.

[28] BOE de 2 de julio de 1985, núm. 157. Para un estudio detallado de la evolución histórica de la protección por desempleo en las sociedades cooperativas y el análisis de dicho real decreto véase ARRIETA IDIAKEZ, F.J., (2007) *"El desempleo en la sociedad cooperativa"*, en: LLEBARÍA SAMPER, S., **"Derecho de Sociedades. Congreso UNIJES 2007"**, Tomo II, España, Bosch, 2008, pp. 205-222.

[29] SÁNCHEZ-URÁN AZAÑA, Y., (2010) **"El desempleo de los trabajadores autónomos. Un estudio de la Ley 32/2010, de 5 de agosto, por la que se establece un sistema específico de protección por cese de actividad de los trabajadores autónomos"**, España, Civitas, 2010, p. 40.

[30] BOE de 6 de agosto de 2010, núm. 190.

[31] En torno a la creación de la prestación por cese de actividad pueden consultarse VALDÉS DAL-RE, F., (2009) *"El sistema de protección por cese de actividad del trabajo autónomo: propuestas para una futura regulación"*, en: REVISTA DE DERECHO SOCIAL, núm. 45, España, pp. 25-46; JOVER RAMÍREZ,

No obstante, debe advertirse que la Ley 32/2010 no supone la extensión de la protección por desempleo a los trabajadores por cuenta propia o autónomos, sino que crea una nueva contingencia específica para los mismos: el cese de actividad[32].

Como puede apreciarse, se ha hecho especial hincapié en las contingencias de desempleo y de cese de actividad. Ello obedece a que las principales especialidades en el ámbito de la Seguridad Social de los socios trabajadores y de los socios de trabajo de las cooperativas se producen respecto a las mismas. Ciertamente, para determinar, de cara a los socios de las cooperativas, el grado de protección por cualquier otra contingencia basta con estar a lo preceptuado en el correspondiente Régimen de Seguridad Social, en atención a la opción de encuadramiento realizada por la propia cooperativa.

Precisamente, por todo ello, a continuación el estudio se centrará en el análisis de las particularidades que presentan para los socios trabajadores y los socios de trabajo de las cooperativas las contingencias de desempleo y de cese de actividad.

2.1. La contingencia de desempleo

Como se ha adelantado, tanto en el caso de que las cooperativas de trabajo asociado opten en sus estatutos por el encuadramiento de sus socios en el Sistema de Seguridad Social como asimilados a trabajadores por cuenta ajena, como en el caso del resto de cooperativas, que por imperativo legal deben encuadrar a sus socios en el Sistema como asimilados a trabajadores por cuenta ajena, la contingencia de desempleo debe protegerse para los mismos en los términos establecidos por el Real Decreto 1043/1985. En verdad, este real de-

---

C., (2009) *"El informe sobre la protección por cese de actividad: promoción del trabajo autónomo, prestación y jubilación, gestión y régimen sancionador"*, en: DOCUMENTACIÓN LABORAL, núm. 87, España, pp. 109-136; PURCALLA BONILLA, M.A., (2009) *"Trabajo autónomo y prestación por cese de actividad: la reforma anunciada sobre el desempleo de los trabajadores autónomos"*, en: CEF: REVISTA DE TRABAJO Y SEGURIDAD SOCIAL, núm. 312, España, pp. 103-141; CAVAS MARTÍNEZ, F., (2010) *"La protección por cese de actividad de los trabajadores autónomos"*, en: ARANZADI SOCIAL, núm. 15, España, pp. 11-22.

[32] Sin duda, con el objetivo de dejar claro que esta nueva contingencia se constituye de manera autónoma e independiente respecto a la contingencia de desempleo, el legislador se refiere en la denominación de la Ley 32/2010 a «un sistema específico de protección por cese de actividad». En ese sentido, como ha afirmado SÁNCHEZ-URÁN AZAÑA, «la expresión o término "sistema" parece querer referirse a la configuración legal coordinada, normativa y procedimental, de un sistema jurídico propio y al margen de la protección por desempleo, contingencia comprendida en la acción protectora del Sistema de Seguridad Social...». Pero como acertadamente critica la misma autora, «una cosa es que se pretenda idear una protección específica "por desempleo" para los trabajadores autónomos y otra que sea razonable utilizar expresiones innecesarias y no coincidentes con la realidad de la garantía institucional de un único Sistema de protección social pública de las necesidades sociales, es decir el Sistema de Seguridad Social» [SÁNCHEZ-URÁN AZAÑA, Y., (2010), *ob. cit.*, p. 48].

creto constituye el punto de partida para determinar el grado de protección de tales socios trabajadores, dado su carácter especial respecto al TRLGSS[33].

Centrándonos, propiamente, en el ámbito de aplicación del Real Decreto 1043/1985, cabe matizar, de entrada, que si bien es cierto que mediante el mismo se extiende la protección por desempleo a los socios trabajadores de cooperativas de trabajo asociado, no deja de ser menos cierto que tal extensión se produce con carácter limitado, en comparación con la protección concedida a los trabajadores por cuenta ajena. Precisamente, las distintas reformas sobre el Real Decreto 1043/1985 han intentado paliar, de algún modo, dichas limitaciones[34]. El análisis del ámbito de aplicación del Real Decreto 1043/1985, evidencia, por lo demás, las limitaciones existentes.

Independientemente de que los trabajadores de cooperativas de trabajo asociado, incluidos en el Régimen General de la Seguridad Social o en alguno de los Regímenes Especiales que protegen la contingencia de desempleo, deban reunir necesariamente los requisitos exigidos en el artículo 207 del TRLGSS, las prestaciones por desempleo previstas en el TRLGSS se obtienen conforme a lo previsto en el Real Decreto 1043/1985.

Así, en primer lugar, solamente se consideran en situación legal de desempleo los socios trabajadores de cooperativas de trabajo que se encuentran en alguno de los siguientes supuestos (artículo 2 del Real Decreto 1043/1985, en relación con el artículo 1 del Real Decreto 42/1996):

(a) Los que hubieran cesado, con carácter definitivo, en la prestación de trabajo en la cooperativa, perdiendo los derechos económicos derivados directamente de dicha prestación, por alguna de las siguientes causas: a.1) por expulsión improcedente de la cooperativa; a.2) por causas económicas, tecnológicas o de fuerza mayor; a.3) por finalización del período al que se limitó el vínculo societario de duración determinada.

(b) Los que debido a la existencia de causas económicas, tecnológicas o de fuerza mayor, debidamente acreditadas: b.1) hubieran cesado, con carácter temporal, en la prestación de trabajo en la cooperativa, con la consiguiente privación de los anticipos laborales acreditables por dicha prestación; b.2) vieran reducida temporalmente su jornada de trabajo al menos en una tercera parte, siempre que los anticipos laborales derivados directamente de dicha prestación sean objeto de la análoga reducción y que la jornada reducida resultante no sea superior a veintiséis horas semanales en cómputo anual.

---

33 En este sentido, véase la STS de 16 de mayo de 2005 (Ar. 5816).

34 Desde un punto de vista histórico, estas limitaciones fueron consideradas como «una discriminación normativa no razonable» [Paz Canalejo, N. y Mercader Uguina, J.R., (1993) **"La desprotección relativa por desempleo de los socios de cooperativas de trabajo asociado: una discriminación normativa no razonable"**, España, Federación de Cooperativas de Trabajo Asociado de Euskadi, 240 p.].

(c) Los aspirantes a socios que hubieran cesado en la prestación de trabajo durante el período de prueba por decisión unilateral del Consejo Rector de la cooperativa.

Igualmente, para la obtención de las prestaciones resulta fundamental que la declaración de las situaciones legales de desempleo se produzca por los medios establecidos en el Real Decreto 1043/1985 (artículos 3) y en el Real Decreto 42/1996 (artículo 2), a saber:

(a) En el supuesto de expulsión del socio es necesaria la notificación del acuerdo de expulsión por parte del Consejo Rector de la cooperativa, en la que se indique su fecha de efectos, o, en su caso, el acta de conciliación judicial o la resolución definitiva de la jurisdicción competente que declare expresamente la improcedencia de la expulsión.

(b) En el caso de cese definitivo de la actividad por causa económica, tecnológica o de fuerza mayor, es necesario que la existencia de tales causas sea debidamente constatada por la autoridad laboral.

(c) En los casos de quienes, debido a la existencia de causas económicas, tecnológicas o de fuerza mayor, hubieran cesado, con carácter temporal, en la prestación de trabajo en la cooperativa, con la consiguiente privación de los anticipos laborales acreditables por dicha prestación, o vieran reducida temporalmente su jornada de trabajo al menos en una tercera parte, es necesario que las causas económicas, tecnológicas o de fuerza mayor sean debidamente constatadas por la autoridad laboral, previo informe preceptivo de la Inspección de Trabajo y Seguridad Social.

(d) En el caso de cese durante el período de prueba es necesaria la comunicación del acuerdo de no admisión por parte del Consejo Rector de la cooperativa al aspirante.

(e) En el supuesto de finalización del período al que se limitó el vínculo societario de duración determinada, se requiere certificación del Consejo Rector de la baja en la cooperativa por dicha causa, en la que conste la fecha de efectos.

Ahora bien, en los supuestos (b) y (c) anteriores, la autoridad laboral debe seguir el siguiente procedimiento para acreditar la existencia de las causas económicas, tecnológicas o de fuerza mayor que dan lugar a la correspondiente situación legal de desempleo (artículo 4 y Disposición Adicional segunda del Real Decreto 1043/1985):

(a) En principio, la autoridad laboral competente para declarar la situación legal de desempleo de los socios trabajadores de cooperativas de trabajo asociado es la Dirección de Trabajo y Seguridad Social de la provincia donde tenga su domicilio la cooperativa. Y si la cooperativa tuviera varios centros de trabajo en distintas provincias, será competente la Dirección General de Trabajo, salvo delegación expresa en una de las Direcciones Provinciales competentes por razón del lugar. Ahora bien, en aquellas comunidades autónomas que tengan transferidas competencias en materia de expedientes de regulación de empleo, para determinar la autoridad laboral competente en cuestión, habrá que tener en cuenta los criterios establecidos en los respectivos reales decretos de transferencia.

(b) La iniciación del procedimiento administrativo ante la autoridad laboral debe realizarse por la representación legal de la cooperativa, previo acuerdo de su Asamblea General.

(c) En el escrito de iniciación deben constar, al menos, los siguientes extremos: c.1) nombre del solicitante, legitimación para iniciar el expediente y domicilio a efecto de notificaciones; c.2) nombre y domicilio social de la cooperativa, número de inscripción en la Seguridad Social, centro o centros de trabajo y número de socios trabajadores y de trabajadores por cuenta ajena ocupados en cada uno, detallándose su especialidad, categoría o grupo profesional, así como la modalidad de su contrato de trabajo para los trabajadores por cuenta ajena; c.3) causa justificativa del desempleo.

(d) Junto al escrito de iniciación, la cooperativa debe presentar los siguientes documentos:

★ Certificación literal del acuerdo de la Asamblea General de la suspensión total y/o parcial, o cese definitivo, de la prestación de trabajo de los socios trabajadores. Y cuando se trate de la suspensión, debe presentarse también certificación expedida por el Secretario de la cooperativa, con el visto bueno del Presidente del Consejo Rector, en la que se acredite la duración de la jornada de trabajo y, en su caso, la distribución irregular de la misma a lo largo del año de los socios trabajadores cuya declaración de desempleo se solicita.

★ Relación de los socios trabajadores cuya declaración de desempleo se solicita, con indicación de los números de documento nacional de identidad, de afiliación a la Seguridad Social, fecha de ingreso en la cooperativa, especialidad, categoría o grupo profesional y declaración expresa, en el caso de suspensión total y/o parcial de la jornada, de cada uno de los afectados sobre la duración de su jornada de trabajo durante los seis meses anteriores a la fecha de la solicitud. Igualmente, en el caso de que los trabajadores por cuenta ajena de la cooperativa estuviesen afectados por un expediente de regulación de empleo, también debe citarse dicho expediente.

★ Memoria explicativa de la causa justificativa del desempleo y las pruebas cuya aportación se estime necesaria. Cuando la causa sea económica deben aportarse, además, los balances y cuentas de pérdidas y ganancias de los últimos tres años debidamente aprobados por los órganos competentes. En todo caso, debe aportarse un informe sobre los aspectos financiero, productivo, comercial y organizativo de la cooperativa.

★ Justificación expresa de la duración de la suspensión solicitada, en su caso.

★ Plan provisional de acciones empresariales para la recuperación del empleo elaborado por el Consejo Rector y aprobado por la Asamblea General, acompañado de una propuesta de seguimiento periódico a realizar por la autoridad laboral, a propuesta de la Inspección de Trabajo y Seguridad Social.

En cuanto a los plazos para solicitar la prestación por desempleo, los socios trabajadores de las cooperativas de trabajo asociado que sean declarados en situación legal de desempleo deben solicitar de la entidad gestora competente el reconocimiento del derecho a las prestaciones dentro de los quince días siguientes a la notificación del acuerdo de expulsión de la cooperativa o, en su caso, del acta de conciliación o de la resolución judicial, del acuerdo de no admisión de la cooperativa al interesado, de la resolución de la autoridad laboral a la cooperativa, o de la fecha en que finalizó el período al que se limitó el vínculo societario de duración determinada.

En caso de presentar la solicitud fuera de dicho plazo, se mantiene el derecho al reconocimiento de la prestación a partir de la fecha de solicitud, perdiendo tantos días de prestación como medien entre la fecha en que hubiera tenido lugar el nacimiento del derecho de haberse solicitado en tiempo y forma, y aquélla en que efectivamente se hubiese formulado la solicitud (artículo 5 del Real Decreto 1.043/1985, en relación con el artículo 209.2 del TRLGSS).

Finalmente, corresponde al Servicio Público de Empleo declarar el reconocimiento, suspensión, reanudación y extinción del derecho a las prestaciones por desempleo.

Con todo ello, puede concluirse que todavía, y a pesar de las reformas operadas, la protección por desempleo de los socios trabajadores de las cooperativas de trabajo asociado dista mucho de la protección concedida a los trabajadores por cuenta ajena. Así lo justifica el hecho de que los socios trabajadores de las cooperativas de trabajo asociado no tengan derecho a las prestaciones por desempleo, por ejemplo: a) cuando la separación haya sido declarada procedente; b) como consecuencia de una baja obligatoria justificada por ineptitud sobrevenida, inadaptación o excesiva morbilidad prevista estatutariamente; c) por la finalización voluntaria justificada derivada de la asunción de deberes o cargas gravemente onerosas sobrevenidas; e) por la rescisión voluntaria de la relación por impago de anticipos laborales[35].

Pero la verdad es que «dada la no necesidad de reclamar en tiempo y forma contra la expulsión del socio, parece absurdo no admitir ya las demás causas...

---

[35] FERNÁNDEZ FERNÁNDEZ, R., (2006) *"La reforma de las prestaciones por desempleo"*, en: VVAA **"Aspectos puntuales de la Reforma Laboral de 2006. Análisis del Real Decreto-ley 5/2006"**, España, Laborum, p. 202-203.

[pues bastaría], entonces, con que la cooperativa [canalizase] la extinción por la vía de la expulsión por alguna de las causas previstas en los estatutos sin necesidad de alegar las causas que no están expresamente contempladas en el Real Decreto 1043/1985»[36].

2.2. La contingencia de cese de actividad

2.2.1. Ámbito subjetivo de la protección por cese de actividad

En principio, la protección por cese de actividad alcanza a los trabajadores autónomos comprendidos en el Régimen Especial de los Trabajadores por Cuenta Propia o Autónomos[37], entre los que se encuentran también los incluidos en el Sistema Especial de Trabajadores por Cuenta Propia Agrarios, y a los trabajadores por cuenta propia incluidos en el Régimen Especial de los Trabajadores del Mar[38].

Por consiguiente, independientemente del Régimen Especial en el que, en su caso, las cooperativas de trabajo asociado decidan encuadrar a sus socios como trabajadores autónomos —obviamente, en función de la actividad de-

---

[36] López Gandía, J., (2002), *ob. cit.*, p. 1084-1085.

[37] Debe tenerse en cuenta el Decreto 2530/1970, de 20 de agosto, por el que se regula el régimen especial de la Seguridad Social de los Trabajadores por Cuenta Propia o Autónomos (BOE de 15 de septiembre de 1970, núm. 221).

[38] Cfr. artículo 2.1 de la Ley 32/2010.

En relación a los trabajadores autónomos incluidos en el Sistema Especial de Trabajadores por Cuenta Propia Agrarios debe estarse a lo regulado en la Ley 18/2007, de 4 de julio, por la que se procede a la integración de los trabajadores por cuenta propia del Régimen Especial Agrario de la Seguridad Social en el Régimen Especial de la Seguridad Social de los Trabajadores por Cuenta Propia o Autónomos (BOE de 5 de julio de 2007, núm. 160). En concreto, a efectos de que les sea de aplicación la protección por cese de actividad se estará a lo establecido en la Disposición Adicional quinta del Real Decreto 1541/2011, de 31 de octubre, por el que se desarrolla la Ley 32/2010, de 5 de agosto, por la que se establece un sistema específico de protección por cese de actividad de los trabajadores autónomos (BOE de 1 de noviembre de 2011, núm. 263), con la particularidad de que dicha protección solamente ha sido posible a partir del 1 de enero de 2012, pues el Real Decreto 1541/2011 entró en vigor para este colectivo en dicha fecha (Disposición Final tercera), y la regulación reglamentaria resultaba la *condición sine qua non* para la extensión de la protección por cese de actividad a los trabajadores autónomos incluidos en el Sistema Especial para trabajadores por cuenta propia agrarios (artículo 2.1 de la Ley 32/2010, en relación con Disposición Adicional octava de la misma norma).

Respecto a los trabajadores autónomos incluidos en el Régimen Especial del Mar debe estarse a lo regulado en los artículos 2.b) y 3 del Decreto 2864/1974, de 30 de agosto, por el que se aprueba el texto refundido de las Leyes 116/1969, de 30 de diciembre, y 24/1972, de 21 de junio, por el que se regula el Régimen Especial de la Seguridad Social de los Trabajadores del Mar (BOE de 10 de octubre de 1974, núm. 243), así como en los artículos 2.b), y 3 a 6 del Decreto 1867/1970, de 9 de julio, por el que se aprueba el Reglamento General de la Ley 116/1969, de 30 de diciembre, por la que se regula el Régimen Especial de la Seguridad Social de los Trabajadores del Mar (BOE de 11 de julio de 1970, núm. 165).

sarrollada—, los socios trabajadores serán sujetos potencialmente protegibles frente al cese de actividad; potencialmente, porque para que la protección llegue a materializarse los socios —al igual que cualquier otro trabajador autónomo— deberán cumplir una serie de condiciones (*infra* 2.2.3, 2.2.4, 2.2.5 y 2.2.6). Curiosamente, una de esas condiciones debe traerse a colación aquí, a saber, tener cubiertas las contingencias profesionales[39], ya que si se tienen cubiertas tales contingencias (sobre el carácter obligatorio/voluntario de dicha cobertura *infra* 2.2.3), en principio, existirá, también, la obligación de cotizar por la contingencia de cese de actividad, para que, cuando llegado el momento, y cumpliéndose el resto de condiciones exigidas, el socio trabajador pueda beneficiarse de la acción protectora regulada respecto a esta última contingencia. Pero, aun así, la protección por cese de actividad no resultará obligatoria en el caso de socios de cooperativas comprendidas en el Régimen Especial de los Trabajadores por Cuenta Propia o Autónomos, siempre que estas cooperativas dispongan de un sistema intercooperativo de prestaciones sociales, complementario al Sistema público, que establezca un nivel de cobertura, en lo que respecta a las situaciones de cese de actividad, al menos, equivalente al regulado en la Ley 32/2010[40].

2.2.2. *Objeto de la acción protectora por cese de actividad*

La acción protectora por cese de actividad tiene por objeto la situación de aquellos trabajadores autónomos que, pudiendo y queriendo ejercer una actividad económica o profesional a título lucrativo hayan cesado en dicha actividad, siempre y cuando cumplan los requisitos necesarios para el nacimiento del derecho a la prestación derivada de tal situación[41] (*infra* 2.2.3).

---

[39] LASAOSA IRIGOYEN advierte que la exigencia de tener cubiertas las contingencias profesionales para poder beneficiarse de la prestación por cese de actividad «es más un requisito de acceso que un criterio de determinación del ámbito subjetivo». Es más yerra al señalar que «el legislador no ha incluido el requerimiento de tener cubiertas las contingencias profesionales en el artículo 4, rubricado "Requisitos para el nacimiento del derecho a la prestación", sino en el 2, "Ámbito subjetivo de protección"», pues como veremos, el primero de los requisitos exigidos por el artículo 4 de la Ley 32/2010 consiste en «estar afiliados y en situación de alta y *cubiertas las contingencias profesionales* en... [alguno de los Regímenes Especiales que integran a los trabajadores por cuenta propia o autónomos]». En cambio, sí resulta acertada su conclusión, cuando se refiere, en relación con el artículo 2 de la Ley 32/2010, a la voluntad del legislador de «resaltar especialmente la íntima conexión que se establece entre la cobertura de las contingencias profesionales y la prestación por cese de actividad» [LASAOSA IRIGOYEN, E., (2011) **"La prestación por cese de actividad para trabajadores autónomos"**, España, Aranzadi, pp. 43-44].

[40] Cfr. artículo 2.3 de la Ley 32/2010. Además, téngase en cuenta que esta excepción a la obligación de proteger la contingencia de cese de actividad solamente podrá ejercitarse a partir del 1 de enero de 2013, en virtud de lo establecido en la Ley 27/2011, de 1 de agosto, sobre actualización, adecuación y modernización del Sistema de Seguridad Social (BOE de 2 de agosto de 2011, núm. 184).

[41] Cfr. artículo 1.1 de la Ley 32/2010.

Auque ya pueda intuirse de lo que se acaba de señalar, en el artículo 5.3.a) de la Ley 32/2010, se menciona expresamente el carácter involuntario que debe revestir el cese para ser merecedor de protección. Es más, también se exige al trabajador afectado por dicha situación una voluntad real de incorporarse al mercado de trabajo, como condición para poder seguir beneficiándose de la prestación económica concedida[42].

Por lo demás, resulta evidente que la actividad cuyo cese constituye la contingencia protegida debe ser aquélla que, en su momento, fue determinante del encuadramiento en el Régimen Especial de los Trabajadores por Cuenta Propia o Autónomos o en el Régimen Especial de los Trabajadores del Mar[43].

Ahora bien, debe tratarse de un cese total, es decir, se excluye el cese parcial o la reducción del tiempo de trabajo[44]. Pero, en íntima conexión con estas últimas ideas, debe matizarse que, de existir supuestos de pluriactividad, parece obvio que el cese no deberá producirse en aquellas actividades que nada tengan que ver con la que pretende causar la prestación por cese de actividad. Con otras palabras la incompatibilidad entre la prestación y el trabajo realizado actúa tras el reconocimiento de la prestación, en lo que respecta al disfrute de la misma. A ello nos referiremos posteriormente, con mayor detenimiento (*infra* 2.2.6).

Por último, el cese de actividad puede ser definitivo o temporal[45].

2.2.3. Requisitos necesarios para el nacimiento del derecho a la protección por cese de actividad

El derecho a la protección por cese de actividad se reconoce a aquellos trabajadores autónomos en los que concurren los requisitos que se enumeran a continuación[46].

(a) A la fecha del cese de actividad deben estar afiliados, en situación de alta y cubiertas las contingencias profesionales y la de cese de actividad en el Régimen Especial de los Trabajadores por Cuenta Propia o Autónomos o, en su caso, en el Régimen Especial de los Trabajadores del Mar, como trabajadores autónomos[47].

---

[42] Cfr. artículo 4.1.c) de la Ley 32/2010.

[43] Cfr. artículo 1.2 de la Ley 32/2010.

[44] Ibidem.

[45] Cfr. artículo 1.3 de la Ley 32/2010. Al respecto, vid. CERVILLA GARZÓN, M.J., (2009) *"El esperado informe sobre la prestación por cese de actividad: análisis del ámbito subjetivo, hecho causante, dinámica, cuantía y diseño financiero"*, en: DOCUMENTACIÓN LABORAL, núm. 87, España, p. 95.

[46] Cfr. artículo 4 de la Ley 32/2010, en relación con el artículo 2 del Real Decreto 1541/2011. Igualmente, debe matizarse, conforme a lo establecido en la Disposición Adicional quinta del Real Decreto 1541/2011, que tales requisitos también resultan de aplicación a los trabajadores incluidos en el Sistema Especial para trabajadores por cuenta propia agrarios, aunque con las particularidades que se establecen en dicho precepto, en lo que respecta a la concreción de la situación legal de cese de actividad que los mismos deben acreditar.

[47] Conforme a la Disposición Transitoria única de la Ley 32/2010, se establece un plazo especial para optar a la cobertura de las contingencias profesionales por parte de aquellos traba-

(b) Deben solicitar la baja en el Régimen Especial correspondiente a causa del cese de actividad.

(c) Deben tener cubierto un período de cotización de 48 meses anteriores a la situación legal de cese de actividad, de los cuales, al menos, 12 deben ser continuados e inmediatamente anteriores a dicha situación de cese, sin perjuicio de considerar a tales efectos el mes en que se produzca la misma.

(d) Encontrarse en situación legal de cese de actividad[48]. A tales efectos, es necesario concretar el significado de situación legal de cese de actividad, más si cabe teniendo en cuenta que en el supuesto de los socios de trabajo de las Cooperativas de Trabajo Asociado se regulan con carácter particular o especial las causas de tal situación, así como los medios para acreditarlas.

En concreto, se considerarán en situación legal de cese de actividad los socios trabajadores que se encuentren en alguno de los siguientes supuestos, aunque se trate de aspirantes a socios en período de prueba[49]:

★ Los que hubieren cesado, con carácter definitivo o temporal, en la prestación y, por tanto, en la actividad desarrollada en la cooperativa,

---

jadores que en la fecha de entrada en vigor de la ley (6 de noviembre de 2010) figuren en alta en el Régimen Especial de los Trabajadores por Cuenta Propia o Autónomos y no tengan cubierta la protección por contingencias profesionales. En concreto, el plazo para optar por dicha cobertura es el de los 3 meses siguientes a la entrada en vigor de la ley (6 de febrero de 2011), con efectos desde el día primero del mes siguiente al de dicha opción. En verdad, la interpretación de este precepto no es fácil. Parece que se libera, a los autónomos afiliados con anterioridad a la entrada en vigor de la Ley 32/2010 al Régimen Especial de los Trabajadores Por Cuenta Propia o Autónomos, de la obligación de cotizar por la prestación por cese de actividad, pues como se ha visto anteriormente, el mero hecho de tener aseguradas/protegidas las contingencias profesionales conlleva la necesidad de asegurar/proteger también el cese de actividad; o si se prefiere, dicho en otros términos, la protección del cese de actividad conlleva la previa protección de las contingencias profesionales. Por otro lado, tampoco cabe olvidar que si bien los trabajadores autónomos ordinarios no están obligados a asegurar las contingencias profesionales, parece claro que tras la entrada en vigor de la Ley 32/2010, deberán hacerlo si desean proteger el cese de actividad. Cosa realmente improbable, por la sencilla razón de que quien no desea aspirar a una protección mínima parece difícil que quiera aspirar a más protección, lo que equivale a más cotizaciones/costes empresariales. Es más, existe el riesgo de que esta nueva medida actúe como un fenómeno de desincentivación a la hora de proteger las contingencias profesionales. Igualmente, debe recordarse que para los autónomos agrarios la cobertura de riesgos profesionales es obligatoria respecto a las contingencias de incapacidad permanente y muerte y supervivencia, sin perjuicio de proteger voluntariamente la totalidad de las contingencias derivadas de riesgos profesionales (artículo 47 bis. 5 del Real Decreto 84/1996, de 26 de enero); y que los trabajadores autónomos del Régimen Especial de los Trabajadores del Mar están obligados a concertar la cobertura de las contingencias profesionales bien con el Instituto Social de la Marina, bien con una Mutua (artículo 48.4 del Real Decreto 84/1996, de 26 de enero).

[48] Al respecto resulta de máximo interés, pese a referirse al análisis de la situación legal de cese de actividad referida al común de los autónomos, obviando por tanto las particularidades existentes, entre otros, en el ámbito de los socios trabajadores de las cooperativas de trabajo asociado, VIQUEIRA PÉREZ, C., (2011) *"La situación legal de cese de actividad. Análisis de las causas comunes"*, en: REVISTA DE DERECHO SOCIAL, núm. 55, España, pp. 85-108.

[49] Cfr. Disposición Adicional sexta de la Ley 32/2010, en relación con el artículo 10.2 del Real Decreto 1541/2011.

perdiendo los derechos económicos derivados directamente de dicha prestación por alguna de las siguientes causas:

— Por expulsión improcedente de la cooperativa. Nótese que a diferencia de lo que ocurre con los despidos en las relaciones laborales, se sigue aquí el criterio establecido por el Real Decreto 1043/1985, de 19 de julio, por el que se amplía la protección por desempleo a los socios trabajadores de cooperativas de trabajo asociado[50]. Ello supone que para que los socios trabajadores accedan, bien a la prestación de desempleo, cuando se encuentren afiliados en el Régimen General, bien a la prestación por cese de actividad, cuando se encuentren afiliados en el Régimen Especial de Trabajadores por Cuenta Propia o Autónomos o en el Régimen Especial de los Trabajadores del Mar, solamente se acepta la expulsión improcedente, cuando en las relaciones laborales el despido calificado como procedente también da lugar al desempleo[51]. E incluso llama la atención, más si cabe, que para que los trabajadores autónomos económicamente dependientes (TRADEs) puedan acceder a la prestación por cese de actividad se acepta como situación legal de cese de actividad «el incumplimiento contractual grave del cliente, debidamente acreditado»[52]. Parece que esta disparidad de regulaciones debería subsanarse en un sentido o en otro, y ello a pesar de que, como haya advertido la doctrina, la razón de ser de excluir respecto a los trabajadores autónomos ordinarios la expulsión procedente o justificada, como situación legal de cese de actividad, radique en prevenir el fraude por connivencia entre los órganos gestores de la cooperativa de trabajo asociado y el socio trabajador que quisiera abandonarla, ya que los mismos podrían acordar una expulsión procedente para que éste pudiera acogerse a la prestación por cese de actividad[53].
— Por causas económicas, técnicas, organizativas, productivas o de fuerza mayor. De acuerdo con la Ley 27/1999, de 16 de julio, de Cooperativas, debe recordarse que por tales causas cabe tanto la baja definitiva de los socios trabajadores afectados, como la suspensión temporal de las obligaciones y derechos de los mismos[54]. Igualmente, debe recordarse que, en el supuesto de cese total de la actividad de la cooperativa, si la misma cuenta con uno o más trabajadores por cuenta ajena, se requiere que previamente al cese de la actividad de los socios trabajadores se cumplan «las garantías

---

50 Cfr. artículo 2.1.a).

51 Cfr. artículo 208.1.c) del TRLGSS.

52 Cfr. artículo 5.2.c) de la Ley 32/2010.

53 Lasaosa Irigoyen, E., (2011), *ob. cit.*, p. 81.

54 Cfr. artículos 85 y 84.3, respectivamente, de la Ley 27/1999.

y procedimientos regulados en la legislación laboral»[55]. A pesar de la ambigüedad de estos últimos criterios, parece que el legislador se refiere a las garantías que tienen que ver con el cese de la actividad, que para los trabajadores por cuenta ajena ha supuesto la finalización de sus contratos de trabajo[56]. Por consiguiente, deberá estarse a las garantías que rigen para la extinción de los contratos de trabajo, a saber, las contempladas en los artículos 51, 52.c) y 53 del TRLET, relativos a los despidos colectivos, por fuerza mayor y por causas objetivas. Por su parte, en el supuesto de concurso deberá estarse a los trámites previstos en el artículo 64 de la Ley 22/2003, de 9 de julio, Concursal[57]. Finalmente, en tales casos, se comunicará el cese total de la actividad de la cooperativa a la Tesorería General de la Seguridad Social o al Instituto Social de la Marina, dependiendo de los casos, así como las bajas en el correspondiente régimen de la Seguridad Social de los trabajadores a cargo de la cooperativa, en los términos de los artículos 18 y 29.1 del Reglamento General sobre inscripción de empresas y afiliación, altas, bajas y variaciones de datos de trabajadores en la Seguridad Social, aprobado por el Real Decreto 84/1986, de 26 de enero[58] (cfr. artículo 2.2 del Real Decreto 1541/2011).

— Por finalización del período al que se limitó el vínculo societario de duración determinada.
— Por causa de violencia de género, en las socias trabajadoras.
— Por pérdida de licencia administrativa de la cooperativa.

★ Los aspirantes a socios en período de prueba que hubieran cesado en la prestación de trabajo durante el mismo por decisión unilateral del Consejo Rector u órgano de administración correspondiente de la cooperativa.

Por su parte, tales causas deben acreditarse mediante los siguientes documentos[59]:

★ La expulsión improcedente de la cooperativa, mediante la notificación del acuerdo de expulsión por parte del Consejo Rector de la cooperativa u órgano de administración correspondiente, indicando su fecha de efectos, y en todo caso el acta de conciliación judicial o la resolución definitiva de la jurisdicción social o civil, dependiendo de si las cuestiones contenciosas sobre la expulsión del socio afectan a in-

---

55 Cfr. Disposición Adicional sexta, apartado quinto, de la Ley 32/2010.

56 En el mismo sentido Lasaosa Irigoyen, E., (2011), *ob. cit.*, p. 99.

57 BOE de 10 de julio de 2003, núm. 164.

58 BOE de 27 de febrero de 1996, núm. 50.

59 No debe olvidarse la posibilidad que brinda la Disposición adicional primera del Decreto 1541/2011 de que el solicitante de la protección por cese de actividad acompañe a su solicitud cualquier documento que estime oportuno para acreditar la concurrencia de la situación legal de cese de actividad ante el órgano gestor correspondiente.

cumplimientos relativos a su prestación de trabajo o a sus obligaciones económicas[60]. En este sentido, debe subrayarse que es necesario que el socio trabajador presente demanda judicial y que se haya llegado a la fase de conciliación judicial o a la sentencia firme que resuelva el procedimiento, para que exista constancia de la improcedencia de la expulsión. Ello significa que en el ámbito de la prestación por cese de actividad, al igual que ocurre en el ámbito de la prestación por desempleo de los socios trabajadores afiliados al Régimen General, no se acepta la conciliación administrativa previa o extrajudicial como medio de acreditación de la situación legal de cese de actividad. Igualmente, resulta significativo que, en los casos de desempleo, para la acreditación de su situación basta con la notificación del acuerdo de expulsión por parte del Consejo Rector de la cooperativa, indicando su fecha de efectos[61], mientras que en el caso del cese de actividad se requiere «en todo caso» el acta de conciliación judicial o la resolución definitiva de la jurisdicción competente que declare expresamente la improcedencia de la expulsión.

★ Las causas económicas, técnicas, organizativas o productivas por parte de la sociedad cooperativa se acreditan mediante certificación literal del acuerdo de la Asamblea General o, en su caso, del Consejo Rector si así lo establecen los Estatutos por el que se designan los socios trabajadores concretos que deben causar baja en la cooperativa. Además, si el cese de actividad de los socios trabajadores comporta el cierre del establecimiento al público debe acreditarse tal extremo mediante alguno de los siguientes documentos:
  - — Documentación acreditativa del cese en el suministro y consumo de servicios inherentes al desarrollo de la actividad realizada en el establecimiento, tales como agua y electricidad.
  - — Documentación acreditativa de la extinción, cese o traspaso de las licencias, permisos o autorizaciones administrativas que fueran necesarios para el ejercicio de la actividad.
  - — Documentación acreditativa de la situación de baja como sujeto pasivo de las obligaciones fiscales devengadas como consecuencia del ejercicio de la actividad en el establecimiento.
  - — Documentación acreditativa del cese en la titularidad de la propiedad, alquiler, usufructo, traspaso o cualquier otro derecho que habilitara al ejercicio de la actividad en el establecimiento.
  - — En el caso de los trabajadores por cuenta propia del Régimen Especial del Mar titulares de embarcaciones debe procederse a depositar el Rol de la misma en la correspondiente Capitanía

---

[60] Cfr. artículo 87 de la Ley 27/1999.

[61] Cfr. articulo 3.a) del Real Decreto 1043/1985.

Marítima, lo que se acreditará con un certificado expedido a tal efecto.

Asimismo, junto a dicha certificación, deben presentarse los oportunos documentos de carácter contable, profesional, fiscal (v.gr. declaraciones del Impuesto sobre la Renta de las Personas Físicas y del Impuesto sobre el Valor Añadido, o certificado de la Agencia Estatal de la Administración Tributaria o autoridad competente de las comunidades autónomas, en el que se recojan los ingresos percibidos), administrativo o judicial, aportados por la sociedad cooperativa, en los que se hará constar la fecha de producción de los correspondientes motivos económicos, técnicos, productivos u organizativos.

- ★ La fuerza mayor se acreditará mediante la declaración expedida por los órganos gestores correspondientes al lugar en que se ubique territorialmente el negocio, en la que deberá constar la fecha de la producción de la fuerza mayor, la documentación en la que se detalle, mediante los medios de prueba que se estimen necesarios, en qué consiste el suceso, su naturaleza imprevisible, o previsible pero inevitable, su relación con la imposibilidad de continuar con la actividad, indicando si la fuerza mayor es determinante del cese definitivo o temporal de la actividad y en este último caso, la duración del cese temporal aunque sea estimada, y cualesquiera otros aspectos que permitan al órgano gestor declarar tal circunstancia.
- ★ La finalización del período al que se limitó el vínculo societario de duración determinada se acreditará mediante certificación del Consejo Rector u órgano de administración correspondiente de la baja en la cooperativa por dicha causa y su fecha de efectos.
- ★ El cese de actividad por causa de violencia de género en las socias trabajadoras se acreditará mediante la declaración escrita de la solicitante de haber cesado o interrumpido su prestación de trabajo en la sociedad cooperativa; dicha declaración se acompañará, además, de alguno de los siguientes documentos: auto de incoación de diligencias previas, auto acordando la adopción de medidas cautelares de protección a la víctima, auto acordando la prisión provisional del detenido, auto de apertura de Juicio oral, la orden de protección o informe o escrito de acusación del Ministerio Fiscal, o sentencia judicial condenatoria. Además, la declaración ha de contener la fecha a partir de la cual se ha producido el cese o la interrupción.
- ★ El cese de actividad por extinción o revocación de licencia administrativa de la cooperativa se acreditará mediante la resolución de la extinción de las licencias, permisos o autorizaciones administrativas habilitantes para el ejercicio de la actividad, según la normativa vigente, en las que conste expresamente el motivo de la extinción, y su fecha de efectos. Ahora bien, a tales efectos no se tienen en cuenta aquellas resoluciones en las que quede acreditado que la pérdida de la licencia venga motivada por incumplimientos contractuales o por la comisión

de infracciones, faltas administrativas o delitos imputables al autónomo solicitante, u otros incumplimientos imputables al trabajador autónomo tendentes a la pérdida voluntaria de su licencia.

★ El cese de actividad del aspirante a socio durante el período de prueba se acreditará mediante comunicación de no admisión por parte del Consejo Rector de la cooperativa u órgano de administración correspondiente.

Para finalizar con los aspectos sobre la situación legal de cese de actividad conviene traer a colación una medida antifraude que se regula para los casos de las bajas de los socios trabajadores[62]. Así, de acuerdo con dicha medida, no se consideran en situación legal de cese de actividad los socios trabajadores que, tras cesar definitivamente en la prestación de trabajo, y, por tanto, en la actividad desarrollada en la cooperativa, y haber percibido la prestación por cese de actividad, vuelven a ingresar en la misma sociedad cooperativa en un plazo de un año, a contar desde el momento en que se extinguió la prestación. En consecuencia, si el socio trabajador reingresase en la misma sociedad cooperativa en el plazo señalado, debería reintegrar la prestación percibida.

(e) Acreditar activa disponibilidad para la reincorporación al mercado de trabajo, a través de las actividades formativas, de orientación profesional y de promoción de la actividad emprendedora a las que pueda convocarle el Servicio Público de Empleo correspondiente, o, en su caso, el Instituto Social de la Marina, para los trabajadores autónomos afiliados al Régimen Especial de los Trabajadores del Mar, mediante la suscripción del compromiso de actividad al que se refiere el artículo 231 del TRLGSS.

Como recuerda el legislador, con el fin de matizar el alcance de dicho compromiso de actividad, en el ámbito que nos atañe, el mismo debe suscribirse únicamente a fin de realizar las actividades formativas, de orientación profesional y de promoción de la actividad emprendedora mencionadas, y del cumplimiento de las obligaciones específicas establecidas en el artículo 17.1., apartados, g) y h), de la Ley 32/2010, de 5 de agosto, a saber[63]:

---

[62] Cfr. Disposición Adicional sexta de la Ley 32/2010.

[63] Como acertadamente ha resaltado Lasaosa Irigoyen, nótese que en comparación con la exigencias establecidas por el artículo 231 del TRLGSS, respecto a la contingencia de desempleo para con los trabajadores por cuenta ajena, la Ley 32/2010 y el Real Decreto 1541/2011, reguladoras de la prestación por cese de actividad, en primer lugar, no exigen a los trabajadores autónomos la obligación de «buscar activamente empleo», sino que se conforman con que el trabajador autónomo que pretende beneficiarse de la prestación por cese de actividad acredite «activa disponibilidad para la reincorporación al mercado de trabajo». En segundo lugar, tampoco imponen el deber de aceptar una colocación adecuada, como objeto del compromiso de actividad a suscribir por el trabajador autónomo. En suma, la referencia a la «activa disponibilidad para la reincorporación al mercado de trabajo» se limita a realizar las «actividades formativas, de orientación profesional y de promoción de la actividad emprendedora», sin que en ningún momento se pretenda obligar a los trabajadores autónomos a aceptar «ofertas de empleo adecuadas», y mucho menos de trabajo por cuenta ajena, a pesar de que así se estableciera en la primera redacción de la Ley 32/2010 (cfr. Disposición Final segunda), al modificar el artículo 25.4 del

★ Comparecer a requerimiento del órgano gestor (*infra* 2.2.5) y estar a disposición del Servicio Público de Empleo de la correspondiente comunidad autónoma, o del Instituto Social de la Marina, a fin de realizar las actividades formativas, de orientación profesional y de promoción de la actividad emprendedora a las que se les convoque.

★ Participar en acciones específicas de motivación, información, orientación, formación, reconversión o inserción profesional para incrementar su ocupabilidad, que se determinen por el órgano gestor, por el Servicio Público de Empleo de la correspondiente Comunidad Autónoma, o por el Instituto Social de la Marina, en su caso.

(f) No haber cumplido la edad ordinaria para causar derecho a la pensión contributiva de jubilación, salvo que el trabajador autónomo no tuviera acreditado el período de cotización requerido para ello.

A los efectos de acreditación de este requisito, para los trabajadores por cuenta propia del Régimen Especial del Mar, se considerará como edad ordinaria la inferior a la establecida por la ley que corresponda, por aplicación de los coeficientes reductores, de conformidad con lo establecido en el artículo 1 del Real Decreto 1311/2007, de 5 de octubre, por el que se establecen nuevos criterios para determinar la pensión de jubilación del Régimen Especial de la Seguridad Social de los Trabajadores del Mar[64], y en el Real Decreto 1851/2009, de 4 de diciembre, por el que se desarrolla el artículo 161 bis del TRLGS en cuanto a la anticipación de la jubilación de los trabajadores con discapacidad en grado igual o superior al 45%[65].

(g) Hallarse al corriente en el pago de las cuotas al correspondiente Régimen Especial de la Seguridad Social en la fecha del cese de actividad.

Pero, en el supuesto de que el trabajador autónomo no se hallara al corriente en el pago de las cuotas, debe aplicarse el artículo 28 del Decreto 2530/1970, de 20 de agosto, por el que se regula el Régimen Especial de la Seguridad Social de los Trabajadores por Cuenta Propia o Autónomos. Así, conforme a dicho precepto, si cubierto el período mínimo de cotización preciso para tener derecho a la prestación por cese de actividad, se solicitara ésta y la persona incluida en el campo de aplicación del Régimen Especial de Trabajadores por Cuenta

---

Real Decreto Legislativo 5/2000, de 4 de agosto, por el que se aprueba el texto refundido de la Ley de Infracciones y Sanciones en el Orden Social (BOE de 8 de agosto de 2000, núm. 189), con el fin de tipificar como infracción el rechazo de ofertas de empleo adecuadas también para los trabajadores autónomos solicitantes o beneficiarios de la prestación por cese de actividad. Como es sabido, esta modificación fue neutralizada antes de que entrase en vigor la Ley 32/2010, y concretamente durante la *vacatio legis* de la misma, a través del artículo 18.Nueve, de la Ley 35/2010, de 17 de septiembre, de Medidas Urgentes para la Reforma del Mercado de Trabajo (BOE de 18 de septiembre de 2010, núm. 227), al limitar la infracción por rechazar una oferta de empleo adecuada a los solicitantes o beneficiarios de prestaciones por desempleo de nivel contributivo o asistencial [vid. Lasaosa Irigoyen, E., (2011), *ob. cit.*, pp. 91-97].

[64] BOE de 24 de octubre de 2007, núm. 255.

[65] BOE de 22 de diciembre de 2009, núm. 307.

Propia o Autónomos o del Régimen Especial de los Trabajadores del Mar no estuviera al corriente en el pago de las restantes cuotas exigibles en la fecha en que se entienda causada la prestación, la entidad gestora correspondiente (*infra* 2.2.5) invitará al interesado para que en el plazo improrrogable de 30 días naturales a partir de la invitación ingrese las cuotas debidas.

En ese sentido, si el interesado, atendiendo la invitación, ingresase las cuotas adeudadas dentro del plazo señalado anteriormente, se le considerará al corriente en las mismas a efectos de la prestación solicitada. Si el ingreso se realizase fuera de dicho plazo, deben tenerse en cuenta las siguientes dos reglas:

- ★ Como norma general, se concederá la prestación con efectos a partir del día primero del mes siguiente a aquel en que tuvo lugar el ingreso de las cuotas adeudadas.
- ★ Dado que cabe también el pago único de la prestación por cese de actividad (*infra* 2.2.4), en dicho caso se concederá la prestación menos un 20%.

Por último, para justificar el ingreso de las cuotas dentro del plazo señalado, el trabajador autónomo presentará ante el órgano gestor un certificado de la Tesorería General de la Seguridad Social de estar al corriente en el pago de sus cuotas.

2.2.4. Acción protectora

La acción protectora frente al cese de actividad se concreta en una prestación económica y en el abono de la cotización de Seguridad Social durante la percepción de la prestación por cese de actividad:

(a) En lo que se refiere a la prestación económica[66], la Base Reguladora será el promedio de las bases por las que hubiera cotizado durante los 12 meses continuados e inmediatamente anteriores a la situación legal de cese, computando a tal efecto el mes completo en el que se produzca esa situación. Al respecto, debe tenerse en cuenta que la Base de Cotización por cese de actividad se corresponderá con la Base de Cotización del Régimen Especial de los Trabajadores por Cuenta Propia o Autónomos que hubiere elegido, como propia, el trabajador autónomo con arreglo a lo establecido en las normas de aplicación, o bien la que le corresponda como trabajador por cuenta propia en el Régimen Especial de los Trabajadores del Mar. El tipo de cotización correspondiente a la protección por cese de actividad será del 2,2 por ciento[67]. No obstante, debe matizarse que los trabajadores autónomos acogidos al sistema de protección por cese en la actividad tendrán una reducción de 0,5 puntos

---

[66] Cfr. artículo 9 de la Ley 32/2010, en relación con el artículo 13 del Real Decreto 1541/2011.

[67] Cfr. artículo 14, apartados 2 y 3 de la Ley 32/2010.

porcentuales en la cotización por la cobertura de incapacidad temporal, derivada de contingencias comunes[68].

Por su parte, la cuantía de la prestación, durante todo su período de disfrute, se determinará aplicando a la Base Reguladora el 70%.

Ahora bien, aun calculada la prestación conforme a tales criterios, la cuantía resultante de tales operaciones debe entrar dentro de las siguientes cuantías, que constituyen los topes máximos y mínimos de la prestación[69]:

- ★ La cuantía máxima de la prestación por cese de actividad será el 175% del IPREM, salvo cuando el trabajador autónomo tenga uno o más hijos a su cargo; en tal caso, la cuantía será, respectivamente, del 200% o del 225% de dicho indicador.
- ★ La cuantía mínima de la prestación por cese de actividad será del 107% o del 80% del IPREM, según el trabajador autónomo tenga hijos a su cargo, o no.

Precisamente, para fijar la cuantía máxima o mínima de la prestación se deben tener en cuenta las siguientes reglas:

- ★ La carencia de rentas de los hijos a cargo se presumirá en el caso de que éstos no realicen trabajos por cuenta propia o ajena o bien realizándolos no obtengan por ellos retribuciones iguales o superiores al SMI excluida la parte proporcional de las pagas extraordinarias.
- ★ No será necesaria la convivencia cuando el trabajador declare que tiene obligación de alimentos en virtud de convenio especial o resolución judicial, o que sostiene económicamente al hijo.
- ★ La cuantía máxima o mínima de la prestación por cese de actividad reconocida, se modificará por la variación en el número de hijos a cargo durante la percepción de la prestación.
- ★ A aquellos colectivos que conforme a las disposiciones que desarrollan las normas de cotización a la Seguridad Social hayan elegido una base mínima de cotización inferior a la base mínima ordinaria de cotización para los trabajadores por cuenta propia o autónomos, no les resultará de aplicación la cuantía mínima de la prestación por cese de actividad mencionada anteriormente.

Para finalizar con la prestación económica, hay que tener en cuenta que cabe la posibilidad de pago único de la prestación, conforme a las siguientes reglas[70]:

---

[68] Cfr. Disposición Adicional segunda de la Ley 32/2010.

[69] A los efectos de calcular las cuantías máxima y mínima, se entenderá que se tienen hijos a cargo, cuando éstos sean menores de 26 años, o mayores con una discapacidad en grado igual o superior al 33%, carezcan de rentas de cualquier naturaleza iguales o superiores al SMI excluida la parte proporcional de las pagas extraordinarias, y convivan con el beneficiario.

Asimismo, a los mismos efectos, se tendrá en cuenta el IPREM mensual, incrementado en una sexta parte, vigente en el momento del nacimiento del derecho.

[70] Cfr. Disposición Adicional decimocuarta de la Ley 32/2010, en relación con la Disposición Adicional cuarta del Real Decreto 1541/2011.

- ★ Quienes sean titulares del derecho a la prestación por cese de actividad, y tengan pendiente de recibir un período de, al menos, 6 meses, podrán percibir de una sola vez, el valor actual del importe de la prestación, cuando acrediten ante el órgano gestor que van a realizar una actividad profesional como trabajadores autónomos o socios trabajadores de una cooperativa de trabajo asociado o sociedad que tenga el carácter de laboral.
- ★ El beneficiario que desee percibir su prestación de una sola vez podrá solicitarlo al órgano gestor, acompañando a la solicitud memoria explicativa sobre el proyecto de inversión a realizar y actividad a desarrollar, así como cuanta documentación acredite la viabilidad del proyecto.
- ★ En el caso de personas que deseen incorporarse como socios a cooperativas de trabajo asociado o sociedades laborales deberán acompañar certificación de haber solicitado su ingreso en las mismas y condiciones en que éste se producirá. Si se trata de cooperativas o sociedades laborales de nueva creación deberán acompañar, además, el proyecto de estatutos de la sociedad. En estos casos el abono de la prestación en su modalidad de pago único estará condicionado a la presentación del acuerdo de admisión como socio o a la efectiva inscripción de la sociedad en el correspondiente registro.
- ★ El órgano gestor, teniendo en cuenta la viabilidad del proyecto a realizar, reconocerá el derecho en el plazo de 30 días contados desde la solicitud del pago único. Contra la decisión del órgano gestor cabrá recurso en la jurisdicción social. La solicitud del abono de la prestación por cese de actividad, en todo caso deberá ser de fecha anterior a la fecha de incorporación a la cooperativa o sociedad laboral, o a la de constitución de la cooperativa o sociedad laboral, o a la de inicio de la actividad como trabajador autónomo, considerando que tal inicio coincide con la fecha que como tal figura en la solicitud de alta del trabajador en la Seguridad Social.
- ★ Una vez percibida la prestación por su valor actual el beneficiario deberá iniciar, en el plazo máximo de un mes, la actividad para cuya realización se le hubiera concedido y darse de alta en el correspondiente régimen de la Seguridad Social, o acreditar, en su caso, que está en fase de iniciación.
- ★ El abono de la prestación se realizará de una sola vez por el importe que corresponda a las aportaciones al capital, incluyendo la cuota de ingreso, en el caso de las cooperativas, o al de la adquisición de acciones o participaciones del capital social en una sociedad laboral en lo necesario para acceder a la condición de socio trabajador, o a la inversión necesaria para desarrollar la actividad en el caso de trabajadores autónomos, incluidas las cargas tributarias para el inicio de la actividad. Se abonará como pago único la cuantía de la prestación,

calculada en días completos, de la que deducirá el importe relativo al interés legal del dinero.

★ El órgano gestor, a solicitud de los beneficiarios de esta medida, podrá destinar todo o parte del pago único de la prestación por cese de actividad a cubrir los costes de cotización a la Seguridad Social. En tal caso, habrá que atenerse a las siguientes reglas:
  — Si no se obtiene la prestación por su importe total, el importe restante se podrá obtener conforme a lo establecido en la regla 2 siguiente. Asimismo, el beneficiario de la prestación podrá optar por obtener toda la prestación pendiente por percibir conforme a lo establecido en la regla 2 siguiente.
  — El órgano gestor podrá abonar mensualmente el importe de la prestación por cese de actividad para subvencionar la cotización del trabajador a la Seguridad Social, y en este supuesto:
    ✪ La cuantía de la subvención, calculada en días completos de prestación, será fija y corresponderá al importe de la aportación íntegra del trabajador a la Seguridad Social en el momento del inicio de la actividad sin considerar futuras modificaciones.
    ✪ El abono se realizará mensualmente por la entidad u organismo gestor al trabajador, previa comprobación de que se mantiene en alta en la Seguridad Social en el mes correspondiente.

★ La percepción de la prestación en un pago único será compatible con otras ayudas que para la promoción del trabajo autónomo o la constitución o integración en cooperativas o sociedades laborales pudieran obtenerse.

★ La no afectación de la cantidad percibida a la realización de la actividad para la que se haya concedido será considerada pago indebido a los efectos de reintegrar las prestaciones percibidas. A estos efectos, se entenderá, salvo prueba en contrario, que no ha existido afectación cuando el trabajador, en el plazo de un mes, no haya acreditado haber iniciado, desde que hubiera percibido la prestación, la actividad para cuya realización se le hubiere concedido dicha prestación, y haberse dado de alta en el correspondiente régimen de la Seguridad Social.

(b) Respecto al abono de la cotización de Seguridad Social durante la percepción de la prestación por cese de actividad, debe matizarse que la misma se refiere a la cotización por contingencias comunes, entre las que se incluye expresamente la incapacidad temporal, con la finalidad de eludir cualquier tipo de duda[71].

---

[71] Recuérdese que a partir del 1 de enero de 2008 [Disposición Adicional tercera de la Ley 20/2007, de 11 de julio (BOE de 12 de julio de 2007, núm. 166), en relación con el artículo 47.2 del Real Decreto 84/1996, de 26 de enero] existe la obligación de asegurar la incapacidad tempo-

Como no podía ser de otra manera, el abono de la cotización se efectuará por los mismos períodos en los que se perciba la prestación económica por cese de actividad.

Y, como particularidad, la Base de Cotización durante la percepción de las prestaciones por cese de actividad corresponde a la Base Reguladora de la prestación por cese de actividad, calculada en los términos antes mencionados, sin que, en ningún caso, la Base de Cotización pueda ser inferior al importe de la base mínima o base única de cotización vigente en el correspondiente régimen y de acuerdo con las circunstancias específicas concurrentes en el beneficiario. Ahora bien, aquellos colectivos que, durante la actividad, hayan cotizado por una base reducida, cotizarán por una Base de Cotización reducida, también durante la percepción de la prestación por cese de actividad.

Finalmente, cuando la violencia de género sea determinante del cese temporal o definitivo de la actividad de la trabajadora autónoma, y la duración de la protección por cese de actividad sea superior a 6 meses, la entidad u órgano gestor iniciarán la cotización a la Seguridad Social a partir del séptimo mes, sin perjuicio de que los 6 primeros serán considerados como de cotización efectiva a efectos de las prestaciones de Seguridad Social, según dispone el artículo 21.5 de la Ley Orgánica 1/2004, de 28 de diciembre, de Medidas de Protección Integral contra la Violencia de Género.[72]

2.2.5. Gestión de la contingencia por cese de actividad

La gestión de la prestación económica por cese de actividad de los trabajadores autónomos corresponde, como norma general, a las Mutuas de Accidentes de Trabajo y Enfermedades Profesionales[73]. Ahora bien, en el supuesto de trabajadores autónomos que tengan cubierta la protección dispensada a las contingencias derivadas de accidentes de trabajo y enfermedades profesionales con una entidad gestora de la Seguridad Social, la gestión de esta prestación corresponderá[74]: en el ámbito del Régimen Especial de la Seguridad

ral derivada de riesgos comunes. Aunque debe matizarse que para los autónomos agrarios (ahora encuadrados en el Sistema Especial para trabajadores por cuenta propia agrarios establecido dentro del Régimen Especial de los Trabajadores por Cuenta Propia o Autónomos) la cobertura por incapacidad temporal es voluntaria. Por su parte, los autónomos del mar (afiliados al Régimen Especial de Trabajadores del Mar) están obligados a asegurar la incapacidad temporal derivada de riesgos comunes.

72 BOE de 29 de diciembre de 2004, núm. 313.

73 Cfr. artículo 16.1 de la Ley 32/2010.

74 Conviene aclarar que esta situación existe residualmente como resultado de la evolución legislativa, en concreto de la que ha experimentado el artículo 47 del Real Decreto 84/1996, de 26 de enero. En efecto, en una redacción anterior a la dada por el Real Decreto 1273/2003, de 10 de octubre (BOE de 22 de octubre de 2003, núm. 253), el mencionado precepto permitía al trabajador autónomo asignar la cobertura de la incapacidad temporal bien a la entidad gestora correspondiente (Instituto Nacional de Seguridad Social o Instituto Social de la Marina) o bien a una Mutua. Y, en virtud del Real Decreto 1273/2003, de 10 de octubre, se pasó a permitir la cober-

Social de los Trabajadores del Mar, al Instituto Social de la Marina, y en el ámbito del Régimen Especial de los Trabajadores por Cuenta Propia o Autónomos, al Servicio Público de Empleo Estatal[75].

Por lo demás, conviene recordar que los socios trabajadores que se encuentren en situación legal de cese de actividad deben solicitar el reconocimiento del derecho a las prestaciones a tales órganos gestores hasta el último día del mes siguiente a la declaración de la situación legal del cese de actividad[76]. Y en caso de presentar la solicitud fuera del indicado plazo, siempre que el trabajador autónomo cumpla con el resto de requisitos legalmente previstos, se descontarán del período de percepción los días que medien entre la fecha en que debería haber presentado la solicitud y la fecha en que la presentó.

En cambio, las medidas de formación, orientación profesional y promoción de la actividad emprendedora de los trabajadores autónomos beneficiarios de la protección por cese de actividad deben gestionarse por el Servicio Público de Empleo correspondiente o, en su caso, por el Instituto Social de la Marina[77].

2.2.6. Dinámica de la protección por cese de actividad

La dinámica de la protección del cese de actividad se refiere al nacimiento, duración, suspensión, extinción y compatibilidad/incompatibilidad del derecho a la prestación por cese de actividad.

(a) Nacimiento[78]: el reconocimiento a la protección del cese de actividad conlleva el derecho a la prestación económica correspondiente a partir del primer día del segundo mes siguiente al hecho causante (fecha de efectos de la prestación). Por su parte, el derecho a que el órgano gestor competente abone la cuota de Seguridad Social por contingencias comunes nace a partir del primer día del mes siguiente al hecho causante, siempre que la solicitud de la prestación por cese de actividad se hubiera cursado dentro del plazo establecido[79], pues, de lo contrario, el órgano gestor, se hará cargo a partir del mes siguiente al de la solicitud.

---

tura de las contingencias profesionales por las mismas entidades que gestionaban la incapacidad temporal. En suma, el citado artículo 47 permitió durante un tiempo que los trabajadores autónomos encomendasen la gestión de sus contingencias profesionales al INSS o al ISM, razón por la que en la actualidad aún quedan afiliados en esa situación.

[75] Cfr. Disposición Adicional cuarta de la Ley 32/2010.

[76] Cfr. Disposición Adicional sexta, apartado 4, de la Ley 32/2010.

[77] Cfr. artículo 14.4 de la Ley 32/2010.

[78] Cfr. artículo 7 de la Ley 32/2010, en relación con el artículo 11 del Real Decreto 1541/2011.

[79] Dicho plazo se extiende hasta el último día del mes siguiente al que se produjo el cese de actividad. No obstante, en las situaciones legales de cese de actividad causadas por motivos económicos, técnicos, productivos u organizativos, de fuerza mayor, así como por violencia de género, el plazo comenzará a computar a partir de la fecha que se hubiera hecho constar en los correspondientes documentos que acrediten la concurrencia de tales situaciones.

(b) Duración[80]: la duración de la prestación por cese de actividad estará en función de los períodos de cotización efectuados dentro de los 48 meses anteriores a la situación legal de cese de actividad de los que, al menos, 12 deberán ser continuados e inmediatamente anteriores a dicha situación de cese con arreglo a la siguiente escala[81]:

Período de cotización por meses	Duración de la protección por meses
De 12 a 17	2
De 18 a 23	3
De 24 a 29	4
De 30 a 35	5
De 36 a 42	6
De 43 a 47	8
De 48 en adelante	12

No obstante, debe tenerse en cuenta que, en los casos de trabajadores autónomos entre 60 años (incluidos los trabajadores autónomos que tengan 60 años cumplidos en el momento de producirse el hecho causante del cese de actividad) y la edad en que se pueda causar derecho a la pensión de jubilación, se incrementará la duración de la prestación, conforme a la siguiente escala:

Período de cotización por meses	Duración de la protección por meses
De 12 a 17	2
De 18 a 23	4
De 24 a 29	6
De 30 a 35	8
De 36 a 42	10
De 43 en adelante	12

---

[80] Cfr. artículo 8 de la Ley 32/2010, en relación con el artículo 12 del Real Decreto 1541/2011.

[81] A los efectos de determinar el período de cotización exacto:

(a) Se tendrán en cuenta exclusivamente las cotizaciones por cese de actividad efectuadas al Régimen Especial correspondiente; (b) se tendrán en cuenta las cotizaciones por cese de actividad que no hubieran sido computadas para el reconocimiento de un derecho anterior de la misma naturaleza; (c) los meses cotizados se computarán como meses completos; (d) las cotizaciones que generaron la última prestación por cese de actividad no podrán computarse para el reconocimiento de un derecho posterior.

Además, el trabajador autónomo al que se le hubiera reconocido el derecho a la protección económica por cese de actividad podrá volver a solicitar un nuevo reconocimiento, siempre que concurran los requisitos legales y hubieren transcurrido 18 meses desde el reconocimiento del último derecho a la prestación.

Como normas complementarias a las anteriores, y aclarativas de las mismas deben citarse las siguientes:

★ La duración reconocida no se ampliará por el hecho de que el trabajador cumpla 60 años durante la percepción de la prestación.

★ En ningún caso se podrá aplicar el cómputo recíproco de cotizaciones por cese de actividad y de cotizaciones por desempleo.

★ La duración de la protección se reconocerá en meses y se consumirá por meses, salvo cuando concurran situaciones de descuento, reducción o reanudación de la prestación en las que el consumo de la duración de la prestación, y la cotización a la Seguridad Social, se podrá efectuar por días, considerando a esos efectos que cada mes está integrado por 30 días. No obstante, si la reanudación se produce por el cese de actividad en el trabajo autónomo el consumo de la duración y la cotización a la Seguridad Social se efectuará por meses.

★ No se podrá aplicar el cómputo reciproco de cotizaciones por cese de actividad entre el Régimen Especial de Trabajadores Autónomos y el Régimen Especial de Trabajadores del Mar.

(c) *Suspensión*[82]: el derecho a la protección por cese de actividad se suspenderá por el órgano gestor en los siguientes supuestos:

★ Durante el período que corresponda por imposición de sanción por infracción leve o grave, en los términos establecidos en el Real Decreto Legislativo 5/2000, de 4 de agosto, por el que se aprueba el Texto Refundido de la Ley sobre infracciones y sanciones en el orden social.

★ Durante el cumplimiento de condena que implique privación de libertad.

★ Durante el período de realización de un trabajo por cuenta propia o por cuenta ajena por tiempo inferior a 12 meses.

Tratándose de una suspensión, cabe la posibilidad de reanudar el percibo de la prestación, en los términos fijados en el artículo 10.3 de la Ley 32/2010, en relación con el artículo 15, apartados 2-5, del Real Decreto 1541/2011.

(d) Extinción[83]: el derecho a la protección por cese de actividad se extinguirá en los siguientes casos:

★ Por agotamiento del plazo de duración de la prestación.

---

[82] Cfr. artículo 10 de la Ley 32/2010, en relación con el artículo 15 del Real Decreto 1541/2011.

[83] Cfr. artículo 11 de la Ley 32/2010.

★ Por imposición de las sanciones en los términos establecidos en la Ley sobre infracciones y sanciones en el orden social.
★ Por realización de un trabajo por cuenta ajena o propia durante un tiempo igual o superior a 12 meses, en este último caso siempre que genere derecho a la protección por cese de actividad como trabajador autónomo[84].
★ Por cumplimiento de la edad de jubilación ordinaria o, en el caso de los trabajadores por cuenta propia encuadrados en el Régimen Especial de los Trabajadores del Mar, edad de jubilación teórica, salvo cuando no se reúnan los requisitos para acceder a la pensión de jubilación contributiva. En este supuesto la prestación por cese de actividad se extinguirá cuando el trabajador autónomo cumpla con el resto de requisitos para acceder a dicha pensión o bien se agote el plazo de duración de la protección.
★ Por reconocimiento de pensión de jubilación o de incapacidad permanente, salvo que, en este último caso, se trate de una pensión de incapacidad permanente que sea compatible con el trabajo que dio lugar a la prestación por cese de actividad.
★ Por traslado de residencia al extranjero, salvo en los casos que reglamentariamente se determinen.
★ Por renuncia voluntaria al derecho.
★ Por fallecimiento del trabajador autónomo.

(e) *Compatibilidad/incompatibilidad del derecho a la prestación por cese de actividad*[85]: comenzando por las incompatibilidades, y en sintonía con lo indicado al referirnos a las causas de extinción de la prestación por cese de actividad, en primer lugar, debe señalarse que el percibo de la misma resulta incompatible, como norma general, con el trabajo por cuenta propia, aunque su realización no implique la inclusión obligatoria en el Régimen Especial de los Trabajadores por Cuenta Propia o Autónomos o en el Régimen Especial de los Trabajadores del Mar, así como con el trabajo por cuenta ajena. En segundo lugar, será incompatible con la obtención de pensiones o prestaciones de carácter económico del Sistema de la Seguridad Social, salvo que éstas hubieran sido compatibles con el trabajo que dio lugar a la prestación por cese de actividad, así como con las medidas de fomento del cese de actividad reguladas por normativa sectorial para diferentes colectivos, o las que pudieran regularse en el futuro con carácter estatal. Y,

---

[84] En este caso, el trabajador autónomo podrá optar, en el caso de que se le reconozca una nueva prestación, entre reabrir el derecho inicial por el período que le restaba y las bases y tipos que le correspondían, o percibir la prestación generada por las nuevas cotizaciones efectuadas. Cuando el trabajador autónomo opte por la prestación anterior, las cotizaciones que generaron aquella prestación por la que no hubiera optado no podrán computarse para el reconocimiento de un derecho posterior.

[85] Cfr. artículos 12 y 13 de la Ley 32/2011, en relación con el artículo 17 de la Ley 1541/2011.

por lo que se refiere a los trabajadores por cuenta propia incluidos en el Régimen Especial de los Trabajadores del Mar, la prestación por cese de actividad será incompatible con la percepción de las ayudas por paralización de la flota.

El régimen de compatibilidades con el percibo de las prestaciones por otras contingencias se ciñe, básicamente, a las contingencias de incapacidad temporal y de maternidad y paternidad.

Así, en relación con la contingencia de incapacidad temporal deben considerarse las siguientes reglas:

- ★ En el supuesto en que el hecho causante de la protección por cese de actividad se produzca mientras el trabajador autónomo se encuentre en situación de incapacidad temporal, éste seguirá percibiendo la prestación por incapacidad temporal, en la misma cuantía que la prestación por cese de actividad, hasta que la misma se extinga en cuyo momento pasará a percibir, siempre que reúna los requisitos legalmente establecidos, la prestación económica por cese de actividad que le corresponda. En tal caso, se descontará del período de percepción de la prestación por cese de actividad, como ya consumido, el tiempo que hubiera permanecido en la situación de incapacidad temporal a partir de la fecha de la situación legal de cese de actividad.
  En este caso, la cotización a cargo del órgano gestor se realizará exclusivamente a partir de la fecha en la que se inicie el pago de la prestación por cese de actividad y por el período de la misma que reste hasta su extinción. El trabajador autónomo tendrá la obligación de comunicar y acreditar la situación de cese de actividad al órgano gestor que abona la prestación de incapacidad temporal dentro de los 15 días siguientes al que se produce el cese de actividad. Por su parte, la solicitud de la protección por cese de actividad debe hacerse una vez extinguida la incapacidad temporal, acreditando la situación legal de cese de actividad ante la entidad u órgano gestor de esa protección en los 15 días hábiles siguientes al día de extinción de la incapacidad.
- ★ Si durante la percepción de la prestación económica por cese de actividad el trabajador autónomo pasa a la situación de incapacidad temporal que constituya recaída de un proceso anterior iniciado con anterioridad a la situación legal de cese en la actividad, percibirá la prestación por esta contingencia en cuantía igual a la prestación por cese en la actividad. En este caso, y en el supuesto de que el trabajador autónomo continuase en situación de incapacidad temporal una vez finalizado el período de duración establecido inicialmente para la prestación por cese en la actividad, seguirá percibiendo la prestación por incapacidad temporal en la misma cuantía en la que la venía percibiendo.
- ★ Cuando el trabajador autónomo esté percibiendo la prestación por cese en la actividad y pase a la situación de incapacidad temporal que

no constituya recaída de un proceso anterior iniciado anteriormente, percibirá la prestación por esta contingencia en cuantía igual a la prestación por cese en la actividad. En este caso, y en el supuesto de que el trabajador autónomo continuase en situación de incapacidad temporal una vez finalizado el período de duración establecido inicialmente para la prestación por cese en la actividad, seguirá percibiendo la prestación por incapacidad temporal en cuantía igual al 80% del IPREM mensual.

★ El período de percepción de la prestación por cese de actividad no se ampliará como consecuencia de que el trabajador autónomo pase a la situación de incapacidad temporal. Durante dicha situación, el órgano gestor de la prestación se hará cargo de las cotizaciones a la Seguridad Social, hasta el agotamiento del período de duración de la prestación al que el trabajador autónomo tuviere derecho.

Y respecto a las contingencias de maternidad y paternidad deben considerarse, asimismo, las siguientes reglas:

★ En el supuesto en que el hecho causante de la protección por cese de actividad se produzca cuando el trabajador autónomo se encuentre en situación de maternidad o paternidad, se seguirá percibiendo la prestación por maternidad o por paternidad hasta que las mismas se extingan; una vez que se extinga la prestación por maternidad o paternidad se podrá solicitar en el plazo de los 15 días hábiles siguientes la protección por cese de actividad, y siempre que se reúnan los requisitos exigidos, el derecho nacerá al día siguiente al de extinción de la prestación de maternidad o paternidad.

★ Cuando el beneficiario esté percibiendo la protección por cese de actividad y pase a la situación de maternidad o paternidad, se interrumpirá la prestación y la cotización a la Seguridad Social y pasará a percibir esas prestaciones gestionadas directamente por su órgano gestor. Una vez extinguida la prestación por maternidad o por paternidad el ente gestor de dichas prestaciones lo comunicará al órgano gestor de la protección por cese de actividad que reanudará de oficio esa protección por la duración, cuantía y cotización a la Seguridad Social pendiente en el momento de la suspensión.

2.2.7. Régimen de obligaciones, infracciones y sanciones

(a) Constituyen obligaciones de los trabajadores autónomos solicitantes y beneficiarios de la protección por cese de actividad[86]:

---

[86] Cfr. artículo 17 de la Ley 32/2010, en relación con el artículo 29 del Real Decreto 1541/2011.

- ★ Solicitar al mismo órgano gestor con el que tengan concertadas las contingencias profesionales la cobertura de la protección por cese de actividad.
- ★ Cotizar por la aportación correspondiente a la protección por cese de actividad.
- ★ Proporcionar la documentación e información que resulten necesarios a los efectos del reconocimiento, suspensión, extinción o reanudación de la prestación.
- ★ Solicitar la baja en la prestación por cese de actividad cuando se produzcan situaciones de suspensión o extinción del derecho o se dejen de reunir los requisitos exigidos para su percepción, en el momento en que se produzcan dichas situaciones.
- ★ No trabajar por cuenta propia o ajena durante la percepción de la prestación.
- ★ Reintegrar las prestaciones indebidamente percibidas.
- ★ Comparecer a requerimiento del órgano gestor y estar a disposición del Servicio Público de Empleo de la correspondiente comunidad autónoma, o del Instituto Social de la Marina, a fin de realizar las actividades formativas, de orientación profesional y de promoción de la actividad emprendedora a las que se les convoque. No obstante, los trabajadores autónomos que hayan cumplido la edad ordinaria de jubilación quedan exentos de cumplir esta obligación.
- ★ Participar en acciones específicas de motivación, información, orientación, formación, reconversión o inserción profesional para incrementar su ocupabilidad, que se determinen por el órgano gestor, por el Servicio Público de Empleo de la correspondiente comunidad autónoma, o por el Instituto Social de la Marina, en su caso.
- ★ Cumplir las exigencias del compromiso de actividad. A estos efectos, los beneficiarios deberán estar a disposición del Servicio Público de Empleo correspondiente, para lo cual deberán inscribirse y permanecer inscritos en el mismo durante el periodo de percepción de la prestación por cese de actividad. La inscripción quedará recogida en el marco del Sistema de Información de los Servicios Públicos de Empleo.

(b) En materia e infracciones y sanciones, se estará a lo dispuesto en el Texto Refundido de la Ley sobre infracciones y sanciones en el orden social, aprobado por Real Decreto Legislativo 5/2000, de 4 de agosto.

En íntima conexión con las infracciones y sanciones, merece especial atención el procedimiento de reintegro de prestaciones indebidamente percibidas[87]. De este modo, corresponde al órgano gestor la declaración como indebida de la prestación, en los siguientes supuestos:

---

[87] Cfr. Disposición Adicional quinta de la Ley 32/2010, en relación con el artículo 31 del Real Decreto 1541/2011.

- ★ Cuando se incumpla la obligación de participar en acciones específicas de motivación, información, orientación, formación, reconversión o inserción profesional para incrementar su ocupabilidad.
- ★ Cuando sea revocado el derecho a la prestación por cese de actividad.
- ★ En los supuestos en los que las prestaciones hayan sido indebidamente percibidas como consecuencia de errores materiales o de hecho y los aritméticos, así como por la constatación de omisiones o inexactitudes en las declaraciones del beneficiario.
- ★ En los demás supuestos en los que se produzca cualquier situación que genere un cobro indebido.

Las sociedades cooperativas y su obligatoriedad ante el instituto mexicano del seguro social y el instituto del fondo nacional de la vivienda para los trabajadores

Araceli del C. Beristain Apreza[1]
Universidad Autónoma del Estado de México

Sumario: 1. Marcos jurídico constitucional y legal regulatorios de las Sociedades Cooperativas en México. 2. Aspectos descriptivos de las Sociedades Cooperativas en la legislación nacional sobre la materia. 2.1. Conceptualización, objetivos, principios de las Sociedades Cooperativas. 2.2. Constitución, registro y regímenes que puede adoptar una Sociedad Cooperativa. 2.3. Clasificación de las Sociedades Cooperativas. 2.4. Estructura, funcionamiento y administración de las Sociedades Cooperativas. 2.5. Régimen Económico de las Sociedades Cooperativas. 2.6. Las Socios de las Sociedades Cooperativas. 2.7. Disolución, liquidación y fusión de las Sociedades Cooperativas. 2.8. Régimen Fiscal de las Sociedades Cooperativas. 3. Las Sociedades Cooperativas y su obligatoriedad ante el Instituto Mexicano del Seguro Social (IMSS). 3.1. Sujetos de aseguramiento ante el IMSS. 3.2. Inscripción Patronal de las

---

[1] Maestra en Estudios Jurídicos por la Facultad de Derecho de la Universidad Autónoma del Estado de México (UAEMex) ; Especialista en Derecho Legislativo por el Instituto de Estudios Legislativos del Poder Legislativo del Estado de México; Diplomada en Derecho de la Seguridad Social, Derecho del Trabajo, Derecho Procesal del Trabajo por el Colegio de Estudios Jurídicos de México (CEJUM), y en Derecho Fiscal e Impuestos por la Facultad de Contaduría y Administración de la Universidad Autónoma del Estado de México (UAEMex). Catedrático de asignatura de la Facultad de Derecho, de la Universidad Autónoma del Estado de México en las áreas de derecho del trabajo, derecho de la seguridad social, proceso laboral y proceso administrativo; así como de la Facultad de Contaduría y Administración de la UAEMex en las unidades de aprendizaje de derecho laboral, fundamentos de derecho, recursos para contribuyentes, contribuciones de personas físicas y morales, así como de seguridad social e impuestos especiales. Representante legal del Instituto Mexicano del Seguro Social (IMSS), Jefe del Departamento Contencioso Administrativo de la Subdirección Jurídica del Instituto Mexiquense de la Vivienda Social, del Gobierno del Estado. Abogado postulante en las áreas de: civil, fiscal, laboral y seguridad social.

Sociedades Cooperativas ante el IMSS. 3.3. Registro patronal para el caso de las Sociedades Cooperativas. 3.4. El Salario Base de Cotización de las Sociedades Cooperativas. 3.5. Las Sociedades Cooperativas y sus aportaciones al Instituto del Fondo Nacional de la Vivienda para los Trabajadores (INFONAVIT). 4. Conclusión. 5. Fuentes de consulta.

1. MARCOS JURÍDICO CONSTITUCIONAL Y LEGAL REGULATORIOS DE LAS SOCIEDADES COOPERATIVAS EN MÉXICO

Es un hecho conocido el que la economía de una nación dependa en gran medida de la fuerza de trabajo, sin embargo, situaciones como la inequitativa distribución de la riqueza, el aumento del empobrecimiento de las familias y la falta de oportunidades, han propiciado consecuentemente, elevados costos sociales ante la ausencia de desarrollo de un importante porcentaje de la población.

Es por ello, que aunque el término trabajo haya asumido múltiples concepciones a lo largo de la historia, abarcando acepciones como la filosófica, la fisiológica, la mecánica, la jurídica, la política, la social o teleológica, y la económica; todas estas nociones van a depender de la postura o perspectiva en que el concepto de trabajo sea analizado, importando para este proyecto y apartado, las tres últimas connotaciones.

Lo anterior, toda vez que el trabajo desde el ángulo político, "es objeto de la actividad legisladora y de la función rectora de la administración pública, con fines de protección para los trabajadores, de mantenimiento de la paz social y del incremento productor" (CABANELLAS, 1968: 90); además de que la concepción social del trabajo, se entrelaza con su aspecto teleológico, es decir, que este debe servir al hombre para satisfacer sus necesidades; y finalmente, en lo económico, el trabajo es considerado como un factor de producción, el cual supone un intercambio de bienes y servicios para la satisfacción de las necesidades humanas.

Todos estos aspectos, demuestran que las sociedades cooperativas se han conformado Constitucionalmente, al menos dentro del Estado mexicano, como fuente de la economía nacional y de apertura de empleos, lo cual tiene su razón de ser a partir del contenido del artículo 25 Constitucional, al prever que:

> Corresponde al Estado la rectoría del desarrollo nacional para garantizar que éste sea integral y sustentable, que fortalezca la Soberanía de la Nación y su régimen democrático y que, mediante la competitividad, el fomento del crecimiento económico y el empleo, y una más justa distribución del ingreso

> y la riqueza, permita el pleno ejercicio de la libertad y la dignidad de los individuos, grupos y clases sociales, cuya seguridad protege esta Constitución. La competitividad se entenderá como el conjunto de condiciones necesarias para generar un mayor crecimiento económico, promoviendo la inversión y la generación de empleo.
> El Estado planeará, conducirá, coordinará y orientará la actividad económica nacional, y llevará a cabo la regulación y fomento de las actividades que demande el interés general en el marco de libertades que otorga esta Constitución.
> Al desarrollo económico nacional concurrirán, con responsabilidad social, el sector público, el sector social y el sector privado, sin menoscabo de otras formas de actividad económica que contribuyan al desarrollo de la Nación.
> El sector público tendrá a su cargo, de manera exclusiva, las áreas estratégicas que se señalan en el Artículo 28, párrafo cuarto de la Constitución, manteniendo siempre el Gobierno Federal la propiedad y el control sobre los organismos que en su caso se establezcan.
> Asimismo podrá participar por sí o con los sectores social y privado, de acuerdo con la ley, para impulsar y organizar las áreas prioritarias del desarrollo.
> Bajo criterios de equidad social y productividad se apoyará e impulsará a las empresas de los sectores social y privado de la economía, sujetándolos a las modalidades que dicte el interés público y al uso, en beneficio general, de los recursos productivos, cuidando su conservación y el medio ambiente.
> La ley establecerá los mecanismos que faciliten la organización y la expansión de la actividad económica del sector social: de los ejidos, organizaciones de trabajadores, cooperativas, comunidades, empresas que pertenezcan mayoritaria o exclusivamente a los trabajadores y, en general, de todas las formas de organización social para la producción, distribución y consumo de bienes y servicios socialmente necesarios.
> La ley alentará y protegerá la actividad económica que realicen los particulares y proveerá las condiciones para que el desenvolvimiento del sector privado contribuya al desarrollo económico nacional, promoviendo la competitividad e implementando una política nacional para el desarrollo industrial que incluya vertientes sectoriales y regionales, en los términos que establece esta Constitución. (CONSTITUCIÓN POLÍTICA DE LOS ESTADOS UNIDOS MEXICANOS)

Destacando de ello, la aceptación que hace el Estado de la figura de la sociedad cooperativa, al considerarla como una forma de organización social para el trabajo que permite la producción, distribución y consumo de bienes y servicios, así como la apertura de fuentes de trabajo.

Así mismo, el párrafo octavo del artículo 28 de la Constitución Política de los Estados Unidos Mexicanos, si bien establece la prohibición de los monopolios y de las prácticas monopólicas, también señala que:

> ...

> No constituyen monopolios las asociaciones de trabajadores formadas para proteger sus propios intereses y las asociaciones o sociedades cooperativas de productores para que, en defensa de sus intereses o del interés general, vendan directamente en los mercados extranjeros los productos nacionales o industriales que sean la principal fuente de riqueza de la región en que se produzcan o que no sean artículos de primera necesidad, siempre que dichas asociaciones estén bajo vigilancia o amparo del Gobierno Federal o de los Estados, y previa autorización que al efecto se obtenga de las legislaturas respectivas en cada caso. Las mismas Legislaturas, por sí o a propuesta del Ejecutivo podrán derogar, cuando así lo exijan las necesidades públicas, las autorizaciones concedidas para la formación de las asociaciones de que se trata.
> ... (*Ídem*)

De esta manera, el Estado mexicano ha dado paso a la conformación de agrupaciones de trabajadores a través de la estructuración y regulación de sociedades cooperativas, como instrumentos que permitan incentivar la productividad, la creación de nuevas empresas tales como algunas Pequeñas y Medianas Empresas (PYMES) y la comercialización hacia el exterior de los productos nacionales, propiciando desde luego aumentos en la economía del país, además de otorgar a sus socios y trabajadores la posibilidad de obtener ingresos salariales, y de contar con protección en materia de trabajo y de seguridad social.

Por su parte, el artículo 123, apartado A), fracción XXX de la Constitución Federal, establece que: "Toda persona tiene derecho al trabajo digno y socialmente útil; al efecto, se promoverán la creación de empleos y la organización social del trabajo conforme a la ley. **A.** ... **XXX.** Asimismo serán consideradas de utilidad social, las sociedades cooperativas para la construcción de casas baratas e higiénicas, destinadas a ser adquiridas en propiedad, por los trabajadores en plazos determinados..." (*Ídem*)

Dicho apartado guarda relación con el contenido del artículo 2° de la Ley General de Sociedades Cooperativas (LGSC), toda vez que el propósito de cualquier sociedad cooperativa, se encamina a la satisfacción de necesidades individuales y colectivas, haciendo uso de la práctica de diferentes actividades económicas, tales como la producción, distribución y consumo de bienes y servicios, que para este caso específico, se alude a la adquisición de casas habitación.

Finalmente, el marco legal que regula a las sociedades cooperativas dentro de México queda comprendido: primeramente, por la Ley General de Sociedades Cooperativas (LGSC); en segundo término y de manera supletoria la Ley General de Sociedades Mercantiles (LGSM), tal como lo se señala en el contenido del artículo 10° de la primera Ley citada en este párrafo[2]; así

[2] El artículo 10 de la *Ley General de Sociedades Cooperativas* establece que, "las sociedades que simulen constituirse en sociedades cooperativas o usen indebidamente las denominaciones alusivas a las mismas, serán nulas de pleno derecho y estarán sujetas a las sanciones que establezcan las leyes respectivas."

como de manera complementaria, la Ley para Regular las Actividades de las Sociedades Cooperativas de Ahorro y Préstamo, y la Ley de Ahorro y Crédito Popular, por cuanto hace a las sociedades cooperativas con actividades de ahorro y préstamo; además del Código Fiscal de la Federación, la Ley del Impuesto sobre la renta (LISR), la Ley del Impuesto al Valor Agregado (LIVA), y la Ley del Seguro Social (LSS), por cuanto hace a su régimen fiscal y de seguridad social respectivamente.

2. ASPECTOS DESCRIPTIVOS DE LAS SOCIEDADES COOPERATIVAS EN LA LEGISLACIÓN NACIONAL SOBRE LA MATERIA

Dentro de este apartado, se pretenden establecer de manera muy general los elementos que sirven para describir a las sociedades cooperativas, tomando como base los ordenamientos jurídicos que la regulan, para lo cual se explicarán de forma breve su conceptualización, su clasificación, los requisitos para su constitución, su régimen económico, en cuanto hace a los aportes y participaciones de cada uno de los socio, así como su sistema fiscal, por cuanto refriere al pago de las aportaciones de seguridad social y demás impuestos a que se encuentren obligados cumplimentar; aunado al análisis de su estructura y administración, los derechos y obligaciones de los socios, además de su disolución y la forma en que deberán dar cumplimiento a su liquidación, entre otros puntos.

2.1. Conceptualización, objetivos, principios de las Sociedades Cooperativas

Para ello, en primer término, la Ley General de Sociedades Mercantiles reconoce dentro de su artículo 1° a las sociedades cooperativas como una especie de sociedad mercantil, las cuales estarán sometidas al marco regulatorio de su ley especializada y de la ley en comento de manera supletoria, además de todas aquellas disposiciones fiscales y de seguridad social aplicables, ya referidas en el párrafo último del anterior apartado.

Bajo esta tesitura, el artículo 2° de la Ley General de Sociedades Cooperativas enmarca que "la sociedad cooperativa es una forma de organización social integrada como mínimo por cinco personas físicas, que unidos con base en intereses comunes y en los principios de solidaridad, esfuerzo propio y ayuda mutua, con el propósito de satisfacer necesidades individuales y colectivas, a través de la realización de actividades económicas de producción, distribución y consumo de bienes y servicios." (LEY GENERAL DE SOCIEDADES COOPERATIVAS)

Lo cual indica que los objetivos que toda sociedad cooperativa debe buscar:

a) Económicos

- Mejorar los niveles de ingreso y bienestar social de los socios y sus familias.
- Obtener crecientes niveles de vida, por la vía del trabajo productivo.
- La práctica de actividades económicas lícitas. (artículo 8° LGSC)

b) Sociales

- Fomentar, promover y desarrollar las capacidades, actitudes, aptitudes, habilidades y destrezas de los socios, por medio de la educación y capacitación, calificando su fuerza de trabajo.
- Poner en práctica el fondo de educación cooperativa (artículo 59 LGSC)
- Desarrollar el espíritu de cooperación, ayuda mutua, solidaridad y democracia. (ONG CONTRALORÍA CIUDADANA PARA LA RENDICIÓN DE CUENTAS, A.C., 2009: 6)

De esa manera dentro de las actividades lícitas que pueden desarrollar las sociedades cooperativas encontramos:

- Impulsar el autoempleo y empleo colectivo.
- Impulsar el Turismo rural en las zonas indígenas.
- Recibir y proporcionar servicios profesionales de asistencia técnica, asesoría, consultoría y capacitación.
- Promover, impulsar y apoyar procesos de organización en grupos urbanos y rurales.
- Organizar, impulsar y realizar cursos, orientados a la organización social y económica de grupos y organizaciones del campo.
- Asesoría, elaboración y ejecución de actividades didácticas para la obtención de objetivos sociales.
- Producción, compra, venta, almacenamiento, transformación, distribución, representación, comisión, consignación, importación y exportación de toda clase de bienes, productos naturales, artesanías, materias prima, productos de origen vegetal, mineral, animal y los derivados de los mismos.
- Servicios especializados para el mejoramiento de procesos productivos.
- Instalar talleres, centros de trabajo y demás unidades de producción, así como almacenes, expendios, sucursales y bodegas que faciliten la venta directa de los productos.
- La celebración de toda clase de contratos de comisión mercantil, mediación, distribución, agencia y representación con cualquier empresa, persona moral o persona física, así como con organismos del sector público o privado nacional o extranjero.
- La realización de toda clase de trámites y gestoría ante las agencias aduanales para importaciones y exportaciones.

- Adquirir, vender, dar y recibir en arrendamiento y gravar, toda clase de bienes muebles e inmuebles que se necesiten o relacionen con el objeto de la sociedad.
- Obtener o conceder préstamos otorgando y recibiendo garantías específicas, aceptar, girar, endosar o avalar toda clase de títulos de crédito y otorgar fianzas o garantías de cualquier clase, ya sea para garantizar obligaciones propias o de terceros.
- Obtener, adquirir, explotar, otorgar, transmitir y, en general, disponer por cualquier título de patentes, marcas, nombres comerciales.
- Realizar actos de comercio a que pueda legítimamente acceder en los términos de la ley general de sociedades cooperativas.
- Pedir créditos de capital privado y con organismos gubernamentales y de otras fuentes de financiamiento tanto nacionales como extranjeras, para el desarrollo de las actividades comprendidas en el objeto social.
- Fomentar la realización de actividades de carácter educativo y cultural que apoyen el desarrollo integral del entorno social, extendiendo tales servicios a los grupos, comunidades y organizaciones que lo soliciten.
- Crear las secciones de consumo, vivienda, defunción y conservación ecológica, para proporcionar estos servicios a los socios, además de cuidar y preservar el medio ambiente y los recursos naturales; fomentar el uso de productos biodegradables y reciclables, así como el uso de tecnologías alternativas.
- Crear una sección para la planeación, ejecución, gestión y desarrollo de los proyectos productivos, de comercialización y de servicios.
- Crear las secciones que se consideren necesarias para el cumplimiento del objeto social de la sociedad y, en general, para el mejoramiento de la calidad de vida y nivel cultural de los socios, sus familias y la comunidad. (*Ibídem*: 8-10)

Así mismo, los principios bajo los cuales deben supeditar su actuar las sociedades cooperativas son:

> **Artículo 6.** Las sociedades cooperativas deberán observar en su funcionamiento los siguientes principios:
> I. Libertad de asociación y retiro voluntario de los socios;
> II. Administración democrática;
> III. Limitación de intereses a algunas aportaciones de los socios si así se pactara;
> IV. Distribución de los rendimientos en proporción a la participación de los socios;
> V. Fomento de la educación cooperativa y de la educación en la economía solidaria;
> VI. Participación en la integración cooperativa;
> VII. Respeto al derecho individual de los socios de pertenecer a cualquier partido político o asociación religiosa, y

VIII. Promoción de la cultura ecológica. (LEY GENERAL DE SOCIEDADES COOPERATIVAS)

2.2. Constitución, registro y regímenes que puede adoptar una Sociedad Cooperativa

Respecto a su constitución, registro y regímenes que una sociedad cooperativa puede adoptar, se encuentra fundamentada principalmente en el contenido de los artículos 11 al 16 de la Ley General de Sociedades Cooperativas, mismos que a la letra establecen:

Artículo 11. En la constitución de las sociedades cooperativas se observará lo siguiente:
I. Se reconoce un voto por socio, independientemente de sus aportaciones;
II. Serán de capital variable;
III. Habrá igualdad esencial en derechos y obligaciones de sus socios e igualdad de condiciones para las mujeres;
IV. Tendrán duración indefinida, y
V. Se integrarán con un mínimo de cinco Socios, con excepción de aquellas a que se refiere el Artículo 33 Bis de esta Ley.

Artículo 12. La constitución de las sociedades cooperativas deberá realizarse en asamblea general que celebren los interesados, y en la que se levantara una acta que contendrá:
I. Datos generales de los fundadores;
II. Nombre de las personas que hayan resultado electas para integrar por primera vez consejos y comisiones, y
III. Las bases constitutivas.
Los socios deberán acreditar su identidad y ratificar su voluntad de constituir la sociedad cooperativa y de ser suyas las firmas o las huellas digitales que obran en el acta constitutiva, ante notario público, corredor público, juez de distrito, juez de primera instancia en la misma materia del fuero común, presidente municipal, secretario, delegado municipal o titular de los órganos político-administrativos del Distrito Federal, del lugar en donde la sociedad cooperativa tenga su domicilio.

Artículo 13. A partir del momento de la firma de su acta constitutiva, las sociedades cooperativas contarán con personalidad jurídica, tendrán patrimonio propio y podrán celebrar actos y contratos, así como asociarse libremente con otras para la consecución de su objeto social.
El acta constitutiva de la sociedad cooperativa de que se trate, se inscribirá en el Registro Público de Comercio que corresponda a su domicilio social.

Artículo 14. Las sociedades cooperativas podrán adoptar el régimen de responsabilidad limitada o suplementada de los socios.

La responsabilidad será limitada, cuando los socios solamente se obliguen al pago de los certificados de aportación que hubieren suscrito. Será suplementada, cuando los socios respondan a prorrata por las operaciones sociales, hasta por la cantidad determinada en el acta constitutiva.

Artículo 15. El régimen de responsabilidad de los socios que se adopte, surtirá efectos a partir de la inscripción del acta constitutiva en el Registro Público de Comercio. Entretanto, todos los socios responderán en forma subsidiaria por las obligaciones sociales que se hubieren generado con anterioridad a dicha inscripción.
Las personas que realicen actos jurídicos como representantes o mandatarios de una sociedad cooperativa no inscrita en el Registro Público de Comercio, responderán del cumplimiento de las obligaciones sociales frente a terceros, subsidiaria, solidaria e ilimitadamente, sin perjuicio de la responsabilidad penal en que hubieren incurrido.

Artículo 16. Las bases constitutivas de las sociedades cooperativas contendrán:
I. Denominación y domicilio social;
II. Objeto social, expresando concretamente cada una de las actividades a desarrollar;
III. Los regímenes de responsabilidad limitada o suplementada de sus socios, debiendo expresar en su denominación el régimen adoptado;
IV. Forma de constituir o incrementar el capital social, expresión del valor de los certificados de aportación, forma de pago y devolución de su valor, así como la valuación de los bienes y derechos en caso de que se aporten;
V. Requisitos y procedimiento para la admisión, exclusión y separación voluntaria de los socios;
VI. Forma de constituir los fondos sociales, su monto, su objeto y reglas para su aplicación;
VII. Áreas de trabajo que vayan a crearse y reglas para su funcionamiento y en particular de la de educación cooperativa en los términos del artículo 47 de esta Ley;
VIII. Duración del ejercicio social que podrá coincidir con el año de calendario, así como el tipo de libros de actas y de contabilidad a llevarse;
IX. Forma en que deberá caucionar su manejo el personal que tenga fondos y bienes a su cargo;
X. El procedimiento para convocar y formalizar las asambleas generales ordinarias que se realizarán por lo menos una vez al año, así como las extraordinarias que se realizarán en cualquier momento a pedimento de la Asamblea General, del Consejo de Administración, del de Vigilancia o del 20% del total de los miembros;
XI. Derechos y obligaciones de los socios, así como mecanismos de conciliación y arbitraje en caso de conflicto sobre el particular;

> XII. Formas de dirección y administración interna, así como sus atribuciones y responsabilidades, y
> XIII. Las demás disposiciones necesarias para el buen funcionamiento de la sociedad cooperativa siempre que no se opongan a lo establecido en esta ley.
> Las cláusulas de las bases constitutivas que no se apeguen a lo dispuesto por esta ley, serán nulas de pleno derecho para todos los efectos legales correspondientes. (*Ídem*)

2.3. Clasificación de las Sociedades Cooperativas

Por lo que toca a la clasificación de las sociedades cooperativas, se encuentra regulado dentro de la Ley General de Sociedades Cooperativas, en su Capítulo II, denominado "De las distintas clases y categorías de sociedades cooperativas", abarcando de los artículos 21 al 33 bis 3, clasificándolas legalmente en tres:

> **Artículo 21.** Forman parte del Sistema Cooperativo las siguientes clases de sociedades cooperativas:
> *I. De consumidores de bienes y/o servicios, y*
> *II. De productores de bienes y/o servicios, y*
> III. De ahorro y préstamo. (*Ídem*)

Debiendo entender por cada una de ellas, lo siguiente:

A. Sociedades Cooperativas de Consumidores. Son aquéllas cuyos miembros se asocian con el objeto de obtener en común artículos, bienes y/o servicios para ellos, sus hogares o sus actividades de producción; además de que independientemente de la obligación de distribuir artículos o bienes de los socios, podrán realizar operaciones con el público en general siempre que se permita a los consumidores afiliarse a las mismas en el plazo que establezcan sus bases constitutivas, no requiriendo más autorizaciones que las vigentes para la actividad económica específica; de ahí que también las sociedades cooperativas de consumidores puedan dedicarse a actividades de abastecimiento y distribución, así como a la prestación de servicios relacionados con la educación o la obtención de vivienda.

B. Sociedades Cooperativas de Productores. Son aquéllas cuyos miembros se asocien para trabajar en común en la producción de bienes y/o servicios, aportando su trabajo personal, físico o intelectual; además de que independientemente del tipo de producción a la que estén dedicadas estas, de igual forma podrán llevar a cabo actividades encaminadas a almacenar, conservar, transportar y comercializar sus productos. Cabe aclarar que en las sociedades cooperativas de productores cuya complejidad tecnológica lo amerite, deberá haber una Comisión Técnica, integrada por el personal técnico que designe el Consejo de Administración y por un delegado de cada una de las áreas de trabajo en que podrá estar dividida la unidad productora.

A su vez las *Sociedades Cooperativas de Productores*, pueden hacerse presentes a través de dos categorías: a) *Ordinarias*. Las que para funcionar requieren únicamente de su constitución legal. b) *De participación estatal*. Las que se asocien con autoridades federales, estatales, municipales o los órganos político-administrativos del Distrito Federal, para la explotación de unidades productoras o de servicios públicos, dados en administración, o para financiar proyectos de desarrollo económico a niveles local, regional o nacional. Para tal efecto, el Estado podrá dar en concesión o administración bienes o servicios a las sociedades cooperativas, en los términos que señalen las leyes respectivas.

C. Sociedades Cooperativas de Ahorro y Préstamo. Estas se regirán por un lado, por la Ley General de Sociedades Cooperativas, así como, por lo dispuesto por la Ley para Regular las Actividades de las Sociedades Cooperativas de Ahorro y Préstamo, debiendo constituirse con un mínimo de veinticinco socios, debiendo entender por el término ahorro, la captación de recursos a través de depósitos de ahorro de dinero de sus socios; y por el vocablo préstamo, la colocación y entrega de los recursos captados entre sus mismos Socios.

La clasificación que antecede queda ilustrada de una mejor manera, a través de la Tesis aislada emitida por el Tercer Tribunal Colegiado en materia Civil del Primer Circuito, misma que a continuación se transcribe:

> **SOCIEDADES COOPERATIVAS. SU CLASIFICACIÓN**
> Dentro de la clasificación adoptada por la Ley General de Sociedades Cooperativas en sus artículos 22 a 29, encontramos a las cooperativas de consumo y a las de producción. Las primeras se caracterizan porque los socios cooperativistas son los usuarios de los productos que comercializan, los cuales, aunque no son los únicos, se establecen principalmente en relación con la compra de productos de primera necesidad, en virtud de lo cual los socios pueden adquirir productos a mejor precio posible que si los adquirieran por sí mismos. Las segundas comprenden el trabajo común en la realización de actividades en cualquier ámbito de la actividad humana. En ambos casos, la sociedad cooperativa se encuentra dirigida a un sector especial de la sociedad: la clase trabajadora, la cual en muchos de los casos no cuenta con un gran capital que le permita competir o insertarse en actividades económicas propias de las demás sociedades mercantiles, pues es a través de la aportación de su trabajo personal o de la utilización o adquisición de los servicios que la propia cooperativa distribuye que se mantiene la actividad de aquélla.[3]

[3] Amparo directo 671/2010. Porfirio Azpeitia Santiago y otros. 12 de mayo de 2011. Unanimidad de votos. Ponente: Benito Alva Zenteno. Secretaria: Sandra Luz Marín Martínez. Semanario Judicial de la Federación. Décima época. Libro XV, Diciembre de 2012, p. 1569.. Registro 159890.

2.4. Estructura, funcionamiento y administración de las Sociedades Cooperativas

Referente a la estructura, funcionamiento y administración de las sociedades cooperativas, estas siempre contarán con un órgano supremo de autoridad, encabezado por la Asamblea General; un órgano ejecutivo, comprendido por el Consejo de Administración; un órgano de control o supervisión, recayendo en el Consejo de Vigilancia; y un cuerpo de apoyo, en el cual pueden actuar distintas comisiones creadas y reguladas según las necesidades propias de cada cooperativa.

Lo anterior, queda previsto por el artículo 34 de la Ley General de Sociedades Cooperativas, que textualmente señala:

> **Artículo 34.** La dirección, administración y vigilancia interna de las Sociedades Cooperativas, en general, estará a cargo de los órganos siguientes:
> I. La Asamblea General;
> II. El Consejo de Administración;
> III. El Consejo de Vigilancia;
> IV. Las comisiones y comités que esta Ley establece y las demás que designe la Asamblea General, y
> V. Tratándose de las Sociedades Cooperativas de Ahorro y Préstamo, además de los citados órganos, en las fracciones I a IV anteriores, deberán contar, cuando menos con:
> a) Comité de Crédito o su equivalente;
> b) Comité de Riesgos;
> c) Un director o gerente general, y
> d) Un auditor Interno... (Ídem)

2.5. Régimen Económico de las Sociedades Cooperativas

En lo tocante a su régimen económico, el capital de las sociedades cooperativas se integra "con las aportaciones de los socios y con los rendimientos que la Asamblea General acuerde se destinen para incrementarlo..." (*Ídem*), además de considerar "la emisión de certificados de aportación para capital de riesgo por tiempo determinado según lo previsto por el artículo 63..." (*Ídem*) de la Ley General de Sociedades Cooperativas.

Tales aportaciones podrán hacerse en efectivo, a través de bienes derechos o trabajo; y estarán representadas por certificados que serán nominativos, indivisibles y de igual valor, las cuales deberán actualizarse cada año; además de que dichas participaciones, podrán ser transmitidas como derechos patrimoniales amparados a través de certificados de aportación en favor del beneficiario que designe para el caso de su muerte, de manera que cada socio deberá aportar por lo menos el valor de un certificado, pudiendo pactar la suscripción de certificados excedentes o voluntarios, los cuales percibirán el interés que fije el Consejo de Administración. Sin embargo, al momento de la constitución de una sociedad cooperativa, o al ingresar un nuevo socio, será obligatoria la exhibición del diez por ciento cuando menos del valor de los certificados de aportación.

Para el manejo de los porcentajes que amparan los certificados de aportación, las sociedades cooperativas nacionales pueden constituir tres fondos sociales:

> **Artículo 53.** Las sociedades cooperativas podrán constituir los siguientes fondos sociales:
> I. De Reserva;
> II. De Previsión Social, y
> III. De Educación Cooperativa. (*Ídem*)

A. De conformidad con los artículos 54 y 55 de la Ley General de Sociedades Cooperativas, el *fondo de reserva*, mismo que se constituirá con una proporción del diez al veinte por ciento de los rendimientos que obtengan las sociedades cooperativas en cada ejercicio social; delimitándose a través de las bases constitutivas, pero sin ser menor del veinte cinco por ciento del capital social en las sociedades cooperativas de productores, ni del diez por ciento en las de consumidores, pudiéndose destinar para afrontar pérdidas o restituir el capital de trabajo, y debiéndose reintegrar al final del ejercicio social, con cargo a los rendimientos.

B. El *fondo de previsión social* previsto por los artículos 57 y 58 de la misma Ley General de Sociedades Cooperativas, los cuales señalan que: no podrá ser limitado; y deberá destinarse a reservas para cubrir los riesgos y enfermedades profesionales, formar fondos de pensiones y haberes de retiro para los socios, primas de antigüedad, además de cubrir otros conceptos tales como: gastos médicos y de funeral, subsidios por incapacidad, becas educacionales para los socios o sus hijos, guarderías infantiles, actividades culturales y deportivas, así como otras prestaciones de previsión social de naturaleza análoga.

Siendo necesario aclarar, que las prestaciones derivadas del fondo de previsión social, serán independientes de las prestaciones a que tengan derecho los socios por su afiliación a los sistemas de seguridad social, toda vez que las sociedades cooperativas en general, están obligadas a afiliar a sus trabajadores, y socios que aporten su trabajo personal, a los sistemas de seguridad social, e instrumentar las medidas de seguridad e higiene en el trabajo, así como de capacitación y adiestramiento; además de que dicho fondo deberá constituirse con la aportación anual del porcentaje que sobre los ingresos netos sea determinado por la Asamblea General.

C. Por último, el *fondo de educación cooperativa*, este se constituirá con el porcentaje que acuerde la Asamblea General, no pudiendo ser inferior al uno por ciento de los excedentes netos del mes.

2.6. Las Socios de las Sociedades Cooperativas

Otro aspecto importante para su análisis, comprende a aquellos que forman parte de las sociedades cooperativas en su calidad de socios, mismos que tienen los siguientes derechos y obligaciones:

Derechos

- Participar con voz y voto en las asambleas.
- Exigir a los órganos de administración y de vigilancia, la presentación de informes periódicos sobre la situación que guarda la sociedad.
- Participar como candidato a ocupar cualquier cargo en los órganos de administración y de vigilancia de la sociedad.
- Especializarse, técnica y administrativamente, al participar en los programas de capacitación, adiestramiento y educación que desarrolle la sociedad.
- Disfrutar de las utilidades que obtenga la sociedad, al término del ciclo productivo o del año fiscal, conforme al % que acuerde la asamblea.
- Separarse voluntariamente de la sociedad en cualquier tiempo y momento, previo aviso a los órganos internos.
- Presentar iniciativas para el éxito de la sociedad.
- En caso de enfermedad profesional o muerte, designar a quien será el beneficiario de las partes que correspondan por concepto de utilidades u otros beneficios.
- Estímulo a los socios que cumplan cabalmente con sus obligaciones

Así también, los siguientes derechos explícitos:

- La obligación de consumir o de utilizar los servicios que las sociedades cooperativas de consumidores brindan a sus socios;
- En las sociedades cooperativas de productores, la prestación del trabajo personal de los socios podrá ser físico, intelectual o de ambos géneros;
- Las sanciones a los socios de las sociedades cooperativas cuando no concurran a las asambleas generales, juntas o reuniones que establece la presente Ley; éstas deberán considerar las responsabilidades y actividades propias de la mujer;
- Las sanciones contra la falta de honestidad de socios y dirigentes en su conducta o en el manejo de fondos que se les hayan encomendado;
- Los estímulos a los socios que cumplan cabalmente con sus obligaciones, y
- La oportunidad de ingreso a las mujeres, en particular a las que tengan bajo su responsabilidad a una familia.

Obligaciones

- Aportar su trabajo personal para el cumplimiento de los fines de la sociedad.
- Realizar las aportaciones al capital social que se determinen en la asamblea.

- Consumir o utilizar los servicios que las sociedades cooperativas de consumidores brindan a sus socios.
- Asistir con voz y voto a las asambleas que sean convocadas.
- Desempeñar con eficiencia, lealtad y honestidad los cargos y comisiones que la asamblea les confiera.
- Denunciar cualquier anomalía o acto ilícito que ponga en riesgo la integridad de la sociedad.
- Resguardar y mantener en óptimas condiciones el mobiliario y equipo de trabajo que les sean entregados, para el desempeño de sus funciones.
- Informar a los órganos internos, sobre el avance y desviaciones que se den durante la operación de los proyectos y programas de trabajo de la sociedad. (ONG CONTRALORÍA CIUDADANA PARA LA RENDICIÓN DE CUENTAS, A.C., 2009: 29-30)

Así mismo, los artículos 64 y 65 de la Ley General de Sociedades Cooperativas prevén que:

> **Artículo 64.** Esta Ley y las bases constitutivas de cada sociedad cooperativa, determinarán deberes, derechos, aportaciones, causas de exclusión de socios y demás requisitos. En todo caso, deberán observarse las siguientes disposiciones:
>
> I. La obligación de consumir o de utilizar los servicios que las sociedades cooperativas de consumidores brindan a sus socios;
>
> II. En las sociedades cooperativas de productores, la prestación del trabajo personal de los socios podrá ser físico, intelectual o de ambos géneros;
>
> III. Las sanciones a los socios de las sociedades cooperativas cuando no concurran a las asambleas generales, juntas o reuniones que establece la presente Ley; éstas deberán considerar las responsabilidades y actividades propias de la mujer;
>
> IV. Las sanciones contra la falta de honestidad de socios y dirigentes en su conducta o en el manejo de fondos que se les hayan encomendado;
>
> V. Los estímulos a los socios que cumplan cabalmente con sus obligaciones, y
>
> VI. La oportunidad de ingreso a las mujeres, en particular a las que tengan bajo su responsabilidad a una familia.
>
> **Artículo 65.** Las sociedades cooperativas de productores podrán contar con personal asalariado, únicamente en los casos siguientes:
>
> I. Cuando las circunstancias extraordinarias o imprevistas de la producción o los servicios lo exijan;
>
> II. Para la ejecución de obras determinadas;
>
> III. Para trabajos eventuales o por tiempo determinado o indeterminado, distintos a los requeridos por el objeto social

de la sociedad cooperativa;

IV. Para la sustitución temporal de un socio hasta por seis meses en un año, y

V. Por la necesidad de incorporar personal especializado altamente calificado.

... (LEY GENERAL DE SOCIEDADES COOPERATIVAS)

Este último artículo, refiere al personal asalariado del que se pueden allegar las sociedades cooperativas de producción, a través de la celebración de un contrato individual de trabajo, dando paso con ello, a la obligatoriedad de estas de proporcionar tanto a sus trabajadores, como a sus socios, la protección bajo algún esquema de seguridad social, así como de previsión social; que para el caso del Estado mexicano en particular, tales deberes deberán tramitarse y validarse ante el Instituto Mexicano del Seguro Social (IMSS), y el Instituto del Fondo Nacional de Vivienda para los Trabajadores (INFONAVIT).

2.7. Disolución, liquidación y fusión de las Sociedades Cooperativas

Tocando el punto de la disolución y liquidación de las sociedades cooperativas, estas podrán disolverse por cualquiera de las siguientes causales:

I. Por la voluntad de las dos terceras partes de los socios;

II. Por la disminución de socios a menos de cinco;

III. Porque llegue a consumarse su objeto;

IV. Porque el estado económico de la sociedad cooperativa no permita continuar las operaciones, y

V. Por la resolución ejecutoriada dictada por los órganos jurisdiccionales que señala el artículo 9 de esta ley. (Ibídem: Artículo 66)

Debiendo tomar en cuenta que para el caso de llevarse a cabo la liquidación y/o disolución de una sociedad cooperativa, esta deberá ser resuelta por sus órganos de gobierno, en un plazo de diez días hábiles, a fin de decidir sobre la forma de repartición de los fondos de reserva, previsión social y educación aplicables.

Para el caso de fusionarse dos o más sociedades cooperativas, "... la sociedad fusionante que resulte de la fusión, tomará a su cargo los derechos y obligaciones de las fusionadas", debiendo "... seguir el mismo trámite que la Ley General de Sociedades Cooperativas establece para su constitución." (*Ibídem*: Artículos 72-73)

2.8. Régimen Fiscal de las Sociedades Cooperativas

Finalmente, el régimen fiscal aplicable a las sociedades cooperativas corresponde al régimen general, para lo cual deberá tomar en cuenta las siguientes bases generales y de tramitología:

Tramitología
1. Obtiene permiso de la Secretaria de Relaciones Exteriores para su constitución.
2. Realiza la formulación de sus bases constitutivas.
3. Registro ante fedatario público, notario, corredor público, presidente municipal, funcionario habitado (obtiene sello).
4. Concurre a inscribir en el registro público de la propiedad y el comercio.
5. Registra ante la Secretaria de Hacienda y Crédito Público.

Generales
1. La sociedad cooperativa es causante de Impuesto Sobre la Renta (ISR).
2. Retenedor del Impuesto al Valor Agregado (IVA) ya que otorga facturas.
3. Se le asignan las siglas S.C. DE R.L. DE C.V., ó S.C. DE R.S. DE C.V., según el caso.
4. Obtendrá su Registro Federal de Contribuyentes (RFC).
5. Debe contar con una cuenta bancaria mancomunada.
6. Debe dar aviso de su apertura y solicitara el certificado de zonificación, para lo que deberá acudir a protección civil, de ser necesario obtendrá licencia sanitaria del sector salud, Instituto
7. Mexicano del Seguro Social (IMSS), al sistema de información empresarial mexicano (SIEM), a la secretaría del trabajo y previsión social (STPS). Se registrara en el instituto nacional de geografía y estadística (INEGI), en la Secretaria de Economía (SE) y en su caso en la Secretaria del Medio Ambiente. (ONG CONTRALORÍA CIUDADANA PARA LA RENDICIÓN DE CUENTAS, A.C., 2009: 41)

3. LAS SOCIEDADES COOPERATIVAS Y SU OBLIGATORIEDAD ANTE EL INSTITUTO MEXICANO DEL SEGURO SOCIAL (IMSS)

Referir a la obligación que tienen las sociedades cooperativas tanto en su carácter de socio cooperativista, como de empleador, conlleva a determinar el deber de estas, primeramente, de inscribirse y registrase ante el Instituto Mexicano del Seguro Social (IMSS), constituyéndose ésta última como un esquema especializado de seguridad social, bajo el cual los socios de las cooperativas y el personal contratado por estas puedan accesar a prestaciones y servicios de salud, además de prestaciones económicas como subsidios, pensiones e indemnizaciones, ambas prestaciones tanto económicas como en especie derivadas de los seguros que la Ley del Seguro Social en su artículo 11 contempla; en segundo término de la obligación de afiliar a sus trabajadores ante el IMSS y el Instituto del Fondo Nacional de la Vivienda para los Trabajadores (INFONAVIT); en tercer lugar, el compromiso de cubrir de manera oportuna sus cuotas obrero patronales ante ambas instituciones, de conformidad con el salario base de cotización que las leyes sobre la materia les fijen, así como de todos aquellos demás deberes inherentes e ineludibles señalados por el artículo 15 de la Ley del Seguro Social.

Por ello, en este apartado se analizarán los sujetos de aseguramiento de las sociedades cooperativas, el régimen bajo el cual cotizaran estas, así como la forma de integración del salario base de cotización tanto para los socios cooperativistas, como para los trabajadores de las cooperativas; el requisito de inscripción y/o registro, y de pago de las aportaciones que deben cubrir estas ante el Instituto Mexicano del Seguro Social (IMSS) y el Instituto del Fondo Nacional de la Vivienda para los Trabajadores (INFONAVIT).

3.1. Sujetos de aseguramiento ante el IMSS

La obligatoriedad de las sociedades cooperativas de afiliar a sus trabajadores y a sus socios bajo algún esquema de seguridad social nacional, lo mandata en primer término el párrafo último del artículo 57 de la Ley General de Sociedades Cooperativas, al prever que: "... Las sociedades cooperativas en general, deberán de afiliar obligatoriamente a sus trabajadores, y socios que aporten su trabajo personal, a los sistemas de seguridad social, e instrumentar las medidas de seguridad e higiene en el trabajo, así como de capacitación y adiestramiento, gozando del beneficio expresado en los artículos 116 y 179 de la Ley del Seguro Social." (LEY GENERAL DE SOCIEDADES COOPERATIVAS)

Del contenido de este artículo, se desprende la necesidad de analizar primeramente, el artículo 12 de la Ley del Seguro Social, pues en él se establecen los sujetos que de manera imperativa deben ser objeto de incorporación obligatoria ante el Instituto Mexicano del Seguro Social (IMSS), recordando que esta Ley regula en su artículo 6° dos vías para acceder a los servicios y prestaciones que el propio instituto establece: el régimen obligatorio y el régimen voluntario.

El primero, comprende la afiliación forzosa de los trabajadores al momento de ser sujetos de una relación laboral formalizada o no a través de un contrato individual de trabajo; y el segundo, refiere a la incorporación voluntaria de un trabajador, dividiéndose a su vez en: la continuación voluntaria, la cual implica que el trabajador ha dejado de ser sujeto de una contratación laboral por dejar de prestar sus servicios a un patrón y al cubrir por lo menos "un mínimo de cincuenta y dos cotizaciones semanales acreditadas en el régimen obligatorio, en los últimos cinco años, al ser dado de baja, tiene el derecho a continuar voluntariamente en el mismo, pudiendo continuar en los seguros conjuntos de invalidez y vida, así como, de retiro, cesantía en edad avanzada y vejez, debiendo quedar inscrito con el último salario o superior al que tenía en el momento de la baja." (LEY DE SEGURO SOCIAL: Artículo 218). Así como, la incorporación voluntaria de los sujetos a que alude el artículo 13 de la misma Ley del Seguro Social, la cual se:

> ... realizará por convenio y se sujetará a las siguientes modalidades:

I. Podrá efectuarse en forma individual o de grupo a solicitud, por escrito, del sujeto o sujetos interesados. En el caso de incorporación colectiva cada uno de los asegurados será responsable de sus obligaciones frente al Instituto;
II. El esquema de aseguramiento, para los sujetos que señala este capítulo, comprende:

a) Para los sujetos a que se refieren las fracciones I y III del artículo 13 de esta Ley, las prestaciones en especie del seguro de enfermedades y maternidad y las correspondientes de los seguros de invalidez y vida, así como de retiro y vejez, en los términos de los capítulos respectivos;
b) Para los sujetos a que se refiere la fracción II del artículo 13 de esta Ley, las prestaciones en especie de los seguros de riesgos de trabajo y de enfermedades y maternidad y las correspondientes de los seguros de invalidez y vida, así como de retiro, cesantía en edad avanzada y vejez, en los términos de los capítulos respectivos;
c) Para los sujetos a que se refiere la fracción IV del artículo 13 de esta Ley, las prestaciones del seguro de riesgos de trabajo, las prestaciones en especie del seguro de enfermedades y maternidad y las correspondientes de los seguros de invalidez y vida, así como de retiro y vejez, en los términos de los capítulos respectivos;
d) Para los sujetos a que se refiere la fracción V del artículo 13 de esta Ley, las prestaciones del seguro de riesgos de trabajo, las prestaciones en especie del seguro de enfermedades y maternidad y las correspondientes de los seguros de invalidez y vida, así como de retiro, cesantía en edad avanzada y vejez, en los términos de los capítulos respectivos, y
   A solicitud de las entidades públicas, el esquema de aseguramiento podrá comprender únicamente las prestaciones en especie de los seguros conjuntos de riesgos de trabajo y enfermedades y maternidad, siempre y cuando dichas entidades tengan establecido un sistema de pensiones para sus trabajadores, y
e) En caso de muerte del asegurado, se estará a lo dispuesto en el artículo 104 de esta Ley. (Ibídem: Artículo 222)

De manera que el artículo 12 de la Ley del Seguro Social indica que:

Son sujetos de aseguramiento del régimen obligatorio:
I. Las personas que de conformidad con los artículos 20 y 21 de la Ley Federal del Trabajo, presten, en forma permanente o eventual, a otras de carácter físico o moral o unidades económicas sin personalidad jurídica, un servicio remunerado, personal y subordinado, cualquiera que sea el acto que le dé origen y cualquiera que sea la personalidad jurídica o la naturaleza económica del patrón aun cuando éste, en virtud de alguna ley especial, esté exento del pago de contribuciones;
II. Los socios de sociedades cooperativas, y

> III. Las personas que determine el Ejecutivo Federal a través del Decreto respectivo, bajo los términos y condiciones que señala esta Ley y los reglamentos correspondientes. (*Ídem*)

Bajo esa línea, es entendible que el propio artículo 12 en comento, precisa en su fracción II a los socios de sociedades cooperativas como sujetos de incorporación obligatoria, sin embargo, en ningún momento hace mención de aquellos sujetos que presten sus servicios como trabajadores a una sociedad cooperativa, para lo cual es preciso recordar:

> que únicamente la legislación había considerado –sólo– a los socios de cooperativas de producción como sujetos de afiliación obligatoria del seguro social, pero a través de la reforma hecha a la Ley sobre la materia publicada mediante Decreto del veintiuno de diciembre de dos mil uno se incluyen –también– a los miembros de cooperativas de consumo en las mismas características que los anteriores, no obstante que los fines de estas últimas sean de proteger los intereses comunes de los agremiados, pero se pensó que también son económicamente débiles y por esa razón se adicionaron en el esquema obligatorio, todo ello con base en el artículo 57 de la Ley de Sociedades Cooperativas que enuncia que cualquier clase de estas sociedades debe incorporar a sus socios a la seguridad social. (MORENO, 2010: 22-23)

Aunque también "el artículo 19 de la Ley -del Seguro Social- menciona que los socios se equiparan a los trabajadores y la cooperativa a los patrones, teniendo como base de pago, la que se desprende del artículo 51 del reglamento de la Ley en la materia." (*Ibídem*: 23)[1]

Lo anterior, permite entender que si bien "las sociedades cooperativas son constituidas por personas físicas cuyo interés en común es satisfacer sus necesidades propias y -las de la- comunidad mediante la realización de actividades económicas de producción, distribución y consumo de bienes y servicios, todo esto con su esfuerzo propio y la ayuda mutua de sus integrantes, y bajo los principios de solidaridad" (PÉREZ y Fol, 2012: 405), estas se pueden encontrar integradas tanto por sus socios que laboran en beneficio propio y de la cooperativa "al crear para sí puestos de trabajo" (*Ídem*), "como de trabajadores que prestan sus servicios a esta, toda vez que la mismas cooperativas, -sobre todo las de producción- se encuentran habilitadas para contratar personal a su cargo." (*Ídem*)

Es decir, que los socios de las cooperativas no prestan sus servicios como consecuencia de un contrato o relación de trabajo con la sociedad, sino más bien es una obligación propia de su calidad de socios cooperativistas, sobre

[1] *Cfr.* Artículo 19 de la *Ley del Seguro Social.* Para los efectos de esta Ley, las sociedades cooperativas pagarán la cuota correspondiente a los patrones, y cada uno de los socios a que se refiere la fracción II del artículo 12 de esta Ley cubrirán sus cuotas como trabajadores. (LEY DE SEGURO SOCIAL)

Artículo 51 del *Reglamento de la Ley del Seguro Social en Materia de Afiliación, Clasificación de Empresas, Recaudación y Fiscalización.* Para efectos de la determinación de las percepciones base de cotización de los socios de las sociedades cooperativas, se aplicarán las reglas previstas en la fracción II del artículo 30 de la Ley.

todo por cuanto hace a las sociedades cooperativas de producción, pues como lo disponen los artículos 27 y 64 de la Ley General de Sociedades Cooperativas, deben apoyar con su trabajo personal para lograr el objetivo de la sociedad.[5]

Ello se debe a que antes de la reforma al artículo 19 de la Ley del Seguro Social vigente durante 1995 - 1997, el régimen de cotización que prevalecía entre las sociedades cooperativas contemplaba únicamente a las cooperativas de producción a través de una cotización bipartita y excluía a las cooperativas de consumo, pero al operar la reforma al mencionado artículo el veintiuno de diciembre de dos mil uno, "ahora se reputan como patrones a todas las cooperativas, del tipo que sean. Además de establecer, que cada uno de los socios deben cubrir sus cuotas como cualquier trabajador al servicio de un patrón" (ALCARÁZ, 2009: 31), aspecto que dio cabida a un régimen de cotización tripartita.

Tal aspecto, se puede confirmar a través de la tesis expuesta por el Tercer Tribunal Colegiado del Segundo Circuito, la cual de manera textual dice:

> **COOPERATIVA DE PRODUCCIÓN, SUS SOCIOS NO DEBEN SER CONSIDERADOS TRABAJADORES DE LA MISMA.**
> Si la sociedad cooperativa acredita que el demandante tienen la calidad de socio de la misma, éste no puede alegar que además tenga el carácter de trabajador, en virtud de que de acuerdo con lo que dispone el artículo 56 de la Ley General de Sociedades Cooperativas, los socios deben contribuir con su trabajo para lograr el objetivo de la sociedad; es decir, que el servicio que le prestan sus socios no es como consecuencia de una relación laboral sino como resultado de la obligación inherente a su calidad de socios cooperativistas. Por tanto, debe concluirse que no se dan los supuestos del artículo 20 de la Ley Federal del Trabajo para que puedan ser considerados como trabajadores de la cooperativa.[6]

Sin embargo, el artículo 65 de la misma Ley General de Sociedades Cooperativas prevé que:

---

[5] Artículo 27 de la *Ley General de Sociedades Cooperativas*. Son sociedades cooperativas de productores, aquéllas cuyos miembros se asocien para trabajar en común en la producción de bienes y/o servicios, aportando su trabajo personal, físico o intelectual. Independientemente del tipo de producción a la que estén dedicadas, estas sociedades podrán almacenar, conservar, transportar y comercializar sus productos, actuando en los términos de esta Ley.

Artículo 64 *Ley General de Sociedades Cooperativas*. Esta Ley y las bases constitutivas de cada sociedad cooperativa, determinarán deberes, derechos, aportaciones, causas de exclusión de socios y demás requisitos. En todo caso, deberán observarse las siguientes disposiciones:

...

II. En las sociedades cooperativas de productores, la prestación del trabajo personal de los socios podrá ser físico, intelectual o de ambos géneros;

...

[6] Semanario Judicial de la Federación. Octava época. Tomo X. Noviembre 1992. p. 245. Revisión fiscal 20/92. Delegación estatal en Hidalgo del Instituto Mexicano del Seguro Social (IMSS). 20 de agosto de 1992. Unanimidad de votos.

Las sociedades cooperativas de productores podrán contar con personal asalariado,únicamente en los casos siguientes:
I Cuando las circunstancias extraordinarias o imprevistas de la producción o los servicios lo exijan;
II. Para la ejecución de obras determinadas;
III. Para trabajos eventuales o por tiempo determinado o indeterminado, distintos a los requeridos por el objeto social de la sociedad cooperativa;
IV. Para la sustitución temporal de un socio hasta por seis meses en un año, y
V. Por la necesidad de incorporar personal especializado altamente calificado. (Ídem)

De manera que, toda sociedad cooperativa tiene la obligación inexcusable de asegurar bajo algún esquema de seguridad social: primeramente, a sus socios, por ser estos quienes integran a la misma, y de forma secundaria, a aquellos sujetos que hubiesen sido contratados por la cooperativa para prestar un trabajo personal subordinado en términos de lo que establecen los artículos 20 y 21 de la Ley Federal del Trabajo, teniendo la calidad de trabajador que el propio artículo 8° de la misma legislación laboral en comento señala, numerales que en su contenido prevén:

Artículo 8°. Trabajador es la persona física que presta a otra, física o moral, un trabajo personal subordinado…
Artículo 20. Se entiende por relación de trabajo, cualquiera que sea el acto que le dé origen, la prestación de un trabajo personal subordinado a una persona, mediante el pago de un salario.
Contrato individual de trabajo, cualquiera que sea su forma o denominación, es aquel por virtud del cual una persona se obliga a prestar a otra un trabajo personal subordinado, mediante el pago de un salario.
La prestación de un trabajo a que se refiere el párrafo primero y el contrato celebrado producen los mismos efectos.
Artículo 21. Se presumen la existencia del contrato y de la relación de trabajo entre el que presta un trabajo personal y el que lo recibe. (LEY FEDERAL DEL TRABAJO)

3.2. Inscripción Patronal de las Sociedades Cooperativas ante el IMSS

De acuerdo a lo establecido por el artículo 19 de la Ley del Seguro Social, cada una de las sociedades cooperativas están obligadas a enterar la cuota correspondiente a los patrones, y cada uno de los socios deben cubrir el porcentaje relativo en carácter de trabajador, tal como lo refieren las fracciones I y II, del artículo 12 de la misma ley, el cual establece:

> Son sujetos de aseguramiento del régimen obligatorio:
> I. Las personas que de conformidad con los artículos 20 y 21 de la Ley Federal del Trabajo, presten, en forma permanente o eventual, a otras de carácter físico o moral o unidades sin personalidad jurídica un servicio remunerado, personal y subordinado, cualquiera que sea el acto que le dé origen y cualquiera que sea la personalidad jurídica o la naturaleza económica del patrón aún cuando éste, en virtud de alguna ley especial, esté exento del pago de contribuciones;
> II. Los socios de sociedades cooperativas... (LEY DEL SEGURO SOCIAL)

Así mismo, el artículo 15 de la Ley del Seguro Social indica que:

> Los patrones están obligados a:
> I. Registrarse e inscribir a sus trabajadores en el Instituto, comunicar sus altas y bajas, las modificaciones de su salario y los demás datos, dentro de plazos no mayores de cinco días hábiles; (*Ídem*)

De lo anterior, es deducible que la obligación de cualquier persona física o moral de registrarse como patrón o sujeto obligado ante el IMSS, se inicia a partir del momento en que se da comienzo a la relación laboral, al constituirse la sociedad cooperativa, o bien, al iniciar la vigencia del convenio celebrado, o del Decreto respectivo.[7]

3.3. Registro patronal para el caso de las Sociedades Cooperativas

Derivado de las obligaciones patronales contenidas en los artículos 12 y 15 de la Ley del Seguro Social, y 57 de la Ley General de Sociedades Cooperativas, cuando estas agrupaciones actúen en su calidad de patronos o empleadores, deberán dar cumplimiento a tales deberes, para lo cual, tratándose de los socios, tendrán que tramitar su registro patronal ante el Instituto Mexicano del Seguro Social (IMSS), además de llevar a cabo el aseguramiento de sus trabajadores, lo cual indica que las cooperativas tienen la obligación de llevar a cabo un doble y especial registro patronal: por un lado el de sus socios, mismos que tendrán el carácter de empleador; y por otro, el de su personal contratado, tal como se prevé en el contenido del párrafo último, del artículo 13 del Reglamento de la Ley del Seguro Social en materia de Afiliación, Clasificación de Empresas, Recaudación y Fiscalización.[8]

---

[7] Dicha obligación deriva de lo previsto en el artículo 12 del *Reglamento de la Ley del Seguro Social en materia de Afiliación, Clasificación de Empresas, Recaudación y Fiscalización*, mismo que de forma literal señala: "Cualquier persona física o moral estará obligada a registrarse como patrón o sujeto obligado ante el Instituto a partir de que: I. Empiece a utilizar los servicios de uno o varios trabajadores; II. Se constituya como sociedad cooperativa; III. Inicie vigencia su convenio de incorporación celebrado con el Instituto; y IV. Inicie vigencia el Decreto de incorporación que expida el Ejecutivo Federal en términos de la fracción III del artículo 12 de esta Ley."

[8] El artículo 13 del *Reglamento de la Ley del Seguro Social en materia de Afiliación, Clasificación de Empresas, Recaudación y Fiscalización*, establece las normas a aplicar en la asignación del registro patro-

El trámite de registro y/o inscripción patronal tiene que ser gestionado a través del representante legal de la sociedad cooperativa, quien deberá acreditar su personalidad jurídica mediante poder notarial debidamente fedatado ante Notario Público, en el que se contengan el otorgamiento de facultades "para realizar trámites ante entidades públicas, respecto actos de administración o para pleitos y cobranzas, a nombre del patrón o sujeto obligado." (PÉREZ y Fol, 2012: 405)

Respecto de los documentos que las sociedades cooperativas deben presentar para iniciar su trámite de registro patronal ante el Instituto Mexicano del Seguro Social requieren:

1. En primer término, el Registro Federal de Contribuyentes (RFC), debidamente expedido por la autoridad tributaria correspondiente, siendo esta a través del Servicio de Administración Tributaria de la entidad donde se encuentre ubicado el centro de trabajo, dependencia que se constituye como un organismo público descentralizado de la Secretaría de Hacienda y Crédito Público.
2. En segunda instancia, cualquier comprobante de domicilio del centro de trabajo, mismo que servirá al patrón o sujeto obligado para acreditar el domicilio fiscal, sirviendo como documento probatorio: contratos vigentes y con una antigüedad no mayor a dos meses a nombre de la sociedad cooperativa[9], estados de cuenta a nombre de la cooperativa con una temporalidad no mayor a los dos meses, recibos a nombre de la sociedad o de un tercero no mayor a cuatro meses, carta de radicación o de residencia a nombre de la sociedad cooperativa de un tiempo no mayor a cuatro meses, comprobante de alineación y número oficial a nombre de la sociedad cooperativa o de un tercero de una antigüedad no mayor a cuatro meses.
3. Un croquis de ubicación del domicilio de trabajo.
4. La escritura pública o acta constitutiva en la que se contengan los sellos del Registro Público de la Propiedad y del Comercio.
5. Así mismo, el poder notarial en el que se otorguen las facultades de actos de administración del representante legal.
6. Una identificación oficial del representante legal.[10]

---

nal, y a la letra señala: "... En el caso de las sociedades cooperativas, se aplicará un registro patronal para el aseguramiento de sus trabajadores y otro diferente para el aseguramiento de sus socios."

[9] El contrato de arrendamiento y/o de subarrendamiento, acompañado del último recibo de pago de la renta que cumpla con los requisitos fiscales, el fideicomiso debidamente protocolizado, la apertura de cuenta bancaria, los recibos de servicios de luz, teléfono y agua; todos estos documentos pueden ser utilizados como contratos vigentes que sirvan para señalar el domicilio del centro de trabajo de la sociedad cooperativa.

[10] Pudiendo presentar como tal: credencial para votar con fotografía expedida por el Instituto Federal Electoral (IFE), pasaporte vigente, cartilla de servicio militar, cédula profesional, matricula consular, tarjeta/cédula o carnet para extranjeros, en caso de ser extranjero la forma migratoria FM2 o FM3 debidamente expedida por el Instituto Nacional de Migración (INM).

7. El Registro Federal de Contribuyentes (RFC) del representante legal.
8. Así como, la Clave Única del Registro de Población (CURP) del representante legal, documento que sirve como una cédula de identidad personal y que es expedido por el Registro Nacional de Población (RENAPO).

Para dar inicio al trámite de inscripción o registro patronal, el representante legal podrá accesar al portal de internet del Instituto Mexicano del Seguro Social (IMSS)[11], a fin de requisitar todos los datos para la inscripción, además de concertar una cita para acudir a la subdelegación o unidad administrativa del IMSS que le corresponda en razón al domicilio del centro trabajo, lo anterior, con el objeto de entregar la documentación exigida para el trámite, y ya referida en el párrafo que antecede, información que deberá ir acompañada de los formatos ARP-PM[12] y AFIL-02[13] debidamente llenados por la sociedad cooperativa.

Una vez concluido el trámite de inscripción patronal, el representante legal de la sociedad cooperativa, recibirá dentro de un término de setenta y dos horas siguientes, copias de los formatos indicados debidamente sellados, así como de la tarjeta de identificación patronal.

3.4. El Salario Base de Cotización de las Sociedades Cooperativas

El artículo 27 de la Ley del Seguro Social, indica que "el Salario Base de Cotización se integra con los pagos hechos en efectivo por cuota diaria, gratificaciones, percepciones, alimentación, habitación, primas, comisiones, prestaciones en especie, y cualquier otra cantidad o prestación que se entregue al trabajador por su trabajo..." (LEY DEL SEGURO SOCIAL)

Sin embargo, de manera específica el artículo 28-A de la Ley del Seguro Social, regula el Salario Base de Cotización para el caso de las sociedades cooperativas, señalando que: "la base de cotización para los sujetos obligados señalados en la fracción II del artículo 12 de esta Ley, se integrará por el total de las percepciones que reciban por la aportación de su trabajo personal, aplicándose en lo conducente lo establecido en los artículos 28, 29, 30, 32 y demás aplicables de esta Ley." (*Ídem*)

En ese sentido, el artículo 28 de la Ley General de Sociedades Cooperativas establece que: "los rendimientos anuales que reporten los balances de las sociedades cooperativas de productores, se repartirán de acuerdo con el trabajo aportado por cada socio durante el año, tomando en cuenta que el trabajo pue-

---

11 La página web del Instituto Mexicano del Seguro Social es: http://www.imss.gob.mx.

12 El formato ARP-PM "Aviso de Registro Patronal de Personas Morales en el Régimen Obligatorio", fue publicado en el Diario Oficial de la Federación el 17 de marzo de 2010.

13 El formato AFIL-02 "Aviso de Inscripción de los Trabajadores", debe ser presentado en original y dos copias simples.

de evaluarse a partir de los siguientes factores: calidad, tiempo, nivel técnico y escolar." (LEY GENERAL DE SOCIEDADES COOPERATIVAS)

Aunque tal precepto legal, resulta limitativo en cuanto su aplicación para el caso de las sociedades cooperativas de consumo, toda vez que el artículo 24 de la Ley General de Sociedades Cooperativas señala que "los excedentes en las sociedades cooperativas de consumidores que reporten los balances anuales, se distribuirán en razón de las adquisiciones que los socios hubiesen efectuado durante el año fiscal." (*Ídem*)

Sin embargo, con la reforma de diciembre de dos mil uno, el dispositivo del artículo 28-A se incorporó a la Ley del Seguro Social, extendiéndose y beneficiando en su aplicabilidad a las cooperativas de consumo, ya que hasta antes de dicha reforma era imposible aplicar el supuesto del artículo en comento, ya que los ingresos de las cooperativas de consumo no estaban en función del trabajo aportado, sino de acuerdo con las adquisiciones que estas hayan realizado, a diferencia de las cooperativas de producción donde los rendimientos generados por estas son repartidos entre sus socios en razón al trabajo aportado por cada uno de ellos; permitiendo con ello, que las sociedades cooperativas sean de la naturaleza que sea, tengan la obligación de cotizar como cualquier trabajador, aspecto que tuvo como "... finalidad, que las aportaciones de los miembros de las sociedades cooperativas, incluyan además de las retribuciones normales por su trabajo, los rendimientos de las referidas agrupaciones." (MORENO, 2010: 40)

De igual forma el artículo 51 del Reglamento de la Ley del Seguro Social en materia de Afiliación, Clasificación de Empresas, Recaudación y Fiscalización, estima que "para efectos de las percepciones base de cotización de los socios de las sociedades cooperativas, se aplicarán las reglas previstas en la fracción II del artículo 30 de la Ley del Seguro Social." (REGLAMENTO DE LA LEY DEL SEGURO SOCIAL EN MATERIA DE AFILIACIÓN, CLASIFICACIÓN DE EMPRESAS, RECAUDACIÓN Y FISCALIZACIÓN)

Por lo que resultan también aplicables a la base de cotización de las sociedades cooperativas los numerales 28, 29, 30 y 32 de la Ley del Seguro Social, los cuales establecen:

> Artículo 28. Los asegurados se inscribirán con el salario base de cotización que perciban en el momento de su afiliación, estableciéndose como límite superior el equivalente a veinticinco veces el salario mínimo general que rija en el Distrito Federal y como límite inferior el salario mínimo general del área geográfica respectiva.
> Artículo 29. Para determinar la forma de cotización se aplicarán las siguientes reglas:
> I. El mes natural será el período de pago de cuotas;
> II. Para fijar el salario diario en caso de que se pague por semana, quincena o mes, se dividirá la remuneración correspondiente entre siete, quince o treinta respectivamente. Análogo procedimiento será empleado cuando el salario se fije por períodos distintos a los señalados, y

> III. Si por la naturaleza o peculiaridades de las labores, el salario no se estipula por semana o por mes, sino por día trabajado y comprende menos días de los de una semana o el asegurado labora jornadas reducidas y su salario se determina por unidad de tiempo, en ningún caso se recibirán cuotas con base en un salario inferior al mínimo.
> Artículo 30. Para determinar el salario diario base de cotización se estará a lo siguiente:
> I. Cuando además de los elementos fijos del salario el trabajador percibiera regularmente otras retribuciones periódicas de cuantía previamente conocida, éstas se sumarán a dichos elementos fijos;
> II. Si por la naturaleza del trabajo, el salario se integra con elementos variables que no puedan ser previamente conocidos, se sumarán los ingresos totales percibidos durante los dos meses inmediatos anteriores y se dividirán entre el número de días de salario devengado en ese período. Si se trata de un trabajador de nuevo ingreso, se tomará el salario probable que le corresponda en dicho período, y
> III. Tratándose de ausencias amparadas por incapacidades médicas expedidas por el Instituto no será obligatorio cubrir las cuotas obrero patronales, excepto por lo que se refiere al ramo de retiro.
> Artículo 32. Si además del salario en dinero el trabajador recibe del patrón, sin costo para aquél, habitación o alimentación, se estimará aumentado su salario en un veinticinco por ciento y si recibe ambas prestaciones se aumentará en un cincuenta por ciento.
> Cuando la alimentación no cubra los tres alimentos, sino uno o dos de éstos, por cada uno de ellos se adicionará el salario en un ocho punto treinta y tres por ciento. (LEY DEL SEGURO SOCIAL)

Finalmente, es conveniente acotar en este apartado, que hasta antes de la reforma a la Ley del Seguro Social de 1997, las sociedades cooperativas, sobre todo las de producción, venían realizando sus aportaciones de manera bipartita (gobierno federal y sociedad cooperativa), según lo disponía el artículo tercero transitorio del Decreto de la Ley del Seguro Social, publicado en el Diario Oficial de la Federación el veintiuno de diciembre de mil novecientos noventa y cinco.[14]

Situación que fue modificada a partir del primero de julio de mil novecientos noventa y siete, pues el régimen de cotización de las sociedades cooperativas de producción paso a ser de manera tripartita, debiendo actualmente aportar: los socios cooperativistas, la sociedad cooperativa considerada como patrón y el

---

[14] A través del Decreto publicado en el Diario Oficial de la Federación en fecha 20 de diciembre de 2001, se modificó el contenido del artículo 19 de la Ley del Seguro Social, permitiendo y obligando no sólo a las cooperativas de producción, sino también a las de consumo a formar parte de un régimen de cotización tripartita (socios cooperativistas, sociedad cooperativa y el gobierno federal).

gobierno federal, lo anterior se vio reforzado con la publicación del Decreto de fecha veinte de diciembre de dos mil uno.[15]

Tal aspecto, puede confirmarse a través de la tesis aislada pronunciada por el Tercer Tribunal Colegiado en materia Administrativa del Primer Circuito, que a la letra establece:

> **SEGURO SOCIAL. LAS SOCIEDADES COOPERATIVAS QUE CONTRATAN TRABAJADORES DEBEN COTIZAR BAJO EL REGIMEN TRIPARTITA ALCUBRIR LAS PRIMAS CORRESPONDIENTES Y NO BAJO EL REGIMEN DE EXCEPCION.**
> La Ley del Seguro Social prevé dos formas de integrar las cuotas correspondientes a las primas establecidas en ella; por regla general, tales cuotas se integran con la participación económica de los patrones, trabajadores y el Estado, y se les conoce como tripartitas. Como caso de excepción la propia ley reconoce las cuotas bipartitas, que se integran con la participación del Estado y los patrones, esa cuotas constituye un caso especial para garantizar los beneficios de la seguridad social y se cubren en las situaciones particulares que el propio ordenamiento contempla. Pues bien, la Ley del Seguro Social en sus artículos 116 y 179 establece el régimen de excepción en tratándose de las sociedades cooperativas de producción, con la finalidad de que sus miembros disfruten de la seguridad social, y dispone que tales sociedades cubrirán el cincuenta por ciento de las primas totales y que el gobierno federal cubrirá el otro cincuenta por ciento. La aplicación de esta disposición tiene como presupuesto indispensable el que se trate de los socios de la cooperativa, en quienes se reúne la característica de ser patrones y trabajadores de tal sociedad. En efecto, la sociedad cooperativa es una sociedad clasista, una asociación de individuos de clase trabajadora, animados por las ideas de ayuda mutua y equidad, que mediante la eliminación del intermediarismo, buscan, sin afán de lucro, obtener y repartir directamente y prorrata, entre los socios, beneficios extracapitalistas. Por regla general estas sociedades no pueden contratar trabajadores, así lo dice su ley expresamente, y su base descansa en el trabajo mutuo de sus integrantes; por ello, resulta obvio que el régimen bajo el cual coticen sea el bipartita de excepción, pues al reunirse en los socios la calidad de patrón y trabajador, es claro que no existe la relación tripartita y sería injusto que por un solo sujeto se cobrara una doble contribución. Sin embargo, cuando las sociedades cooperativas contratan trabajadores, se presenta una situación distinta y el régimen de cotización debe ser el tripartita, ya que en este caso, la sociedad, por la naturaleza del vínculo de sus trabajadores, se convierte en un patrón, y debe ser sujeta, como todos los patrones, al régimen obligatorio en los términos de la fracción I del artículo 12 de la Ley del Seguro Social; este precepto establece que las personas

[15] El Decreto referido puede consultarse en la página web del Diario Oficial de la Federación http://www.dof.gob.mx, accesando al menú de "Búsqueda de la Información – Acceso a búsqueda avanzada".

vinculadas a otras por una relación de trabajo son sujetos de aseguramiento del régimen obligatorio y mientras no sean considerados como socios de la cooperativa deben cotizar en las mismas condiciones en que lo hace cualquier otro patrón; es decir, bajo el régimen tripartita; pues existiendo la relación trabajador-patrón- Estado, no existe ninguna circunstancia especial para que en este supuesto no se cotice bajo el régimen general como lo hace cualquier otro patrón; considerando, además que esta situación no es la que debe regir en una sociedad cooperativa, que por regla general no puede contratar trabajadores y debe desempeñarse únicamente con el servicio que presten sus socios.[16]

3.5. Las Sociedades Cooperativas y sus aportaciones al Instituto del Fondo Nacional de la Vivienda para los Trabajadores (INFONAVIT)

El derecho de habitación para los trabajadores, se ha constituido en el Estado mexicano, como un derecho de previsión social de carácter prestacional, el cual deriva de la fracción XII, del apartado A) del artículo 123 de la Constitución Federal, mismo que de manera literal expone:

> ...
>
> **XII.** Toda empresa agrícola, industrial, minera o de cualquier otra clase de trabajo, estará obligada, según lo determinen las leyes reglamentarias a proporcionar a los trabajadores habitaciones cómodas e higiénicas. Esta obligación se cumplirá mediante las aportaciones que las empresas hagan a un fondo nacional de la vivienda a fin de constituir depósitos en favor de sus trabajadores y establecer un sistema de financiamiento que permita otorgar a éstos crédito barato y suficiente
>
> para que adquieran en propiedad tales habitaciones. Se considera de utilidad social la expedición de una ley para la creación de un organismo integrado por representantes del Gobierno Federal, de los trabajadores y de los patrones, que administre los recursos del fondo nacional de la vivienda.
>
> Dicha ley regulará las formas y procedimientos conforme a los cuales los trabajadores podrán adquirir en propiedad las habitaciones antes mencionadas. Las negociaciones a que se refiere el párrafo primero de esta fracción, situadas fuera de las poblaciones, están obligadas a establecer escuelas, enfermerías y demás servicios necesarios a la comunidad.

---

[16] Amparo directo 1153/91. Sociedad Cooperativa Manufacturera de Cemento Portland la Cruz Azul, S. C. L. 19 de septiembre de 1991. Unanimidad de votos. Ponente: Genaro David Góngora Pimentel. Secretaria: Guadalupe Margarita Ortiz Blanco. Tercer Tribunal Colegiado en materia Administrativa del Primer Circuito. Semanario Judicial de la Federación. Octava época. Regist5ro 221185. Consultable en: http://www.scjn.gob.mx o de manera directa en: http://200.38.163.178/SJFSem/Paginas/SemanarioIndex.aspx

Además, en esos mismos centros de trabajo, cuando su población exceda de doscientos habitantes, deberá reservarse un espacio de terreno, que no será menor de cinco mil metros cuadrados, para el establecimiento de mercados públicos, instalación de edificios destinados a los servicios municipales y centros recreativos.

Queda prohibido en todo centro de trabajo, el establecimiento de expendios de bebidas embriagantes y de casas de juego de azar;

... (CONSTITUCIÓN POLÍTICA DE LOS ESTADOS UNIDOS MEXICANOS)

Además, en lo que refiere a su base reglamentaria, se encuentra legislada por la Ley Federal del Trabajo, dentro del Capítulo III, denominado de las "Habitaciones para los Trabajadores", apartado que comprende de los artículos 136 al 153[17], así como la Ley del Instituto del Fondo Nacional de la Vivienda

---

[17] El contenido de la *Ley Federal del Trabajo*, dentro su CAPITULO III. Habitaciones para los Trabajadores, comprende los siguientes numerales:

Artículo 136. Toda empresa agrícola, industrial, minera o de cualquier otra clase de trabajo, está obligada a proporcionar a los trabajadores habitaciones cómodas e higiénicas. Para dar cumplimiento a esta obligación, las empresas deberán aportar al Fondo Nacional de la Vivienda el cinco por ciento sobre los salarios de los trabajadores a su servicio.

Artículo 137. El Fondo Nacional de la Vivienda tendrá por objeto crear sistemas de financiamiento que permitan a los trabajadores obtener crédito barato y suficiente para adquirir en propiedad habitaciones cómodas e higiénicas, para la construcción, reparación, o mejoras de sus casas habitación y para el pago de pasivos adquiridos por estos conceptos.

Artículo 138. Los recursos del Fondo Nacional de la Vivienda serán administrados por un organismo integrado en forma tripartita por representantes del Gobierno Federal, de los trabajadores y de los patrones.

Artículo 139. La ley que cree dicho organismo regulará los procedimientos y formas conforme a los cuales los trabajadores podrán adquirir en propiedad habitaciones y obtener los créditos a que se refiere el artículo 137.

Artículo 140. El organismo a que se refieren los artículos 138 y 139, tendrá a su cargo la coordinación y el financiamiento de los programas de construcción de casas habitación destinadas a ser adquiridas en propiedad por los trabajadores.

Artículo 141. Las aportaciones al Fondo Nacional de la Vivienda son gastos de previsión social de las empresas y se aplicarán en su totalidad a constituir depósitos en favor de los trabajadores que se sujetarán a las bases siguientes: I. En los casos de incapacidad total permanente, de incapacidad parcial permanente, cuando ésta sea del 50% o más; de invalidez definitiva, en los términos de la Ley del Seguro Social; de jubilación; o de muerte del trabajador, se entregará el total de los depósitos constituidos, a él o sus beneficiarios, con una cantidad adicional igual a dichos depósitos, en los términos de la Ley, a que se refiere el artículo 139; II. Cuando el trabajador deje de estar sujeto a una relación de trabajo y cuente con 50 o más años de edad, tendrá derecho a que se le haga entrega del total de los depósitos que se hubieren hecho a su favor, en los términos de la Ley del Instituto del Fondo Nacional de la Vivienda para los Trabajadores; III. En caso de que el trabajador hubiere recibido crédito del Instituto, las cantidades a que tuviere derecho en los términos de las fracciones anteriores, se aplicarán a la amortización del crédito, salvo en los casos de incapacidad total permanente o de muerte, en los términos del artículo 145 si después de hacer la aplicación de dichas cantidades a la amortización del crédito quedare saldo a favor del trabajador se le entregará a éste el monto correspondiente. Para la devolución de los depósitos y cantidades adicionales bastará que la solicitud por escrito se acompañe con las pruebas pertinentes.

Artículo 142. Cuando una empresa se componga de varios establecimientos, la obligación a que se refiere el Artículo 136 de esta ley se extiende a cada uno de ellos y a la empresa en su conjunto.

Artículo 143. Para los efectos de este Capítulo el salario a que se refiere el artículo 136 se integra con los pagos hechos en efectivo por cuota diaria, y las gratificaciones, percepciones, alimentación, habitación, primas, comisiones, prestaciones en especie y cualquier otra cantidad o prestación que se entregue al trabajador por sus servicios; no se tomarán en cuenta dada su naturaleza, los siguientes conceptos: a) Los instrumentos de trabajo, tales como herramientas, ropa y otros similares; b) El ahorro, cuando se integre por un depósito de cantidad semanaria o mensual igual del trabajador y de la empresa; y las cantidades otorgadas por el patrón para fines sociales o sindicales; c) Las aportaciones al Instituto de Fondo Nacional de la Vivienda para los Trabajadores y las participaciones en las utilidades de las empresas; d) La alimentación y la habitación cuando no se proporcionen gratuitamente al trabajador, así como las despensas; e) Los premios por asistencia; f) Los pagos por tiempo extraordinario, salvo cuando este tipo de servicios esté pactado en forma de tiempo fijo; g) Las cuotas al Instituto Mexicano del Seguro Social a cargo del trabajador que cubran las empresas.

Artículo 144. Se tendrá como salario máximo para el pago de las aportaciones el equivalente a diez veces el salario mínimo general del área geográfica de aplicación que corresponda.

Artículo 145. Los créditos que se otorguen por el organismo que administre el Fondo Nacional de la Vivienda, estarán cubiertos por un seguro, para los casos de incapacidad total permanente o de muerte, que libere al trabajador o a sus beneficiarios de las obligaciones, gravámenes o limitaciones de dominio a favor del citado organismo, derivadas de esos créditos.

Para tales efectos, se entenderá por incapacidad total permanente la pérdida de facultades o aptitudes de una persona, que la imposibiliten para desempeñar cualquier trabajo por el resto de su vida, cualquiera que sea la naturaleza del riesgo que la haya producido.

Tratándose de los casos de incapacidad parcial permanente, cuando ésta sea del 50% o más, o invalidez definitiva, se liberará al trabajador acreditado del adeudo, los gravámenes o limitaciones de dominio a favor del Instituto, siempre y cuando no sea sujeto de una nueva relación de trabajo por un período mínimo de dos años, lapso durante el cual gozará de una prórroga sin causa de intereses, para el pago de su crédito. La existencia de cualquiera de estos supuestos deberá comprobarse ante el Instituto del Fondo Nacional de la Vivienda para los Trabajadores, dentro del mes siguiente a la fecha en que se determinen.

Artículo 146. Los patrones no estarán obligados a pagar las aportaciones a que se refiere el Artículo 136 de esta ley por lo que toca a los trabajadores domésticos.

Artículo 147. El Ejecutivo Federal, previo estudio y dictamen del organismo que se constituya para administrar los recursos del Fondo Nacional de la Vivienda, determinará las modalidades y fechas en que incorporarán al régimen establecido por este capítulo: I. Los deportistas profesionales y II. Los trabajadores a domicilio.

Artículo 148. El Ejecutivo Federal podrá establecer modalidades para facilitar la aportación de las empresas que tengan un capital o un ingreso inferior a los mínimos que el propio Ejecutivo determine. Estas resoluciones podrán revisarse total o parcialmente cuando a su juicio existan circunstancias que lo justifiquen.

Artículo 149. El organismo que se cree para administrar los recursos del Fondo Nacional de la Vivienda, determinará las sumas que se asignarán al financiamiento de programas de casas habitación destinadas a ser adquiridas en propiedad por los trabajadores y los que se aplicarán para la adquisición, construcción, reparación o mejoras de dichas casas, así como para el pago de pasivos adquiridos por estos conceptos.

Al efectuar la aplicación de recursos, se distribuirán equitativamente entre las distintas regiones y localidades del país, así como entre las diversas empresas o grupos de trabajadores.

Para el otorgamiento individual de los créditos se procederá en caso necesario conforme a un sistema de sorteos, en los términos que establezca la ley a que se refiere el artículo 139.

para los Trabajadores (INFONAVIT), misma que en su artículo 3° prevé que el objeto del Instituto consiste en:

> **Artículo 3º.** El Instituto tiene por objeto:
> *I. Administrar los recursos del Fondo Nacional de la Vivienda;*
> *II. Establecer y operar un sistema de financiamiento que permita a los trabajadores obtener crédito barato y suficiente para:*
> *a) La adquisición en propiedad de habitaciones cómodas e higiénicas,*
> *b) La construcción, reparación, ampliación o mejoramiento de sus habitaciones, y*
> *c) El pago de pasivos contraídos por los conceptos anteriores;*
> *III. Coordinar y financiar programas de construcción de habitaciones destinadas a ser adquiridas en propiedad por los trabajadores; y*
> *IV. Lo demás a que se refiere la fracción XII del Apartado A del Artículo 123 Constitucional y el Título Cuarto, Capítulo III de la Ley Federal del Trabajo, así como lo que esta ley establece. (LEY DEL INSTITUTO DEL FONDO NACIONAL DE LA VIVIENDA PARA LOS TRABAJADORES)*

Ahora bien, respecto de las aportaciones que las sociedades cooperativas deben cubrir obligatoriamente al Instituto del Fondo Nacional de la Vivienda para los Trabajadores (INFONAVIT), dentro de las fracciones I y II de la Ley del INFONAVIT, se prevé que "los patrones tienen la obligación de inscribir a sus trabajadores al Instituto, y pagar las aportaciones del cinco por ciento sobre el salario de sus empleados." (PÉREZ y Fol, 2012: 413)[18]

Artículo 150. Cuando las empresas proporcionen a sus trabajadores casa en comodato o arrendamiento no están exentas de contribuir al Fondo Nacional de la Vivienda, en los términos del artículo 136. Tampoco quedarán exentas de esta aportación respecto de aquellos trabajadores que hayan sido favorecidos por créditos del fondo.

Artículo 151. Cuando las habitaciones se den en arrendamiento a los trabajadores, la renta no podrá exceder del medio por ciento mensual del valor catastral de la finca y se observarán las normas siguientes: I. Las empresas están obligadas a mantenerlas en condiciones de habitabilidad y a hacer oportunamente las reparaciones necesarias y convenientes; II. Los trabajadores tienen las obligaciones siguientes: a) Pagar las rentas; b) Cuidar de la habitación como si fuera propia; c) Poner en conocimiento de la empresa los defectos o deterioros que observen; d) Desocupar las habitaciones a la terminación de las relaciones de trabajo dentro de un término de cuarenta y cinco días y III. Está prohibido a los trabajadores: a). Usar la habitación para fines distintos de los señalados en este capítulo; b) Subarrendar las habitaciones.

Artículo 152. Los trabajadores tendrán derecho a ejercitar ante las Juntas de Conciliación y Arbitraje las acciones individuales y colectivas que deriven del incumplimiento de las obligaciones impuestas en este capítulo.

Artículo 153. Las empresas tendrán derecho a ejercitar ante las Juntas de Conciliación y Arbitraje, las acciones que les correspondan en contra de los trabajadores por incumplimiento de las obligaciones que les impone este capítulo.

[18] La *Ley del Instituto del Fondo Nacional de la Vivienda para los Trabajadores* (INFONAVIT), establece en su artículo 29. "Son obligaciones de los patrones: I. Proceder a inscribirse e inscribir a sus trabajadores en el Instituto y dar los avisos a que se refiere el Artículo 31 de esta Ley. Los patrones estarán obligados, siempre que contraten un nuevo trabajador, a solicitarle su número de Clave Única de Registro de Población. Los patrones inscribirán a sus trabajadores con el salario que perciban al momento de su inscripción; II. Determinar el monto de las aportaciones del cinco

De ahí que las sociedades cooperativas, tengan la obligación de pagar las aportaciones al Fondo Nacional de la Vivienda para los Trabajadores, respecto de los asalariados que les presten un servicio personal subordinado en términos de lo previsto por la Ley Federal el Trabajo en sus artículos 20 y 21, así como de los numerales 12 y 15 de la Ley del Seguro Social[19], además de los arábigos 1°, párrafo primero y 2°, fracción II del Código Fiscal de la Federación, mismos que a la letra señalan:

> **Artículo 1°.** Las personas físicas y las morales, están obligadas a contribuir para los gastos públicos conforme a las leyes fiscales respectivas. Las disposiciones de este Código se aplicarán en su defecto y sin perjuicio de lo dispuesto por los tratados internacionales de los que México sea parte. Sólo mediante ley podrá destinarse una contribución a un gasto público específico.
>
> ...
>
> **Artículo 2°.** Las contribuciones se clasifican en impuestos, aportaciones de seguridad social, contribuciones de mejoras y derechos, las que se definen de la siguiente manera:
>
> ...
>
> **II.** Aportaciones de seguridad social son las contribuciones establecidas en ley a cargo de personas que son sustituidas por el Estado en el cumplimiento de obligaciones fijadas por la ley en materia de seguridad social o a las personas que se beneficien en forma especial por servicios de seguridad social proporcionados por el mismo Estado.
>
> ... (CÓDIGO FISCAL DE LA FEDERACIÓN)

---

por ciento sobre el salario de los trabajadores a su servicio y efectuar el pago en las entidades receptoras que actúen por cuenta y orden del Instituto, para su abono en la subcuenta de vivienda de las cuentas individuales de los trabajadores previstas en los sistemas de ahorro para el retiro, en los términos de la presente Ley y sus reglamentos, así como en lo conducente, conforme a lo previsto en la Ley del Seguro Social y en la Ley Federal del Trabajo. En lo que corresponde a la integración y cálculo de la base y límite superior salarial para el pago de aportaciones, se aplicará lo contenido en la Ley del Seguro Social. Estas aportaciones son gastos de previsión de las empresas y forman parte del patrimonio de los trabajadores. Los patrones, al realizar el pago, deberán proporcionar la información relativa a cada trabajador en la forma y con la periodicidad que al efecto establezca la presente Ley y, en lo aplicable, la Ley del Seguro Social y la Ley de los Sistemas de Ahorro para el Retiro. El registro sobre la individualización de los recursos de la subcuenta de vivienda de las cuentas individuales de los sistemas de ahorro para el retiro, estará a cargo de las administradoras de fondos para el retiro, en los términos que se establecen en la Ley de los Sistemas de Ahorro para el Retiro y su Reglamento. Lo anterior, independientemente de los registros individuales que determine llevar el Instituto. Es obligación del patrón pagar las aportaciones por cada trabajador mientras exista la relación laboral y subsistirá hasta que se presente el aviso de baja correspondiente. Si se comprueba que dicho trabajador fue inscrito por otro patrón, el Instituto devolverá al patrón omiso, a su solicitud, el importe de las aportaciones pagadas en exceso, a partir de la fecha de la nueva alta; ..."

[19] Los artículos 20 y 21 de la *Ley Federal del Trabajo*, así como los numerales 12 y 15 de la *Ley del Seguro Social*, se muestran dentro de los apartados 3.1. y 3.2. de esta investigación, motivo por el cual sería repetitivo y reiterativo desglosar su contenido.

No obstante, que el precepto legal del artículo 29 de la Ley del INFONAVIT,"... no aplica en el caso de los socios de sociedades cooperativas –de consumo-, ya que éstas no utilizan los servicios de sus miembros o socios en forma subordinada (...) por lo que al no reunir la calidad de trabajadores, las sociedades no tienen la obligación de pagar las aportaciones habitacionales del cinco por ciento respecto de las personas que asuman el carácter de trabajadores por no prestar un servicio personal subordinado" (PÉREZ y Fol, 2012: 414) , tal como se establece en el criterio número 46 emitido por el Instituto del Fondo Nacional de la Vivienda para los Trabajadores (INFONAVIT), y desde luego por no constituirse como trabajadores según lo previsto por el artículo 8° de la Ley Federal del Trabajo.

Refuerza el criterio número 46 emitido por el INFONAVIT, la Tesis de Jurisprudencia 178/2007, misma que a continuación se transcribe[20]:

> **SOCIEDADES COOPERATIVAS. DEBEN CUBRIR AL INFONAVIT LAS APORTACIONES DE SUS TRABAJADORES, NO ASÍ DE SUS SOCIOS COOPERATIVISTAS.**
> El artículo 123, apartado A, fracción XII, de la Constitución Política de los Estados Unidos Mexicanos establece el derecho de los trabajadores de obtener, por parte del patrón, habitaciones cómodas e higiénicas, lo que se considera una garantía de previsión social que deberá cumplirse mediante las aportaciones efectuadas por las empresas al fondo nacional de la vivienda y que constituyen depósitos en favor de sus trabajadores, y también dispone un sistema de financiamiento que permita otorgar a éstos crédito barato y suficiente para adquirir en propiedad tales habitaciones. Ahora bien, dicho precepto, en relación con el artículo 57 de la Ley General de Sociedades Cooperativas y la Ley del Seguro Social, ubica a las sociedades cooperativas dentro de las normas que se relacionan, por una parte, con la seguridad social, en tanto que dichas sociedades tienen el deber jurídico de cubrir la cuota del seguro social correspondiente a los patrones por los trabajadores que tengan, además de incorporar a sus socios cooperativistas al aseguramiento del régimen obligatorio y, por la otra, con la solidaridad social, en la medida en que, si bien no se les impone el deber de cubrir al Instituto del Fondo Nacional de la Vivienda para los Trabajadores las aportaciones de vivienda correspondientes a sus socios cooperativistas, sí lo deberán efectuar, en su carácter de patrón, respecto de sus trabajadores.[21]

[20] *Cfr.* Amparo en revisión 1977/2006, de 28 de marzo de 2007; Amparo en revisión 379/2007, de 13 de junio de 2007; Amparo en revisión 343/2007, de 15 de agosto de 2007; Amparos en revisión 423/2007 y 425/2007, ambos de fecha 15 de agosto de 2007; Todos consultables en el Semanario Judicial de la Federación y su gaceta, Novena época. Tomo XXVI. Septiembre de 2007. p. 555.

[21] Tesis de jurisprudencia 178/2007. Aprobada por la Segunda Sala de la Suprema Corte de Justicia de la Nación (SCJN), en sesión privada del veintinueve de agosto de dos mil siete. Registro 171286

4. Conclusión

El artículo 8° de la Ley Federal del Trabajo, indica que trabajador es la persona física, que presta a otra física o moral un trabajo personal subordinado, y el artículo 20 de la Ley General de Sociedades Cooperativas señala que la sociedad cooperativa es una forma de organización integrada por personas físicas, las cuales aportan sus servicios personales en su calidad de socios y no de trabajadores, no obstante de que tienen la posibilidad de llevar a cabo la contratación laboral de personal en términos de lo que establece el propio artículo 20 de la Ley Federal del Trabajo.

Lo anterior, permite que para efectos de los sujetos de protección en materia de seguridad social, la fracción II del artículo 12 de la Ley del Seguro Social, prevé que son sujetos de aseguramiento al régimen obligatorio del Seguro Social los socios de sociedades cooperativas, sin dejar de lado la obligatoriedad que deben cumplir en su carácter de empleadores ante el Instituto Mexicano del Seguro Social (IMSS) en términos de los previsto por el artículo 15 de la misma Ley del Seguro Social, así como el deber de afiliar y pagar sus aportaciones ante el Instituto del Fondo Nacional de la Vivienda para los Trabajadores (INFONAVIT).

De lo anterior, se ha precisado que el propio artículo 19 de la Ley del Seguro Social señala que las sociedades cooperativas en su calidad de agrupación en general pagarán la cuota correspondiente a los patrones, y cada uno de los socios cooperativistas en particular tendrán que cubrir sus cuotas como trabajadores, constituyendo de esta manera una aportación bipartita. Sin embargo, si la cooperativa lleva a cabo contratación de personal, deberá además, obligarse como empleador o patrono al pago de la cuota patronal, concertando así una aportación de tipo tripartita.

En virtud de ello, los artículos 28-A de la Ley del Seguro Social y 51 del Reglamento de la Ley del Seguro Social en materia de Afiliación, Clasificación de Empresas, Recaudación y Fiscalización, estipulan que la base de cotización de los socios cooperativistas se integrará por el total de las percepciones que reciban por las aportaciones de su trabajo personal, siéndoles aplicables las mismas reglas generales de límites de salario base de cotización de determinación de la base salarial[22] y periodo de cotización.

Por lo que toca al Instituto del Fondo Nacional de la Vivienda para los Trabajadores (INFONAVIT), el criterio jurídico número 46 emitido por esta Institución, señala que las sociedades cooperativas no tienen la obligación de retener mensualmente, ni de enterar de manera bimestral el cinco por ciento por concepto de aportaciones habitacionales por sus socios, en virtud de que estos no son trabajadores de acuerdo con lo mencionado en el artículo 8° de la

[22] Los límites inferior y superior del Salario Base de Cotización van de 1 hasta 25 veces el Salario Mínimo General vigente en el Distrito Federal, límites que se encuentran previstos en el contenido del artículo 28 de la *Ley del Seguro Social.*

Ley Federal del Trabajo, situación que cambia al momento en que la sociedad cooperativa contrata laboralmente a personal, deduciéndose por ende, que esta obligación de la retención y pago de cuota habitacional pasa a ser obligatoria para la sociedad cooperativa en su carácter de empleador o patrón.

5. FUENTES DE CONSULTA

a) Bibliográfica

ALCARÁZ De la Rosa, José. (2009). *Ley del Seguro Social Comentada.* México. PAC.

BREÑA Garduño, Francisco. (2013). *Ley Federal del Trabajo. Comentada y Concordada.* México. OXFORD.

CABANELLAS, Guillermo. (1968). *Compendio de Derecho Laboral.* Tomo I. Buenos Aires, Argentina. BIBLIOGRAFÍA OMEBA.

MORENO Padilla, Javier. (2010). *Nueva Ley del Seguro Social.* 2ª ed. México. TRILLAS.

PÉREZ Chávez, José y Raymundo Fol Olguín. (2012). *Sociedades Cooperativas. Tratamiento fiscal y de seguridad social.* México. TAX.

b) Hemerográfica

ONG Contraloría Ciudadana para la Rendición de Cuentas, A.C. (Octubre 2009). *Manual para la Constitución y Administración de Sociedades Cooperativas Comunitarias.* México. ONG.

c) Legislativas

Constitución Política de los Estados Unidos Mexicanos

Ley General de Sociedades Mercantiles

Ley General de Sociedades Cooperativas

Código Fiscal de la Federación

Ley Federal del Trabajo

Ley del Seguro Social

Reglamento de la Ley del Seguro Social en Materia de Afiliación, Clasificación de Empresas, Recaudación y Fiscalización

d) Electrónicas

https://www.scjn.gob.mx/Paginas/Inicio.aspx

http://200.38.163.178/SJFSem/Paginas/SemanarioIndex.aspx

http://www.imss.gob.mx/Pages/index.aspx

http://portal.infonavit.org.mx/wps/wcm/connect/infonavit/inicio

TEMA 6

LA PRESTACIÓN DE SERVICIOS DE INTERÉS GENERAL MEDIANTE COOPERATIVAS

La prestación de servicios de interés general mediante sociedades cooperativas

Vega María Arnáez Arce

Doctora en Derecho y profesora de Derecho Administrativo
Universidad de Deusto. Facultad de Derecho

I. INTRODUCCIÓN

A lo largo de su evolución, el derecho administrativo se ha configurado como el sector del ordenamiento jurídico que tiene por objeto la atribución de diversas potestades y prerrogativas a las Administraciones Públicas, al amparo de su función o misión de servicio a la garantía y la realización de los intereses generales.

De la misma manera, y como contrapeso de las potestades de las Administraciones Públicas, el ordenamiento jurídico administrativo ha reconocido y atribuido una sucesión de garantías a los ciudadanos que, con el paso del tiempo, han crecido en importancia tanto cuantitativa como cualitativa, como resortes para hacer frente a los poderes exorbitantes que implica el ejercicio de las funciones públicas.

En este sentido, se puede definir el derecho administrativo como un derecho de prerrogativas y de garantías en el que el ejercicio de las potestades administrativas está sometido a una sucesión de principios y exigencias que tienen por objeto asegurar la actuación objetiva de los poderes públicos en el ejercicio de sus funciones y competencias, siempre al servicio del interés general.

Sin embargo, y aún cuando cualquier manifestación de las actuaciones de los poderes públicos es el resultado de un previo procedimiento administrativo concebido como una garantía para los administrados, lo cierto es que su tramitación evidencia una ralentización en la gestión y en la prestación de los servicios públicos que lleva a cuestionar su virtualidad como garantía de los intereses de los ciudadanos.

De este modo, lo que el ordenamiento jurídico ha previsto y configurado como una garantía para los ciudadanos se ha convertido en una auténtica traba que dificulta la gestión de los servicios públicos en los términos y con la diligencia y eficacia que son deseables para dar respuesta a las demandas y necesidades sociales más acuciantes.

Es por ello por lo que ha surgido el fenómeno de la huída del derecho administrativo, como reacción a esta situación mediante la creación de una ficción jurídica consistente en la externalización de la gestión de los servicios públicos a través de personas jurídicas de base privada, bajo la forma jurídica de sociedades mercantiles (Gamero Casado, E; Fernández Ramos, S., 2010, p. 49), en cuanto instituciones sujetas a un régimen jurídico organizativo y de funcionamiento propio y particular como es el de las Sociedades Cooperativas, entre otras.

II. LA EXTERNALIZACIÓN DE LA ACTUACIÓN DE LAS ADMINISTRACIONES PÚBLICAS

2.1. Significado y alcance

En la actualidad, la simplificación o desburocratización de la organización y del funcionamiento de las Administraciones Públicas se reconoce como uno de los retos más importantes y el objetivo más inmediato del derecho administrativo español, esencial para la construcción de un nuevo modelo de Administración Pública que garantice el servicio objetivo a los intereses generales y la realización efectiva, entendida como eficiente y eficaz, de los servicios públicos, acorde con los principios constitucionales de la organización y de la actuación administrativas proclamados en el artículo 103 de la Constitución Española de 1978 (Palomar Olmeda, 2010, pp. 338 a 345).

En este sentido, merecen significarse las reflexiones del profesor Sebastián Martín-Retortillo Baquer calificando la simplificación administrativa como una necesidad inmediata de las Administraciones Públicas que "[...] se enuncia siempre con un significado dinámico y operativo; en definitiva, como tarea a realizar que, según se verá, se proyecta en ámbitos muy distintos. En todo caso, y como punto de partida, parece obligado reconocer la necesidad de llevarla a cabo, es algo que no cabe cuestionar, tampoco que haya que hacerlo en términos rigurosos y que no admiten demora [...]" (Martín-Retortillo Baquer, 1998, p. 7).

Así pues, el fenómeno de la externalización de la actuación administrativa se configura en el derecho administrativo actual como una tendencia imparable de transformación de las Administraciones Públicas que, impulsada por las corrientes doctrinales de la denominada Nueva Gestión Pública, facilita y favorece la incorporación de los conocimientos técnicos, así como las destrezas y habilidades materiales imprescindibles para garantizar una prestación eficaz y eficiente de los servicios públicos.

En definitiva, se puede afirmar que la gestión de los servicios públicos mediante personas jurídicas privadas se ha convertido en uno de los elementos claves de la transformación de la organización y del funcionamiento de las Administraciones Públicas de nuestros días, tendente a materializar y consagrar la realización del principio de eficacia de la actuación administrativa (Sosa Wagner, 2002, p. 62).

2.2. La participación del cooperativismo en la prestación de servicios de interés general

En el contexto actual de una economía global en el que nos vemos inmersos, la crisis financiera y económica internacional que nos afecta exige que tanto las Administraciones y demás entidades del sector público como los agentes económicos privados aúnen sus esfuerzos en torno a la recuperación económica y para la consolidación de los aspectos más sólidos y estables de nuestro modelo productivo.

En este sentido, el Preámbulo de la Ley 2/2011, de 4 de marzo, de Economía Sostenible (B.O.E. núm. 55, de 5 de marzo), proclama la necesidad de impulsar la eficiencia especialmente en el ámbito de la contratación pública y la colaboración entre el sector público y privado como "[...] elementos fundamentales de relación entre la Administración Pública y el tejido empresarial y, a la vez, como ámbitos en los que debe reforzarse la vinculación a parámetros de sostenibilidad económica[...].

Desde los primeros años del siglo XXI, vivimos inmersos en un entorno cada vez más cambiante, en el que se vienen sucediendo importantes transformaciones económicas, sociales y también políticas, que llevan implícitas una necesidad inminente y creciente de reconfiguración de las Administraciones Públicas, de su organización y de su funcionamiento (Mir Puig, 2004, p. 19).

En este sentido, existe en la actualidad una estrategia clara, a nivel internacional, europeo y nacional, que trabaja por la innovación de las Administraciones Públicas como elemento clave para potenciar su competitividad, eficacia y eficiencia y que apuesta por la interacción entre los poderes públicos y los ciudadanos que demandan, cada vez más, un papel activo y una mayor participación en la planificación, la ejecución y la evaluación de las políticas públicas y, en definitiva, en la gestión de los servicios de interés general.

Como ejemplo de participación y gestión democrática, destaca el fenómeno cooperativista, basado en los valores de solidaridad, democracia, igualdad, equidad, autoayuda y auto-responsabilidad, hasta el punto de poderse afirmar que lo que singulariza a las entidades cooperativas no es su objeto social o la concreta actividad que desarrollan, sino su esencia y principios rectores básicos: la adhesión voluntaria y abierta de sus miembros, su gestión democrática y la participación económica de sus socios, su autonomía e independencia, la educación, formación e información y, finalmente, la inter-cooperación, o colaboración entre cooperativas, junto con el interés por la comunidad que les sirve de base (Gadea Soler, 2009, pp. 177 a 183).

Una sociedad cooperativa se puede definir, por lo tanto, como una empresa de participación. Se trata de una fórmula organizativa que tiene como rasgo diferencial la participación democrática y económica de sus miembros, cuyo estudio y análisis en profundidad permite explicar muchos otros fenómenos participativos (Coque Martínez, 2005, pp. 18 a 21).

Debe significarse, por tanto, el protagonismo o, cuando menos, la creciente relevancia de las sociedades cooperativas en el ámbito de la actividad administrativa prestacional derivada de sus vocación social y comunitaria. En palabras de Argudo Périz, en cuanto a la participación en la prestación de servicios públicos "[…] La vocación social comunitaria de la economía social y el desarrollo del cooperativismo en el sector servicios, determina necesariamente una confluencia en el campo de los servicios a las personas y a la comunidad […]" (Argudo Périz, 2007, p. 182).

En este sentido, el presente estudio propone una aproximación al significado y alcance de la participación de las sociedades cooperativas en la prestación de los servicios de interés general, como expresión del cambio de rol de los ciudadanos en su relación con los poderes públicos; uno ciudadanos, en definitiva, cada vez más exigentes a la hora de conocer, influir y formar parte de cuantas decisiones afectan al funcionamiento de unos servicios públicos a cuyo mantenimiento contribuyen con el cumplimiento de sus obligaciones tributarias (Arnáez Arce, 2012).

III LA PARTICIPACIÓN EN EL DERECHO ADMINISTRATIVO ESPAÑOL

3.1. Significado y alcance

El concepto de participación ciudadana tiene diversos significados según cuál sea el concreto ámbito de la realidad social, económica, política y cultural en la que se pretenda implantar. En algunos casos, el hecho de que se potencie formalmente el desarrollo de instrumentos y procesos participativos revela la inexistencia, o cuando menos la inoperancia, de las instituciones públicas a tal efecto.

En otros casos, sin embargo, se articulan procedimientos e instrumentos de participación orientados, de facto, a ser utilizados únicamente por determinados grupos de poder, culpando a la generalidad de los ciudadanos de la debilidad democrática de las políticas públicas, consecuencia de su dejadez o desidia al no participar suficientemente en la vida política o social (Arenilla Sáez, 2011, p. 123).

La importancia de la participación en el derecho administrativo ya fue puesta de manifiesto por FOSHOFF en su formulación de la denominada Administración prestacional, hacía la que ha ido evolucionando. En palabras de este autor "[...] la Administración aportadora de prestaciones se basa en la participación. El sentido del concepto de la procura existencial estriba en otorgar la protección del Derecho púbico a esta participación [...]. El concepto de procura existencial sirve en primera línea para asegurar la participación del individuo en las prestaciones de la Administración [...]" (Forshoff, 1967, pp. 21 a 23).

Ahora bien, ¿qué trascendencia jurídica tiene la afirmación de la importancia de la participación de los ciudadanos en las políticas públicas? Pues bien, a nuestro entender, las tres consecuencias jurídicas siguientes:

En primer lugar, la de garantizar la intervención de los particulares, así como de diferentes colectivos de profesionales y peritos especializados en los diferentes ámbitos de actuación pública, para dar cumplimiento efectivo a la previsión del artículo 9.2 de la Constitución Española en el que "[...] facilitar la participación de todos los ciudadanos en la vida política, económica, cultural y social [...]" se define como una función de los poderes públicos.

En este sentido, nos adherimos a las reflexiones de DELGADO BARRIO en cuanto afirma que "[...] el artículo 9.2 es el fundamento genérico sobre el que la Jurisprudencia viene construyendo el principio de participación [...]. Ciertamente, no existe hoy en nuestra sociedad un espíritu participativo pero corresponde a los poderes públicos [...], a la Administración, utilizar al máximo las posibilidades que el ordenamiento jurídico ofrece a los ciudadanos para participar" (Delgado Barrio, 1993, pp. 2318 a 2321).

En segundo lugar, la de afianzar y consolidar la realización del principio democrático mediante la previsión de cauces de participación obligatorios en los procesos de redacción, aprobación, ejecución y evaluación de las políticas públicas, al menos en cuanto se refiera al control de la discrecionalidad administrativa (De la Cruz Ferrer, 1992, pp. 94 y 95; Alberti Rovira, 1988, p. 293; Garcés Sanagustín, 1996, pp. 53 y 54; Martín-Retortillo Baquer, S., 1992, pp. 26 y 27).

En tercer y último lugar, la posibilidad de condicionar la actuación de los poderes públicos, pudiendo llegar incluso a hacerles cambiar o, al menos, reconsiderar, sus criterios de actuación (Dromi, 1983, p. 155).

En definitiva, y desde la perspectiva del derecho administrativo español, se puede calificar la participación ciudadana como la garantía última de la representación de los diferentes intereses, públicos o privados, implicados en la gestión de los servicios públicos (Garcés Sanagustín, 1986, pp. 64 y 65).

En palabras de Ander-Egg "[...] participar es tomar parte en todo aquello en lo que uno está implicado; dialogar es contar con la opinión de los otros y saber enriquecerse con las diferencias [...]" (Ander-Egg, 1978, p. 141).

En este sentido, Martín Rebollo ha afirmado que "[...] la idea de participación conecta con el acercamiento entre el Estado y la sociedad [...] y supone una modesta vía de superación del individualismo que ha impregnado el Derecho administrativo desde sus mismos orígenes históricos [...]. La introducción de técnicas de participación ciudadana en los asuntos allí donde esta participación sea posible y deseable, no para legitimar a la Administración sino como vía de integración social y de acercamiento de los ciudadanos. Las fórmulas participativas, que suelen ser más viables en las Administraciones menores, encuentran su justificación en la adopción de opciones discutibles de trascendencia, en la valoración de la oportunidad de algunas decisiones generales, en el diseño de modelos urbanos, por poner algunos ejemplos [...]" (Martín Rebollo, 1984, pp. 33 a 36).

Y ello, siempre con el propósito de construir una Administración Púbica más próxima a los administrados y a sus necesidades, de tal forma que se asegure la salvaguarda de sus derechos e intereses legítimos y, al mismo tiempo, una mejor y más efectiva prestación de los servicios de interés general.

3.2. La participación de los ciudadanos en la gestión pública

Tal y como se ha puesto antecedentemente de manifiesto, es destacable la apuesta del derecho administrativo actual por la configuración de un nuevo modelo de gestión democrática tanto de la Administración Pública, en su organización y funcionamiento, como de la protección, garantía y realización de los intereses públicos, en pro de su transformación en una realidad cada vez más abierta y accesible a los ciudadanos.

Se trata, en definitiva, de la introducción de un nuevo modelo de gestión pública que pretende la creciente implicación de los ciudadanos en la acción de gobierno mediante el refuerzo y el fomento de una ciudadanía activa, informada, participativa y corresponsable.

Destacan en este sentido, los trabajos desarrollados por las Administraciones estatal y autonómicas. Especialmente relevante es, a nuestro juicio, la línea de trabajo desarrollada por la Administración de la Comunidad Autónoma del País Vasco en su apuesta por la reforma de la Administración (véase http://www.irekia.euskadi.net/news), en la que se plantea como objetivo fundamental el fomento de la gestión coparticipada de los servicios públicos, mediante la intervención de los ciudadanos en todo el proceso de de planificación de las políticas públicas, desde el momento de su enunciado y definición hasta la evaluación de los resultados obtenidos tras su ejecución o implementación.

Se puede definir la planificación participativa como un enunciado normativo en virtud del cual se determinan las pautas y las directrices básicas que inspiran y condicionan la actuación, tanto de los poderes públicos como de los ciudadanos particulares, incluyendo las posibles relaciones que se establezcan entre ellos; pautas y directrices que se concretan e instrumentan jurídicamente a través de las determinaciones de los diferentes planes, proyectos y programas sectoriales que aprueben las Administraciones Públicas en cada caso competentes.

Además de las características propias de cualquiera de sus manifestaciones o expresiones, desde el punto de vista del Derecho administrativo la planificación de las políticas públicas tiene unas características propias y esenciales que la definen en su naturaleza jurídica de potestad administrativa.

En este sentido, la planificación se puede definir como una de las facultades de actuación o prerrogativas que el ordenamiento jurídico atribuye a las Administraciones Públicas, revistiéndolas de un estatus especial de *imperium* derivado de su misión de servicio a la protección, garantía y realización del interés general (García de Enterría, 1998, p. 112).

Desde esta perspectiva, se pueden enunciar las siguientes características propias de la potestad administrativa de planificación: su normativismo, en tanto que cada una de sus manifestaciones instrumentales se establecen pautas de comportamiento y directrices de actuación orientadas a la consecución de fines u objetivos concretos cuantificable en términos de prestación de servicios de interés general y que son susceptibles de vincular tanto a los poderes públicos como a los ciudadanos; su virtualidad como cauce o instrumento de participación, tanto de los poderes públicos en los trámites de audiencia, como de los particulares en los de información pública, así como de determinados colectivos técnicos o peritos en el ámbito de la gestión pública; su instrumentalización al servicio de la ejecución de los principios constitucionales de objetividad, eficacia y coordinación de la actuación de las Administraciones y Entidades del sector público (Bermejo Vera, 1995, p.55).

Pues bien, el modelo de planificación participativa que nos ocupa tiene como punto de partida un concepto de participación ciudadana que comienza en la fase de redacción de las normas, mediante la convocatoria de jornadas de trabajo, foros y debates abiertos a la ciudadanía, que continúa en el momento del diseño y redacción de los planes concretos y de las estrategias singularizadas de la actuación pública y que culmina con el seguimiento y la evaluación de los resultados y del impacto producido por la implementación y ejecución de las diferentes políticas públicas.

En este contexto, el mundo cooperativo destaca por su capacidad para impulsar y liderar procesos de participación dirigidos a la optimización y a la prestación eficaz y eficiente de los servicios públicos o de interés general, especialmente los relacionados con el desarrollo local y con el impulso de la denominada economía social o tercer sector económico.

IV. LA PARTICIPACIÓN DEL COOPERATIVISMO EN LA PRESTACIÓN DE SERVICIOS DE INTERÉS PÚBLICO

4.1 Las sociedades cooperativas como empresas de participación

De acuerdo con la declaración formulada en el año 1995 por la Alianza Cooperativa Internacional, el fenómeno cooperativista está basado en los valores de autoayuda, autorresponsabilidad, democracia, igualdad, equidad y solidaridad.

En la actualidad, y en nuestro contexto, se acepta mayoritariamente la definición de las sociedades cooperativas como aquellas empresas que tienen por objeto básico y prioritario la promoción de las actividades económicas y sociales de sus miembros y la satisfacción de sus necesidades, a través de su participación activa, observando y respetando los precitados principios cooperativos y atendiendo a la comunidad de su entorno que le sirve de base y sustento (Gadea Soler, 2009, p. 170).

Lo que, por lo tanto, singulariza o distingue a la entidad cooperativa de otras personas jurídicas con carácter empresarial no es el tipo o la concreta actividad social que desarrollan, sino los principios inspiradores y rectores de su estructura y funcionamiento, esto es, los principios cooperativos revisados periódicamente por la ACI que se concretan en los ya referidos de: adhesión voluntaria y abierta de sus miembros, gestión democrática, participación económica de los socios, autonomía e independencia, educación, formación e información, cooperación entre cooperativas e interés por la comunidad que les sustenta y sirve de base (Gadea Soler, 2009, pp. 177 a 183).

Se trata, en definitiva, de sociedades integradas por personas que se asocian de forma voluntaria con el fin de desarrollar en común una o varias actividades de carácter empresarial, acogiéndose a un modelo organizativo que está al servicio de de sus miembros y cuyo principal objetivo es la promoción de sus actividades económicas y sociales, para el desarrollo de una empresa de propiedad conjunta y de gestión democrática, con plena observancia y respeto de los principios cooperativos en su estructuración y funcionamiento interno.

Es por ello, por lo que se puede afirma que, con independencia de cuál sea la actividad cooperativizada, ésta debe servir a una función social, como la promoción del interés socioeconómico de sus miembros, que se antepone al interés de la consecución de un concreto y determinado beneficio económico.

En el supuesto que nos ocupa, en relación con la prestación de servicios de interés general mediante sociedades cooperativas, destaca, por una parte, el papel desempeñado por estas entidades en tanto experiencias organizativas distinguidas por su esencia participativa y por su potencialidad como impulsoras del desarrollo local, por su intenso arraigo al terreno en el que están implantadas, por su tendencia a la creación de empleo estable, por su flexibilidad para adaptarse a los cambios y por su capacidad para integrarse en redes superiores (Coque Martínez, 2005, pp. 13 y 14).

Por otra parte, debe ponerse asimismo de manifiesto el impulso de las sociedades cooperativas, junto con las mutuas y otras asociaciones, a la ya citada institucionalización y configuración de la economía social o tercer sector, para cuya efectiva realización resulta imprescindible la articulación de técnicas de participación y colaboración con Administraciones y demás Entidades del sector público (Zurbano; Henry, Urzelai, 2012, pp. 51 a 57).

4.2 Régimen jurídico de las cooperativas de utilidad pública e interés social como agentes de prestación de servicios de interés general

En el contexto actual de crisis económica y social, en el que se pone en cuestión el funcionamiento y la validez del Estado del Bienestar para la prestación eficaz, eficiente y, sobre todo suficiente, de los servicios de interés general, los poderes públicos requieren, cada vez en mayor medida, la cooperación y la participación activa del Tercer Sector, en el que se integran las cooperativas de utilidad pública e interés social, como agente de innovación que trabaja para la satisfacción de las demandas sociales de carácter asistencial, que no se expresan en términos económicos o monetarios.

En este sentido, el Tercer Sector se puede definir como el espacio intermedio entre el sector público y el sector privado capitalista, compuesto por una diversidad de entidades y de organizaciones que trabajan y desarrollan su actividad participando en la prestación de servicios de interés general, tradicionalmente prestados en exclusiva por las Administraciones Públicas.

Pues bien, en este espacio intermedio, destacan las cooperativas de utilidad pública e iniciativa social por su contribución a la realización y salvaguarda de los intereses generales, así como a su promoción y protección efectiva (Arnáez Arce; Atxabal Rada, 2013, p. 208).

4.2.1 Las cooperativas de utilidad pública en el derecho administrativo español

Tanto la Ley estatal de cooperativas como la práctica totalidad de legislación autonómica vigente regulan este tipo de cooperativas de iniciativa social bajo diferentes denominaciones. Entre otras, cooperativas "de bienestar social", "de integración social", "de interés social" (Arnáez; Atxabal, 2013, p. 211).

La Ley estatal de cooperativas regula las cooperativas de iniciativa social e interés general al amparo de su calificación y denominación formal como "cooperativas sin ánimo de lucro", a las que define en su artículo 106 como aquellas que tienen por objeto social, bien la prestación de servicios asistenciales mediante la realización de actividades sanitarias, educativas, culturales u otras de naturaleza similar, o bien el desarrollo de cualquier actividad económica que tenga por finalidad la integración laboral de personas que sufran cualquier clase de exclusión social y, en general, todas aquellas que trabajan para la satisfacción de necesidades sociales que no estén siendo atendidas por el Mercado y/o por el Sector Público (Díaz de la Rosa, 2006, p. 206).

A continuación, en su Disposición Adicional Sexta, la precitada norma legal dispone que participan de la naturaleza jurídica de cooperativas sin ánimo de lucro cualquiera que tenga por objeto la gestión de servicios de interés general o de titularidad pública, así como aquellas que realizando diferentes actividades económicas se comprometen con la integración laboral en las mismas de personas que sufran cualquier clase de exclusión social.

Por lo tanto, para que una sociedad cooperativa sea calificada como "sin ánimo de lucro" es preciso que refleje en sus estatutos las cuatro determinaciones siguientes (Montero Simó, 2010, p. 168):

Primera: que los resultados positivos que se produzcan en un ejercicio económico no podrán ser distribuidos entre sus socios.

Segunda: que las aportaciones de los socios, tanto las obligatorias como las voluntarias, no podrán devengar un interés superior al interés legal del dinero, sin perjuicio de la posible actualización de los mismos.

Tercera: que el desempeño de los cargos del consejo rector tendrán carácter gratuito, sin perjuicio de las compensaciones económicas procedentes de los gastos en que puedan incurrir los consejeros en el desempeño de sus funciones.

Cuarta: que las retribuciones de los socios trabajadores o, en su caso, de los socios de trabajo y de los trabajadores por cuenta ajena no podrán superar el 50% de las retribuciones que, en función de la actividad y de la categoría profesional, establezca el convenio colectivo aplicable al personal asalariado de cada sector de actividad económica.

De acuerdo con la legislación estatal vigente, se puede concluir, por tanto, que las cooperativas sin ánimo de lucro, cuyo referente más destacado son las calificadas como de iniciativa social, no constituyen una nueva clase de cooperativas sino una especialidad o especificidad que puede adoptar cualquier tipo de cooperativa con independencia de la especialidad del objeto al que se dediquen (Argudo Périz, 207, p. 183).

4.2.2 Las cooperativas de utilidad pública en la Comunidad Autónoma del País Vasco

La Ley 4/1993, de 24 de junio, de Cooperativas del País Vasco (B.O.P.V. núm. 135, de 19 de julio de 1993) fue la primera norma de nuestro ordenamiento jurídico que reguló el reconocimiento o la posible calificación de las sociedades cooperativas como "de utilidad pública", siempre que promuevan mediante su actividad el desarrollo y la realización de fines de interés general como la participación en la gestión de los servicios públicos.

A tal efecto, podemos considerar que sirven al interés general y contribuyen o participan en la prestación de los servicios públicos todas aquellas sociedades cooperativas en cuyo objeto social sean prioritarios fines tales como la asistencia social, la realización de actividades cívicas, educativas, culturales científicas y de investigación, de cooperación al desarrollo, de defensa del medio ambiente, de fomento de la economía social y de promoción y protección de la paz social (Montero Simó, 2010, p. 67).

En desarrollo de las determinaciones de la Ley Vasca de Cooperativas, se aprobaron los Decretos 64/1999, de 2 de febrero y 61/2000, de 4 de abril, por los que se establece el régimen jurídico de las cooperativas de utilidad pública y de iniciativa social respectivamente, que analizamos brevemente a continuación.

a) Régimen jurídico, concepto y características de las cooperativas de utilidad pública

El punto de partida de la regulación de las cooperativas de utilidad pública en el País Vasco se encuentra en el Título III, artículo 137 de la Ley Vasca de Cooperativas, en el que se prevé tal reconocimiento o clasificación formal para todas aquellas sociedades cooperativas que, como hemos dicho, contribuyan a la promoción del interés general y a la más optima prestación de los servicios públicos.

En desarrollo de la citada previsión legislativa, se dictó el Decreto núm. 64/1999, de 2 de febrero, por el que se aprobó el Reglamento de sociedades cooperativas de utilidad pública del País Vasco, en cuyo artículo 3 se las define como "aquellas en cuyo objeto social sean primordiales los siguientes fines: asistencia social, cívicos, educativos, culturales, científicos y de investigación, deportivos, sanitarios, de cooperación para el desarrollo, defensa del medio ambiente, fomento de la economía social, fomento de la paz social y ciudadana, o cualesquiera otros fines de naturaleza análoga".

Debe significarse en este sentido, el importante papel desarrollado por el movimiento cooperativo vasco en sectores socioeconómicos tales como la industria, la enseñanza, la vivienda, la actividad asistencial y, en definitiva, su más que notable contribución a la realización de fines públicos y su participación en la gestión de servicios de interés general (Arnáez Arce; Atxabal Rada, 2013, pp. 212 y 213).

b) Régimen jurídico, concepto y características de las cooperativas de iniciativa social

El régimen jurídico de las cooperativas de iniciativa social en el País Vasco está regulado en el Decreto 61/2000, de 4 de abril, de Cooperativas de iniciativa social, completado por lo dispuesto en el artículo 127 de la Ley Vasca de Cooperativas en relación con las denominadas cooperativas de "integración social".

Pues bien, de acuerdo con lo dispuesto en el artículo 1 del precitado Decreto, las cooperativas de iniciativa social son aquellas que, sin ánimo de lucro y con independencia de su concreta clasificación, tienen por objeto social tanto la prestación de servicios asistenciales, mediante la realización de actividades sanitarias, educativas, culturales u otras de naturaleza social, o bien el desarrollo de cualquier actividad económica que tenga por finalidad la integración de personas que sufran cualquier clase de exclusión social y, en general, la satisfacción de necesidades sociales no atendidas ni por el Mercado ni por los Poderes Públicos (Arnáez Arce; Atxabal Rada, 2013, p. 215).

Por lo que se refiere a la normativa aplicable, las cooperativas de iniciativa social de la Comunidad Autónoma del País Vasco se rigen por las normas propias y específicas de la concreta clase de cooperativa en la que, en cada caso, esté encuadrada la actividad de interés público o de prestación de servicios de interés general a la que se dediquen.

Finalmente, en relación con las cooperativas de iniciativa social, debe ponerse de manifiesto no sólo el gran desarrollo social y empresarial del cooperativismo vasco, sino la variedad de sus formas y ámbitos de actuación sectorial, sino su aportación a la satisfacción de necesidades sociales y colectivas mediante el desarrollo de una creciente participación en la gestión y en la prestación de servicios de interés general.

V. A MODO DE CONCLUSIÓN

En el contexto de un Estado social y democrático de derecho, la participación ciudadana y la transparencia de las políticas públicas se configuran como principios inherentes a la actuación de los poderes públicos, necesarios para garantizar una gestión administrativa eficiente, eficaz y capaz de responder a las expectativas y demandas de la sociedad.

Se puede afirmar, por tanto, que el Derecho administrativo de nuestros días está inmerso en un proceso de transformación de las relaciones entre los ciudadanos y los poderes públicos que tiene como punto de partida y de llegada la consolidación de una Administración Pública transparente en su actuación y en la gestión de los intereses públicos, desde la planificación de las políticas públicas hasta su ejecución material en los diferentes ámbitos y sectores de actuación administrativa.

El camino hacia la simplificación y la progresiva desburocratización de la organización y de la actuación de las Administraciones Públicas se configura en la actualidad como el reto más importante y significativo del Derecho administrativo de nuestro tiempo, en un entorno cada vez más participativo en el que los ciudadanos han dejado de ser meros receptores de los servicios públicos para pasar a asumir un rol cada vez más exigente con el modo, las circunstancias y los principios gestores que utilizan las Administraciones Públicas para prestarlos.

Para ello, y frente a los instrumentos y cauces tradicionales de participación ciudadana, tales como la consulta popular, la información y la audiencia pública o las iniciativas y propuestas ciudadanas, en los últimos tiempos se ha generalizado el desarrollo de procesos innovadores de planificación participativa, en coherencia con un modelo de gestión pública participativo y de proximidad a los destinatarios y usuarios de los servicios públicos. Destacan como características más significativas de las referidas iniciativas de planificación participativa, aplicadas básicamente en el ámbito de las administraciones autonómicas y locales, las cuatro siguientes consideraciones:

En primer lugar, la profundización participativa, indicativa del pluralismo y del número de participantes.

En segundo lugar, la transversalidad de las experiencias planificadoras, en las que conviven diversos contenidos sustantivos, o sectores de actuación pública, con una pluralidad de redes de participantes o actores implicados.

En tercer lugar, la innovación conceptual derivada de la novedad del mecanismo participativo.

Y en cuarto y último lugar, el impulso a redes de capital social, por su virtualidad como iniciativas participativas generadoras de acuerdos, intercambios, cooperación y confianza entre los ciudadanos participantes.

En este contexto, el movimiento cooperativo en general y las diferentes sociedades cooperativas en particular, han asumido un papel protagonista como intermediarios e interlocutores entre los ciudadanos y las Administraciones Públicas en cuanto se refiere a la prestación de los servicios de interés general.

Y ello, por cuanto que las Administraciones Públicas necesitan, cada vez más, la cooperación y la participación activa del tercer sector como agente de innovación que trabaja para la satisfacción de necesidades sociales de tipo asistencial y que no se expresan en términos económicos o monetarios.

En este contexto, el movimiento cooperativo, basado en los valores de solidaridad, democracia, equidad, igualdad, autoayuda y auto-responsabilidad, ha destacado desde su origen por su compromiso social y por su contribución a la promoción del desarrollo del interés general, de tal forma y manera que se presume que contribuyen y trabajan por la prestación de servicios de interés general todas aquellas sociedades cooperativas que integren en su objeto social como fines prioritarios de su actuación la asistencia socio-sanitaria, la educación, la vivienda, la protección y defensa del medio ambiente, el fomento de la economía social y la promoción y protección de la paz social y la ciudadanía, entre otros.

VI. BIBLIOGRAFÍA

ARENILLA SÁEZ, M. (2011): *Crisis y reforma de la Administración Pública*, La Coruña, Netbiblo.

ARGUDO PÉRIZ, J.L. (2007): "Las cooperativas sin ánimo de lucro: ¿vuelta a los orígenes o respuesta a las nuevas necesidades sociales", en *Revista Vasca de Economía Social*, núm. 3, pp. 179 a 201.

ARNÁEZ ARCE, V.M. (2011): "La comercialización de energía eléctrica a través de cooperativas de consumo", en *Boletín de la Asociación Internacional de Derecho Cooperativo*, núm. 45, pp. 197 a 216.

ARNÁEZ ARCE, V.M. (2012): "La participación del cooperativismo en las políticas públicas", en *Boletín de la Asociación Internacional de Derecho Cooperativo*, núm. 46, pp. 185 a 200.

ARNÁEZ ARCE, V.M. (2013): *La potestad planificadora de las Administraciones Públicas*, Bilbao, Gomylex.

ARNÁEZ ARCE, V.M.; ATXABAL RADA, A. (2013): "Las cooperativas de utilidad pública e iniciativa social. Aspectos administrativos y fiscales", en *Boletín de la Asociación Internacional de Derecho Cooperativo*, núm. 47, pp. 199 a 228.

BERMEJO VERA, J. (1995): *Constitución y planificación hidrológica*, Madrid, Civitas.

BERMEJO VERA, J.; FERNÁNDEZ FARRERES, G. (1981/1982): "Actuaciones Administrativas aisladas versus planificación: modelo urbanístico y protección del patrimonio histórico-artístico", Zagaroza, Cuadernos Aragoneses de Economía.

COQUE MARTÍNEZ, J. (2005): *Compartir soluciones: las cooperativas como factor de desarrollo en zonas desfavorecidas*, Madrid, Consejo Económico y Social.

DÍAZ DE LA ROSA, A. (2007): "Las cooperativas de iniciativa social", en *Anuario de la Facultad de Derecho de la Universidad de La Coruña*, La Coruña, núm. 11, pp. 201 a 210.

EMBID IRUJO, A. (1991): *La planificación hidrológica: régimen jurídico*, Madrid, Tecnos, Madrid.

FORSHOFF; E. (1967): *Sociedad industrial y Administración Pública*, Madrid, Escuela Nacional de Administración Pública.

GADEA SOLER, E. (2009): "Estudio sobre el concepto de cooperativas: referencia a los principios cooperativos y su discutida vigencia", en *JADO, Boletín de la Academia Vasca de Derecho*, núm. 17, Bilbao, pp. 165 a 185.

Garcés Sanagustín, J. (1996): *Prestaciones sociales, financiación administrativa y derechos de los ciudadanos,* Madrid, McGraw Hill.

García de Enterría, E. (1998): *Democracia, jueces y control de la Administración,* 4º ed., Madrid, Civitas.

García Macho, R. (2011): "La transparencia en el sector público", en *El derecho público de la crisis económica. Transparencia y sector público. Hacía un nuevo Derecho Administrativo",* Madrid, Instituto Nacional de Administración Pública.

Jiménez Escobar, J.; Morales Gutiérrez, A.C. (2006): *Dirección de entidades no lucrativas. Marco jurídico, análisis estratégico y gestión,* Pamplona, Aranzadi.

Martín Rebollo, L. (1984): *El Derecho administrativo y las relaciones entre las Administraciones Públicas y los ciudadanos. Lección de apertura del Curso académico 1984-1985,* Cáceres, Universidad de Extremadura.

Martín Rebollo, L. (1983): *Estado social y Administración Pública. Los postulados constitucionales de la reforma administrativa,* Madrid, Civitas.

Martín- Retortillo Baquer, S. (1992), en el «Prólogo» del libro de Sánchez Blanco, A.: *El sistema económico de la Constitución (participación institucional de las Autonomías territoriales y dinámica social en la economía),* Madrid, Civitas.

Martín-Retortillo Baquer, S. (2009): "De la simplificación de la Administración Pública", *Revista de Administración Pública,* núm. 17, pp. 165 a 185.

Mir Puig, O. (2004): *Globalización, Estado y Derecho. Las transformaciones recientes del Derecho administrativo,* Madrid, Thomson-Civitas.

Molina Aparicio, F. (2009): *Historia del Consejo Superior de Cooperativas de Euskadi,* Vitoria-Gasteiz, Consejo Superior de Cooperativas de Euskadi.

Montero Simó, M. (2010): "La fiscalidad de las cooperativas sin ánimo de lucro", *CIRIEC-España. Revista de Economía Pública, Social y Cooperativa,* núm. 69, pp. 161 a 190.

Palomar Olmeda, A. (2010): "Simplificación administrativa", en *La ordenación de las actividades de servicios: comentarios a la Ley 17/2009, de 23 de noviembre,* Quadra-Salcedo Fernández Castillo, T. (dir), Pamplona, Aranzadi, pp. 331 a 362.

Ruíz Olabuénaga, J.L. (2006): *El sector no lucrativo en España. Una visión reciente,* Bilbao, Fundación BBVA.

Salas, A. (2009): "El tercer sector en España", en *Gestión actual de una ONG,* Moro, L. (coord.), Madrid, LID editorial empresarial, pp. 29 a 42.

Zurbano, M.; Henry, G; Urzelai, A. (2012): *El cuarto sector en Euskadi,* Zamudio, Innobasque-Gobierno Vasco.

Made in the USA
Middletown, DE
05 November 2026

36541625R10150